Elogio antecipado ao *Use a Cabeça! Excel*

"O *Use a Cabeça! Excel* é incrível! Como outros livros da coleção *Use a Cabeça!*, é uma interessante mistura de conhecimento, situações de negócio e humor. Você não apenas vai aprender tudo o que precisa saber sobre Excel, mas vai aprender também alguns jargões e manhas reais de negócio. Precisa criar fórmulas? Precisa fazer relatórios, gráficos ou tabelas dinâmicas? Este livro é para você. O *Use a Cabeça! Excel* lhe dá a capacidade de usar o Excel de forma excelente!"

— **Ken Bluttman,** *www.kenbluttman.com*

"O *Use a Cabeça! Excel* mostra como utilizar completamente algumas das melhores características que o Excel tem a oferecer para melhorar sua produtividade e suas habilidades em análise de dados. Eu tenho utilizado o Excel há mais de 10 anos e ainda encontro muitos tópicos úteis, então você também pode, não importando seu nível de experiência."

– **Anthony Rose, Presidente da Support Analytics**

"Você usa o Excel para manter listas e calcular um orçamento ocasional? Você gostaria de mergulhar mais fundo e aprender como o Excel pode lhe dar uma vantagem no seu fluxo de trabalho diário? Libere seus superpoderes no Excel com o *Use a Cabeça! Excel* do Michael Milton. Você aprenderá a criar visualizações de dados e projetar planilhas que marcam sua opinião e fazem você ser notado. Descubra como auditar facilmente fórmulas complexas escritas por outros, de forma a poder rapidamente validar os cálculos da pessoa. Construa modelos que otimizem seus negócios e/ou finanças baseado em todos os possíveis cenários. As muitas características do Excel podem parecer intimidadoras; e Michael passa pela complexidade e ensina você a submeter o Excel a sua vontade."

– **Bill Mietelski, engenheiro de software**

Elogio a outros livros da série *Use a Cabeça!*

"O *Use a Cabeça! Java* de Kathy e Bert transforma a página impressa na coisa mais próxima de uma GUI que você já viu. De maneira divertida, os autores fazem do aprendizado de Java uma experiência envolvente do tipo 'o que eles vão fazer agora?'"

> **—Warren Keuffel,** *Software Development Magazine*

"Além do estilo envolvente que leva você do status de 'zé-ninguém' até o de um verdadeiro 'guerreiro do Java', o *Use a Cabeça! Java* cobre uma grande quantidade de matérias práticas que outros textos deixam como os temíveis 'exercícios para o leitor'. Ele é inteligente, irônico antenado e prático – não há muitos livros-texto que podem dizer que sejam assim, e realmente serem, e ainda ensinar sobre serialização de objetos e protocolos de rede."

> **—Dr. Dan Russell, Diretor do User Sciences and Experience Research IBM Almaden Research Center (e leciona Inteligência Artificial na Universidade de Stanford)**

"É rápido, irreverente, engraçado e envolvente. Tenha cuidado – você pode acabar mesmo aprendendo alguma coisa!"

> **—Ken Arnold, ex-engenheiro sênior da Sun Microsystems Coautor (juntamente com James Grosling, criador do Java) do** *The Java Programming Language*

"Eu sinto como se uns mil quilos de livros tivessem sido tirados de cima da minha cabeça."

> **—Ward Cunningham, inventor do Wiki e fundador do Hillside Group**

"O tom perfeito para o guru codificador geek e descolado dentro de todos nós. A referência certa para estratégias de desenvolvimento práticas – põe meu cérebro para funcionar sem ficar embromando por discursos cansativos e antiquados de professores."

> **—Travis Kalanick, fundador do Scour e Red Swoosh Membro do MIT TR100**

"Há livros que você compra, livros que você mantém, livros que você mantém em cima da mesa e graças a O'Reilly e a equipe do Use a Cabeça!, há a categoria livros Use a Cabeça!. Eles são aqueles usados e abusados e carregados para todos lugares. O *Use a Cabeça! SQL* está no topo da minha lista. Cara, até o PDF que eu tenho para revisar está usado e desgastado."

> **— Bill Sawyer, ATG Curriculum Manager, Oracle**

"A clareza, o humor e as substanciais doses de esperteza deste livro fazem dele o tipo que ajuda até a não programadores a pensar melhor na solução de problemas."

> **—Cory Doctorow, coeditor da Boing Boing Autor de** *Down and Out in the Magic Kingdom* **e** *Someone Comes to Town, Someone Leaves Town*

Elogio a outros livros da série *Use a Cabeça!*

"Eu recebi este livro ontem e comecei a ler... e não consegui parar. Ele é definitivamente muito legal. Ele é engraçado, mas eles abordam uma porção de assuntos e vão direto ao ponto. Estou realmente impressionado."

— Erich Gamma, IBM Distinguished Engineer
Coautor de *Design Patterns*

"Um dos livros sobre projeto de software mais engraçados e espertos que eu já li."

— Aaron LaBerge, Vice-presidente de Tecnologia, ESPN.com

"O que costumava ser um longo processo de aprendizado por tentativa e erro, agora foi cuidadosamente reduzido a um livro engajador."

— Mike Davidson, CEO, Newsvine, Inc

"Um design elegante está no centro de cada capítulo, cada conceito é exposto com doses iguais de pragmatismo e perspicácia."

— Ken Goldstein, Vice-presidente Executivo, Disney Online

Eu ♥ *Use a Cabeça! HTML com CSS & XHTML* – ele lhe ensina tudo que você precisa saber de modo divertido."

— Sally Applin, Designer de Interface de Usuário e artista

"Normalmente, quando leio um livro ou artigo sobre padrões de projeto, tenho de me beliscar de vez em quando para me certificar de que estou prestando atenção. Não com este livro. Por mais estranho que pareça, ele faz o aprendizado de padrões de projeto ser divertido.
Enquanto outros livros sobre padrões de projeto estão dizendo 'Bueller... Bueller... Bueller', este livro é como música para meus ouvidos!"

— Eric Wuehler

"Eu literalmente amo este livro. Na verdade, eu o beijei na frente da minha esposa."

— Satish Kumar

Outros livros da série *Use a Cabeça!* publicados pela Alta Books.

Use a Cabeça! C# - 2ª Edição

Use a Cabeça! Desenvolvendo para iPhone

Use a Cabeça! Geometria 3D

Use a Cabeça! PHP & MySQL

Use a Cabeça! PMP - 2ª Edição

Use a Cabeça! Java™ - 2ª Edição

Use a Cabeça! Análise de Dados

Use a Cabeça! Programação

Use a Cabeça! Álgebra

Use a Cabeça! Redes de Computadores

Use a Cabeça! Rails - 2ª Edição Revisada

Use a Cabeça! Física

Use a Cabeça! Web Design

Use a Cabeça! Ajax Profissional

Use a Cabeça! Estatística

Use a Cabeça! Servlets & JSP - 2º Edição

Use a Cabeça! Java Script

Use a Cabeça! Desenvolvimento de Software

Use a Cabeça! SQL

Use a Cabeça! HTML com CSS e XHTML - 2ª Edição

Use a Cabeça! Análise & Projeto Orientado ao Objeto

Use a Cabeça! Padrões de Projetos - 2ª Edição

Use a Cabeça! Excel

Não seria demais se existisse um livro sobre Excel que pudesse me transformar numa expert enquanto me mantivesse envolvida e entretida? Mas isso é provavelmente só uma fantasia...

Michael Milton

ALTA BOOKS
E D I T O R A
Rio de Janeiro, 2012

Use a Cabeça Excel Copyright © 2011 da Starlin Alta Editora e Consultoria Ltda.
ISBN: 978-85-7608-592-8

Produção Editorial
Editora Alta Books

Gerência Editorial
Anderson da Silva Vieira

Supervisão de Produção
Angel Cabeza
Augusto Coutinho
Leonardo Portella

Equipe Editorial
Andréa Bellotti
Andreza Farias
Cristiane Santos
Daniel Siqueira
Deborah Marques
Gianna Campolina
Isis Batista
Jaciara Lima
Jéssica Vidal
Juliana de Paulo
Lara Gouvêa
Lícia Oliveira
Lorrane Martins
Heloisa Pereira
Otávio Brum
Patrícia Fadel
Rafael Surgek
Sergio Cabral
Sergio Luiz de Souza
Thiago Scharbel
Thiê Alves
Taiana Ferreira
Vinicius Damasceno
Yuri Santos

Tradução
Roberto Assis

Revisão Gramatical
Fátima Félix
Michele Paiva

Revisão Técnica
Cristiano Galvão
Bacharel em Informática

Diagramação
Haroldo Sodré

Fechamento
Sergio Cabral

Marketing e Promoção
Vanessa Gomes
marketing@altabooks.com.br

Impresso no Brasil

Translated from original Head First Excel © 2010 by Michel Milton. ISBN 978-0-596-80769-6. This translation is published and sold by permission of O'Reilly Media Inc., the owner of all rights to publish and sell the same. PORTUGUESE language edition published by Starlin Alta Editora e Consultoria Ltda., Copyright © 2011 by Starlin Alta Editora e Consultoria Ltda.

All rights reserved including the right of reproduction in whole or in part in any form. This translation was published by arrangement with O'Reilly Media, Inc.

Todos os direitos reservados e protegidos pela Lei nº 9.610/98. Nenhuma parte deste livro, sem autorização prévia por escrito da editora, poderá ser reproduzida ou transmitida sejam quais forem os meios empregados: eletrônico, mecânico, fotográfico, gravação ou quaisquer outros.

Todo o esforço foi feito para fornecer a mais completa e adequada informação. Contudo, a editora e o(s) autor(es) não assumem responsabilidade pelos resultados e usos da informação fornecida.

Erratas e atualizações: Sempre nos esforçamos para entregar ao leitor um livro livre de erros técnicos ou de conteúdo. Porém, nem sempre isso é conseguido, seja por motivo de alteração de software, interpretação ou mesmo quando há alguns deslizes que constam na versão original de alguns livros que traduzimos. Sendo assim, criamos em nosso site, www.altabooks.com.br, a seção *Erratas*, onde relataremos, com a devida correção, qualquer erro encontrado em nossos livros.

Avisos e Renúncia de Direitos: Este livro é vendido como está, sem garantia de qualquer tipo, seja expressa ou implícita.

Marcas Registradas: Todos os termos mencionados e reconhecidos como Marca Registrada e/ou comercial são de responsabilidade de seus proprietários. A Editora informa não estar associada a nenhum produto e/ou fornecedor apresentado no livro. No decorrer da obra, imagens, nomes de produtos e fabricantes podem ter sido utilizados, e desde já, a Editora informa que o uso é apenas ilustrativo e/ou educativo, não visando ao lucro, favorecimento ou desmerecimento do produto/fabricante.

O código de propriedade intelectual de 1º de julho de 1992 proíbe expressamente o uso coletivo sem autorização dos detentores do direito autoral da obra, bem como a cópia ilegal do original. Esta prática, generalizada nos estabelecimentos de ensino, provoca uma brutal baixa nas vendas dos livros a ponto de impossibilitar os autores de criarem novas obras.

Dados Internacionais de Catalogação na Publicação (CIP)

M662u   Milton, Michael.
        Use a cabeça! Excel / Michael Milton ; [tradução Roberto Assis]. – Rio de Janeiro, RJ : Alta Books, 2011.
        440 p. : il. – (Use a cabeça!)

        Inclui índice.
        Tradução de: Head first Excel.
        ISBN 978-85-7608-592-8

1   1. Excel (Programa de computador) - Manuais, guias, etc. 2. Planilhas eletrônicas - Manuais, guias, etc. I. Título. II. Série.

CDU 004.4
CDD 005.5

Índice para catálogo sistemático:
1. Programas de computador (software)   004.4

(Bibliotecária responsável: Sabrina Leal Araujo – CRB 10/1507)

1ª Reimpressão, outubro de 2013

ALTA BOOKS
EDITORA

Rua Viúva Cláudio, 291 – Bairro Industrial do Jacaré
CEP: 20970-031 – Rio de Janeiro – Tels.: 21 3278-8069/8419 Fax: 21 3277-1853
www.altabooks.com.br – e-mail: altabooks@altabooks.com.br
www.facebook.com/altabooks – www.twitter.com/alta_books

o autor

Autor do Use a Cabeça! Excel

Michael Milton

Enquanto os amigos de **Michael Milton** estavam programando em BASIC e jogando Leisure Suit Larry lá nos anos 1980, ele estava criando gráficos no SuperCalc.

A carreira dele se resume principalmente a ajudar pessoas aparecendo com a planilha certa, na hora certa, e ele espera que após a leitura deste *Use a Cabeça! Excel*, você vá ter a mesma experiência.

Quando ele não está na biblioteca ou em uma livraria, você pode encontrá-lo correndo, tirando fotos, fazendo cerveja ou blogando em michaelmilton.net.

Conteúdo (Sumário)

	Introdução	xxv
1	Introdução às Fórmulas: *O verdadeiro poder do Excel*	1
2	Projeto Visual: *Planilhas como arte*	29
3	Referências: *Aponte na direção certa*	59
4	Mude seu Ponto de Vista: *Classifique, faça zoom e filtre*	89
5	Tipos de Dados: *Faça o Excel valorizar seus valores*	117
6	Datas e Horários: *Mantenha-se no horário*	141
7	Descobrindo Funções: *Descubra por conta própria as características do Excel*	169
8	Auditando Fórmulas: *Visualize suas fórmulas*	197
9	Gráficos: *Faça gráficos dos seus dados*	227
10	Análise de Cenários: *Realidades alternativas*	251
11	Funções para Texto: *Letras como dados*	279
12	Tabelas Dinâmicas: *Agrupamento barra-pesada*	309
13	Booleanos: *VERDADEIRO ou FALSO*	331
14	Segmentação: *Dividindo e fragmentando*	357
i	Deixados de Lado: *As Top Dez Coisas (que nós não cobrimos)*	383
ii	Instalando o Solver do Excel: *O Solver*	391

Tabela de Conteúdos (a Verdadeira)

Introdução

Seu cérebro no Excel.
Aqui está você tentando aprender alguma coisa, enquanto seu *cérebro*, fazendo um favor a você, se certifica de que o aprendizado não se *fixe*. Seu cérebro está pensando "Melhor deixar espaço para coisas mais importantes, como quais animais selvagens evitar e se praticar snowboard pelado é uma má ideia." Então como você engana seu cérebro para que ele pense que sua vida depende de saber sobre planilhas?

Para quem é este livro?	xxvi
Nós sabemos o que você está pensando	xxvii
Metacognição: pensando sobre pensar	xxix
Aqui está o que NÓS fizemos	xxx
Aqui está o que VOCÊ pode fazer para dobrar o seu cérebro	xxxi
Leia-me	xxxii
O time da revisão técnica	xxxiv
Agradecimentos	xxxv

conteúdo (sumário)

1
Introdução às fórmulas
O verdadeiro poder do Excel

Todos nós usamos o Excel para manter listas.
E em se tratando de listas, o Excel faz um excelente trabalho. Mas os verdadeiros ninjas do Excel são as pessoas que se tornaram mestres do mundo das fórmulas. Usar bem os dados é principalmente executar os **cálculos** que lhe dirão aquilo que você precisa saber e as **fórmulas** para fazer esses cálculos, moldando seus dados em algo útil e iluminador. Se você conhece suas fórmulas, realmente pode fazer seus números *cantarem*..

Você pode sobreviver a sua última noite de férias?	2
Aqui está o que você orçou e o que você gastou	3
O Excel é ótimo para manter registros...	4
As fórmulas trabalham com seus dados	5
Referências mantêm suas fórmulas funcionando mesmo se seus dados mudarem	11
Verifique suas fórmulas com cuidado	14
Faça referência a um monte de células usando um intervalo	15
Use SOMA para somar os elementos de um intervalo	15
Quando você copia e cola uma fórmula, as referências se deslocam	21
As fórmulas do Excel deixam você se aprofundar nos seus dados	26
Todo mundo ainda tem bastante dinheiro para uma noite de barriga cheia em Nova York!	27

conteúdo *(sumário)*

projeto visual
Planilhas como arte

2

A maioria das pessoas normalmente usa o Excel para fazer o layout da página.

Um monte de mestres em escrever fórmulas, que são familiarizados com o poder do Excel, ficam chocados que algumas pessoas "apenas" usem o programa para mostrar informações como uma grade. Entretanto, o Excel, especialmente em suas versões mais recentes, se tornou bem útil como ferramenta de layout de página. Você está prestes a se familiarizar com algumas ferramentas do Excel importantes, e não tão óbvias, para fazer alguns projetos visuais de verdade.

A CRMFreak precisa apresentar suas finanças para os analistas	30
O sinal de cifrão é parte da formatação da sua célula	35
Como formatar seus dados	36
O chefe gostou!	39
Princípio de design: mantenha simples	40
Fúria dos titãs de design…	41
Use fontes para atrair a visão para o que for mais importante	42
Estilos de célula mantêm a formatação consistente para elementos que se repetem	46
Com seus estilos de células selecionados, use Temas para mudar a aparência	47
Ele gostou, mas há mais alguma coisa…	50
Use proximidade e alinhamento para agrupar coisas similares	53
Sua planilha é um sucesso	57

conteúdo (sumário)

referências
Aponte na direção certa

3

Uma fórmula é tão boa quanto suas referências.

Não importa quão criativa e brilhante sua fórmula seja, ela não vai lhe fazer nenhum bem se não apontar para os dados corretos. É fácil manter as referências ajustadas no caso de fórmulas pequenas e individuais, mas, uma vez que essas fórmulas fiquem longas e precisem ser copiadas, as chances de erros nas **referências** aumentam dramaticamente. Neste capítulo, você vai **explorar referências absolutas e relativas**, assim como a nova característica avançada do Excel, as **referências estruturadas**, as quais asseguram que não importa o quão grandes e numerosas suas referências sejam, suas fórmulas vão se manter bem ajustadas e precisas.

Seu negócio de computadores está uma bagunça	60
Seu gerente de produção tem uma planilha com custos	63
MÍNIMO retorna o menor número de uma série	64
Deixe o Excel completar os intervalos começando sua fórmula e usando seu mouse	67
O Excel conseguiu a resposta certa usando uma referência mais sofisticada	68
Use referências absolutas para prevenir o deslocamento ao copiar/colar	73
Referências absolutas lhe dão um monte de opções	75
Intervalos nomeados simplificam suas fórmulas	76
As Tabelas do Excel tornam suas referências fáceis e rápidas	82
Referências estruturadas são uma dimensão diferente da referência absoluta	83
Suas previsões de lucratividade se provaram precisas	88

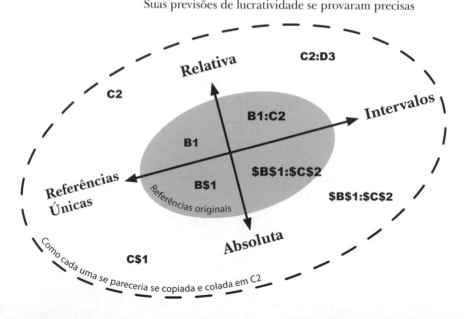

conteúdo (sumário)

mude seu ponto de vista
Classifique, faça zoom e filtre

4

Os detalhes dos seus dados são tentadores.

Entretanto, apenas se você souber como olhar para eles. Neste capítulo, você vai esquecer sobre formatação e funções, e apenas focar em como mudar sua perspectiva em relação aos seus dados. Quando você está explorando seus dados, procurando por questões a serem investigadas, as ferramentas para **classificar, dar zoom e filtrar** oferecem uma surpreendente versatilidade para lhe ajudar a perceber o que está contido nos seus dados.

Consultores políticos precisam de ajuda para decodificar o banco de dados deles sobre financiamento de campanha	90
Encontre os nomes dos grandes contribuidores	91
Classificar muda a ordem das linhas em seus dados	92
Classificar lhe mostra diferentes perspectivas sobre um grande conjunto de dados	95
Veja muito mais dos seus dados com Zoom	103
Seu cliente está impressionado!	106
Filtros ocultam os dados que você não quer ver	107
Use as caixas de seleção do Filtro para dizer ao Excel como filtrar seus dados	108
Uma notícia inesperada da Campanha Principal …	109
A Campanha Principal está encantada com seu trabalho	112
Estão chovendo doações	115

xiii

conteúdo *(sumário)*

5
tipos de dados
Faça o Excel valorizar seus valores

O Excel nem sempre lhe mostra o que você estava pensando.
Algumas vezes, o Excel vai lhe mostrar um número, mas pensar nele como um texto. Ou pode lhe mostrar algum texto que ele vê como número. O Excel vai até mesmo lhe mostrar dados que não são nem número nem texto! Neste capítulo, você vai **aprender como ver os dados da maneira que o Excel os vê**, não importando como eles estejam sendo exibidos. Esse conhecimento não apenas vai lhe dar um grande controle sobre seus dados (e menos experiências do tipo "Que #&%! é essa?"), mas ele também vai lhe ajudar a liberar todo o universo das fórmulas.

Seu amigo médico está em um deadline e tem dados quebrados	118
De alguma forma, sua fórmula de média dividiu por zero	121
Dados no Excel podem ser textos ou números	122
O doutor já teve esse problema antes	125
Você precisa de uma função que diga ao Excel para tratar seu texto como um valor	126
Um estudante de graduação também fez algumas estatísticas... e há um problema	132
Erros são um tipo de dados especial	135
Agora você é um cientista com publicação	140

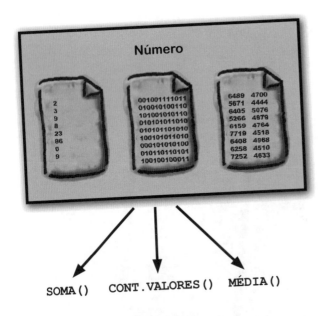

xiv

conteúdo (sumário)

6

datas e horários
Mantenha-se no horário

Datas e horários em Excel são difíceis.

A menos que você entenda *como o Excel os representa internamente*. Todos nós, uma hora ou outra, temos de fazer cálculos envolvendo esses tipos de figuras, e este capítulo vai lhe dar as **chaves para descobrir** quantos dias, meses, anos e mesmo segundos há entre duas datas. A verdade simples é que datas e horários são realmente um **caso especial** de tipos de dados e de formatação que você já conhece. Uma vez que você se torne mestre em alguns desses conceitos, será capaz de usar o Excel para *gerenciar agendamentos sem problemas.*

Você tem tempo para aumentar seu treino para a Maratona de Massachusetts?	142
VALOR() retorna um número em datas armazenadas como texto	146
O Excel vê datas como inteiros	147
Subtrair uma data de outra lhe diz o número de dias entre as duas datas	148
Quando estiver subtraindo datas, fique atento a sua formatação	152
Parece que você não tem tempo para completar o treinamento antes de 10Km	153
A treinadora tem uma ideia melhor	154
DATADIF() vai calcular o tempo entre datas usando uma variedade de medidas	156
A treinadora está feliz por ter você na turma dela	161
O Excel representa tempo como um número decimal entre 0 e 1	162
A treinadora tem um desafio de Excel para você	165
Você se qualificou para a Maratona de Massachusetts	167

Você dá seu texto para a fórmula.

=VALOR (**A4**)

O Excel lê seu valor de texto e vê que ele é realmente um número.

Jun 12, 2010

A fórmula retorna um número.

40341

xv

conteúdo (sumário)

7

descobrindo funções
Descubra por conta própria as características do Excel

O Excel tem mais funções do que você irá utilizar.

Através dos anos e das muitas versões, o programa foi acumulando funções especializadas que são tremendamente importantes para um pequeno grupo que as usa. Isso não é um problema para você. Mas o que **é** um problema para você é o grupo de funções **que você não conhece**, porém **são úteis para seu trabalho**. Sobre quais funções estamos falando? Apenas você pode saber com certeza, e você está prestes a conhecer algumas dicas e técnicas para encontrar rapidamente as fórmulas que precisa para fazer seu trabalho eficientemente.

Você deveria alugar vagas de estacionamento adicionais?	170
Você precisa de um plano para achar mais funções	173
As telas de ajuda do Excel são repletas de dicas e truques	174
Aqui está o banco de dados de ingressos do centro de convenções para o próximo mês	178
Anatomia de uma referência de função	183
O COO do Centro de Convenções de Dadosville mandou um recado...	185
Funções são organizadas por tipos de dado e disciplina	186
Sua planilha mostra a contagem de ingressos sumarizada para cada data	192
Ingressos para você!	195

Excelente!

conteúdo (sumário)

8

auditando fórmulas
Visualize suas fórmulas

As fórmulas do Excel podem ficar realmente complicadas.

E essa é a ideia, certo? Se tudo que você quisesse fazer fosse um cálculo simples, poderia ter usado papel, caneta e calculadora. Mas essas fórmulas complicadas podem ficar incontroláveis – especialmente aquelas escritas por outras pessoas, que podem ser quase impossíveis de decifrar se você não souber o que elas estavam pensando. Neste capítulo, você vai aprender a usar uma simples, porém poderosa, característica gráfica do Excel, chamada **auditoria de fórmulas**, que vai demonstrar claramente o fluxo de dados através dos modelos na sua planilha.

Você deveria comprar ou alugar uma casa?	198
Use o Valor Presente Líquido para descontar custos futuros de valores atuais	202
A corretora tem uma planilha para você	205
Modelos no Excel podem ficar complicados	206
Auditoria de fórmulas mostra a você a localização dos argumentos da sua função	208
As funções de empréstimos do Excel usam os mesmos elementos básicos	212
A fórmula PGTO na planilha da corretora calcula seu pagamento mensal	213
Fórmulas têm de estar corretas, e suposições devem ser razoáveis	218
A corretora entra na discussão...	222
Sua casa foi um bom investimento!	225

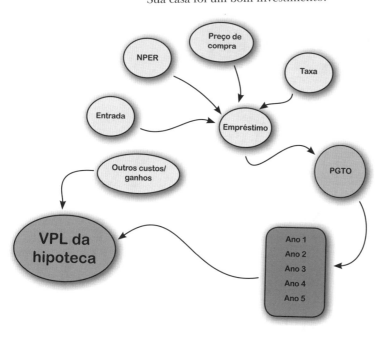

xvii

conteúdo (sumário)

9 gráficos
Faça gráficos dos seus dados

Quem quer olhar para números o tempo todo?

Muito frequentemente, um bom gráfico é uma maneira muito mais envolvente de apresentar dados. E algumas vezes você tem tantos dados que, na verdade, não consegue olhá-los todos sem um bom gráfico. O Excel tem facilidades gráficas extensas, e, se você souber onde clicar, vai liberar o poder de fazer gráficos para exibir seus dados com arte e clareza.

A Use a Cabeça! Investimentos precisa de gráficos para o seu relatório	228
Crie gráficos usando a aba Inserir	231
Use as abas Design e Layout para retrabalhar seu gráfico	232
Seu gráfico pizza não está indo bem com o artista gráfico corporativo	236
Você está começando a ficar sem tempo...	247
Seu relatório foi um grande sucesso...	249

conteúdo (sumário)

10
análise de cenários
Realidades alternativas

As coisas podem acontecer de várias maneiras diferentes.

Há todo o tipo de **fatores quantitativos** que podem afetar como seu negócio vai funcionar, como suas finanças vão ficar, como sua agenda vai acontecer, e por aí vai. O Excel é excelente em ajudar você a modelar e gerenciar todas as suas *projeções*, avaliando como mudanças nesses fatores vão afetar as variáveis que mais lhe importam. Neste capítulo, você vai aprender sobre três características chave – **Cenários, Atingir Meta e Solver** – que são projetadas para fazer a avaliação de todos os seus "e se" ser uma moleza.

Sua amiga Betty deve fazer anúncios?	252
Betty tem projeções de melhor e pior caso para diferentes configurações	255
Cenários lhe ajudam a manter registro das diferentes entradas para o mesmo modelo	258
Cenários salvam diferentes configurações dos elementos que mudam	259
Betty quer saber o breakeven dela	261
O Atingir Meta otimiza um valor testando um monte de valores diferentes	262
Betty precisa que você insira mais complexidade no modelo	266
O Solver pode lidar com problemas de otimização muito mais complexos	267
Faça uma verificação de validade no seu modelo do Solver	272
O Solver calculou suas projeções	276
O cenário de melhor caso da Betty aconteceu...	277

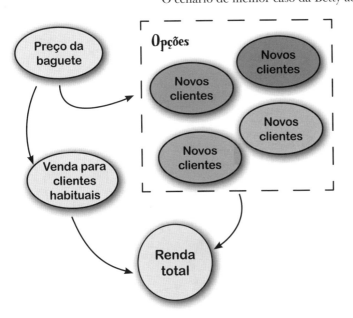

xix

conteúdo (sumário)

11

funções para texto
Letras como dados

O Excel ama seus números, mas consegue lidar também com seu texto.

Ele possui um conjunto de funções projetadas para lhe possibilitar a manipulação de **dados textuais**. Há muitas aplicações para essas funções, mas uma que todos que trabalham com dados têm de lidar é o que fazer com dados *bagunçados*. Muitas vezes, você vai receber dados que não estão de forma alguma no formato que você precisa que eles estejam – eles podem ter vindo de um banco de dados estranho, por exemplo. Funções textuais brilham ao deixar você puxar elementos dos dados bagunçados de forma a poder fazer uso analítico deles, como você está prestes a descobrir...

Seu banco de dados analítico sobre consumidores quebrou!	280
Aqui estão os dados	281
O texto para Colunas usa um delimitador para dividir seus dados	282
O Texto para Colunas não funciona para todos os casos	285
O Excel tem um conjunto de funções para lidar com texto	286
ESQUERDA e DIREITA são funções básica de extração	289
Você precisa variar os valores que vão para o segundo argumento	291
O negócio está começando a sofrer por causa da falta dos dados dos clientes	293
A planilha está começando a ficar grande!	297
PROCURAR ( ) retorna um número especificando a posição do texto	298
O Texto para Colunas vê suas fórmulas, não seus resultados	302
Colar Especial deixa você colar com opções	302
Parece que o tempo está acabando...	305
Sua crise de dados está resolvida!	308

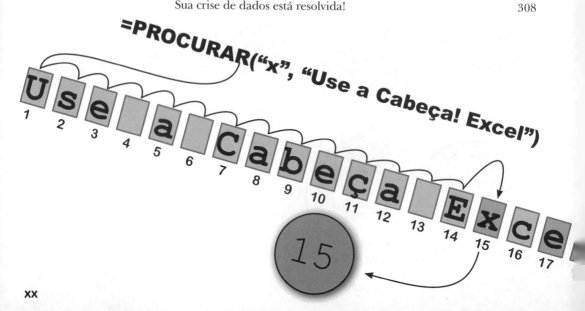

conteúdo (sumário)

12 tabelas dinâmicas
Agrupamento barra-pesada

Tabelas dinâmicas estão entre as mais poderosas ferramentas do Excel.

Mas o que são elas? E por que deveríamos nos importar? Para os novatos no Excel, as tabelas dinâmicas estão entre as características mais *intimidantes* do Excel. Porém a proposta dela é bem simples: **agrupar dados rapidamente** para que você possa analisá-los. Como você vai ver, agrupar e resumir dados usando tabelas dinâmicas é *muito mais rápido* do que agrupamentos usando fórmulas. Quando você terminar este capítulo, estará virando e revirando seus dados no Excel mais rápido do que você achava que era possível.

O Semanário Automotivo Use a Cabeça! precisa de uma análise para a edição anual de resenhas dos carros	310
Pediram para você fazer um monte de operações repetitivas	313
Tabelas dinâmicas são uma ferramenta incrivelmente poderosa para resumir dados	314
Construção de tabelas dinâmicas é pré-visualizar onde seus campos devem ficar	316
A tabela dinâmica resumiu seus dados muito mais rápido do que as fórmulas teriam feito	320
Seu editor está impressionado!	322
Você está pronto para terminar as tabelas de dados da revista	326
Suas tabelas dinâmicas são um sucesso!	330

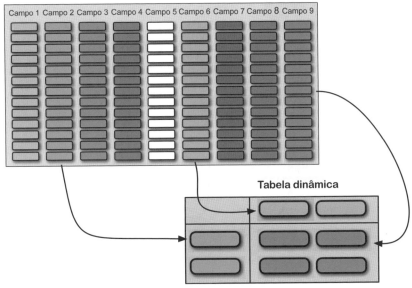

xxi

conteúdo (sumário)

13 booleanos
VERDADEIRO ou FALSO

Há um tipo de dado enganadoramente simples no Excel.
Eles são chamados **valores Booleanos**, e eles são simplesmente VERDADEIRO ou FALSO. Você pode pensar que são muito básicos e elementares para serem úteis numa análise de dados séria, mas nada poderia estar mais longe da verdade. Neste capítulo, você vai inserir valores Booleanos em **fórmulas lógicas** para realizar uma variedade de tarefas, de limpar dados a criar pontos de dados inteiramente novos.

Será que os pescadores estão se comportando no Lago Dadosville?	332
Você tem dados sobre a quantidade pescada para cada barco	333
Expressões booleanas retornam um resultado VERDADEIRO ou FALSO	334
SE dá resultados baseado em uma expressão Booleana	334
Suas fórmulas SE precisam acomodar o esquema de nomenclatura completo	336
Resuma quantos barcos estão em cada categoria	343
CONT.SES é como a CONT.SE, só que muito mais poderosa	346
Ao trabalhar com condições complexas, quebre sua fórmula em colunas	350
Justiça para os peixes!	356

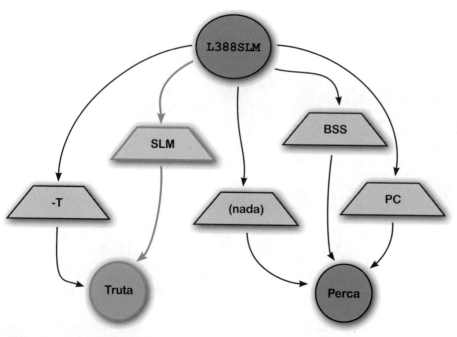

conteúdo *(sumário)*

14 segmentação
Dividindo e fragmentando
Seja criativo com suas ferramentas.

Você desenvolveu um conhecimento formidável sobre o Excel nos 13 capítulos anteriores, e a uma altura dessas conhece (ou sabe como encontrar) a maioria das ferramentas que servem para seu problema de dados. Mas e se seu problema *não se encaixar nessas ferramentas*? E se você nem tiver os dados que precisa em um único lugar, ou eles estão divididos em categorias que não se adequam aos seus objetivos analíticos? Neste capítulo final, você vai usar **funções de busca** juntamente com algumas das ferramentas que já conhece para extrair novos **segmentos** dos seus dados e se tornar realmente criativo com as ferramentas do Excel.

Você está com um fiscal que precisa fiscalizar o dinheiro do orçamento	358
Aqui está o gráfico que eles querem	359
Aqui está o gasto federal, dividido por cidade	360
Algumas vezes os dados que você tem não são suficientes	363
Seus problemas com as regiões são maiores	365
Aqui está uma chave de busca	366
PROCV vai fazer uma referência cruzada entre as duas fontes de dados	367
Crie segmentos para inserir os dados corretos na sua análise	374
Os Geopolitical Grunts gostariam de um pouco mais de nuance	376
Você possibilitou aos Geopolitical Grunts seguir a trilha do dinheiro...	380
Deixando a cidade...	381
Foi ótimo ter tido você aqui em Dadosville!	381

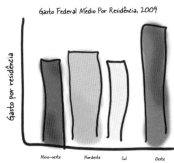

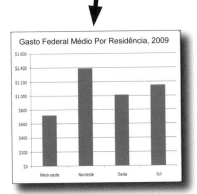

conteúdo (sumário)

deixados de lado
As top 10 coisas (que nós não falamos)

i

Você percorreu um longo caminho.

Contudo, o Excel é um programa complicado, e ainda há muito mais a aprender. Neste apêndice, você vai passar pelos 10 itens que não tivemos tempo de cobrir neste livro, mas que deveriam estar no topo da sua lista de itens a serem estudados.

Nº 1: Análise de Dados	384
Nº 2: Formatar Pincel	385
Nº 3: O ToolPak de Análise de Dados	386
Nº 4: Fórmulas matriciais	386
Nº 5: Formas e SmartArt	387
Nº 6: Controlando o recálculo e melhorando a performance	388
Nº 7: Conectando com a Web	389
Nº 8: Trabalhando com fontes de dados externas	389
Nº 9: Colaboração	390
Nº 10: Visual Basic for Applications	390

instalando o solver do excel
O Solver

ii

Algumas das melhores características do Excel não estão instaladas por padrão.

É isso aí, para poder rodar a otimização do Capítulo 10, você vai precisar ativar o **Solver**, um suplemento que vem incluído no Excel por padrão, mas não é ativado sem a sua iniciativa.

Instale o Solver no Excel	392

como utilizar este livro

Introdução

como utilizar este livro

Para quem é este livro?

Se você puder responder "sim" a todas estas...

① Você nunca usou o Excel, ou o usou um pouco, mas nunca fez nada poderoso com ele?

② Você tem algumas habilidades **básicas** com programas, tais como abrir e fechar arquivos e copiar e colar textos?

③ Você prefere uma estimulante conversa em um jantar do que lições acadêmicas secas e chatas?

este livro é para você

Quem provavelmente deveria ficar longe deste livro?

Se você puder responder "sim" a qualquer uma destas...

① Você já aprendeu a maior parte das funções do Excel, mas precisa de uma referência sólida?

② Você está procurando fazer programação de alto nível em Excel com macros e Visual Basic for Applications?

③ Você tem medo de tentar coisas diferentes? Você prefere fazer tratamento de canal a misturar listras com xadrez? Você acha que um livro técnico não pode ser sério se antropomorfiza funções Booleanas e tabelas dinâmicas?

...este livro *não* é para você.

[Observação do marketing: este livro é para qualquer um com um cartão de crédito.]

introdução

Nós sabemos o que você está pensando

"Como *isto* pode ser um livro sério sobre Excel?"

"Por que todos esses gráficos?"

"Eu realmente posso *aprender* dessa maneira?"

E nós sabemos o que seu *cérebro* está pensando

Seu cérebro adora novidade. Ele está sempre procurando, observando, *aguardando* por algo não usual. Ele foi construído desta maneira, e isto ajuda você a se manter vivo.

Então, o que o cérebro faz com todas as coisas normais, rotineiras e ordinárias que você encontra? Ele faz tudo o que *puder* para evitar que elas interfiram com o *real* trabalho do cérebro – registrar coisas que *importam*. Ele nem se incomoda em salvar as coisas chatas; elas nunca passam para além do filtro "isto é obviamente sem importância".

Como seu cérebro sabe o que é importante? Suponha que você está passeando um dia e um tigre salta na sua frente, o que acontece dentro da sua cabeça e corpo?

Neurônios disparam. Emoções se intensificam. *E a química do corpo alucina.*

E é assim que seu cérebro sabe...

Isto deve ser importante! Não esqueça isto!

Contudo, imagine que você está em casa, ou numa biblioteca. É uma zona segura, confortável e sem tigres. Você está estudando. Se preparando para um exame. Ou tentando aprender alguma coisa matemática difícil que o seu professor vai testar em você amanhã.

Só um problema. Seu cérebro está tentando fazer um grande favor a você. Ele está tentando se certificar de que esta coisa *obviamente* sem importância não desperdice os recursos escassos. Recursos que são mais bem utilizados guardando as coisas realmente *grandes*. Como tigres. Como o perigo do fogo. Como você nunca deveria ter postado aquelas fotos de "festa" na sua página do Facebook. E não há uma maneira simples de dizer ao cérebro, "Escuta cérebro, muito obrigado, mas não importa o quão tolo este livro é, e o quão baixo a escala Richter das minhas emoções está marcando, eu realmente *preciso* que você mantenha esta coisa por perto."

Seu cérebro acha que ISTO é importante.

Ótimo. Só mais 400 páginas tolas, secas e chatas.

Seu cérebro acha que ISTO não vale a pena guardar..

como utilizar este *livro*

Nós pensamos no leitor do "Use a Cabeça!" como um aprendiz.

Então o que é preciso para *aprender* alguma coisa? Primeiro, você tem de entendê-la, depois se certificar de que não vai *esquecê-la*. A questão não é empurrar fatos para dentro do seu cérebro. Baseado na mais recente pesquisa em ciência cognitiva, neurobiologia e psicologia educacional, o *aprendizado* precisa de muito mais do que texto numa página. Nós sabemos o que liga seu cérebro.

Alguns dos princípios de aprendizado do Use a Cabeça!:

Torne visual. Imagens são muito mais memorizáveis do que palavras sozinhas, e fazem com que o aprendizado seja muito mais efetivo (uma melhora de até 89% em relembrar e aplicar – estudos). Elas também tornam os assuntos mais compreensíveis. **Ponha as palavras dentro ou perto dos gráficos** ao qual elas se relacionam, em vez de na parte de baixo da página ou em outra página, e os aprendizes vão ter até o *dobro* de chance de resolver problemas relacionados com o conteúdo.

Use um estilo em forma de conversa e personalizado. Em pesquisas recentes, os estudantes se saíram até 40% melhor em testes de pós-aprendizado se o conteúdo falou diretamente ao leitor, utilizando um estilo em forma de conversa em primeira pessoa em vez de um tom formal. Conte histórias em vez de lecionar. Use linguagem casual. Não se leve tão a sério. Ao que *você* prestaria mais atenção: a uma estimulante companhia em um jantar ou em uma palestra?

Consiga que o aprendiz pense mais profundamente. Em outras palavras, a menos que você ativamente force seus neurônios, nada demais vai acontecer na sua cabeça. Um leitor tem de ser motivado, engajado e inspirado a resolver problemas, tirar conclusões e gerar conhecimento novo. E para isso você precisa de desafios, exercícios e questões que provoquem o pensamento e atividades que envolvam ambos os lados do cérebro e múltiplos sentidos.

Consiga – e mantenha – a atenção do leitor. Todos nós já tivemos a experiência "Eu realmente quero aprender isto, mas não consigo ficar acordado além da página um". Seu cérebro presta atenção a coisas que são fora do comum, interessantes, estranhas, inesperadas. Aprender um novo e difícil tópico técnico não tem de ser chato. Seu cérebro vai aprender muito mais rapidamente se ele não for.

Toque as emoções. Nós agora sabemos que sua habilidade para lembrar de algo é muito dependente do conteúdo emocional desse algo. Você se lembra daquilo com que se importa. Você se lembra quando você sente alguma coisa. Não, nós não estamos contando histórias de cortar o coração sobre um garoto e seu cachorro. Nós estamos falando sobre emoções como surpresa, curiosidade, diversão, "o que é isso...?" e o sentimento de "Eu sou demais!" que vem quando você resolve um problema, aprende alguma coisa que todos acham difícil, ou percebe que você sabe alguma coisa que o Bob "Eu sou mais técnico do que os mortais", lá da engenharia, *não sabe*.

introdução

Metacognição: pensando sobre pensar

Se você realmente quer aprender, mais rápido e mais profundamente, preste atenção a como você assimila as coisas ao seu redor. Pense sobre a forma como você pensa. Aprenda a forma como você aprende.

A maioria de nós não faz cursos sobre metacognição ou teoria do aprendizado quando estamos crescendo. *Esperam* que nós aprendamos, mas raramente nos *ensinam* a aprender.

Entretanto, assumimos que, se você está segurando este livro, você realmente quer aprender sobre Excel. E, provavelmente, não quer gastar muito tempo. E já que você vai ter de usar isso no futuro, precisa se *lembrar* do que você leu. E para isso você tem de entender. Para conseguir o máximo deste livro, ou de *qualquer* livro ou experiência de aprendizado, assuma a responsabilidade pelo seu cérebro. Seu cérebro *neste* conteúdo.

Fico pensando em como posso enganar meu cérebro para que ele se lembre dessas coisas...

O truque é fazer com que seu cérebro veja a nova matéria que você está aprendendo como Realmente Importante. Crucial para o seu bem-estar. Tão importante quanto um tigre. De outra forma você vai estar numa constante batalha, com seu cérebro fazendo o melhor dele para evitar que o novo conteúdo seja fixado.

Então como você FAZ o seu cérebro pensar que a geometria é um tigre faminto?

Há um caminho mais lento, tedioso, ou o caminho mais rápido e efetivo. O caminho lento é pura repetição. Você obviamente sabe que *é* capaz de aprender e relembrar mesmo os tópicos mais tolos se ficar martelando eles o tempo todo no seu cérebro. Com repetição suficiente, seu cérebro diz, "Isto não *parece* importante para ele, mas como ele fica vendo isso *de novo* e *de novo*, então eu suponho que deva ser."

A maneira mais rápida é fazer **qualquer coisa que aumente a atividade cerebral,** especialmente diferentes tipos de atividade cerebral. As coisas na página anterior são uma grande parte da solução, e todas são coisas que já provaram ajudar seu cérebro a trabalhar a seu favor. Por exemplo, estudos mostram que colocar as palavras *dentro* das figuras que elas descrevem (em oposição a colocá-las em algum outro lugar da página, como numa legenda ou no corpo do texto) faz com que seu cérebro tente achar o sentido de como as palavras e a figura se relacionam, e isso faz com que mais neurônios disparem. Mais neurônios disparando = maiores chances para o seu cérebro perceber que aquilo é algo que vale a pena prestar atenção, e possivelmente gravar.

Um estilo em forma de conversa ajuda porque as pessoas tendem a prestar mais atenção quando percebem que estão em uma conversa, já que se espera que elas o sigam e a examinem. O incrível é que seu cérebro não necessariamente se importa que a "conversa" é entre você e um livro! Por outro lado, se o estilo de escrita for formal e seco, seu cérebro percebe isso da mesma forma que você experimenta quando está aprendendo enquanto fica sentado em uma sala cheia de atendentes passivos. Nenhuma necessidade de ficar acordado.

Contudo, figuras e estilo em forma de conversa são apenas o início.

você está aqui ▶ **xxix**

como utilizar este livro

Aqui está o que NÓS fizemos:

Nós usamos *figuras* porque seu cérebro é otimizado para visual, não textual. Até onde importa para seu cérebro, uma imagem *realmente* vale mais que mil palavras. E quando textos e palavras trabalham juntos, nós colocamos o texto *dentro* das figuras porque seu cérebro trabalha mais eficientemente quando o texto está *inserido* naquilo a que se refere o texto, em oposição a estar em uma legenda ou enterrado em algum lugar do texto.

Nós usamos *redundância*, dizendo a mesma coisa de *diferentes* maneiras e com diferentes tipos de mídia, e *múltiplos sentidos*, para aumentar a chance de que o conteúdo seja codificado em mais de uma área do seu cérebro.

Nós usamos conceitos e figuras de maneiras *inesperadas* porque seu cérebro é sintonizado para novidades, e nós usamos figuras e ideias com pelo menos *algum conteúdo **emocional***, porque seu cérebro é sintonizado para prestar atenção na bioquímica das emoções. Aquilo que faz você *sentir* algo terá maior chance de ser lembrado, mesmo se esse sentimento não for nada mais que um pouco de *humor*, *surpresa* ou *interesse*.

Nós usamos um *estilo de conversa* personalizado, porque seu cérebro é sintonizado para prestar mais atenção quando ele acredita que você está em uma conversa do que se ele achar que você está passivamente assistindo a uma apresentação. Seu cérebro faz isso mesmo quando você está *lendo*.

Nós incluímos mais de 80 **atividades**, porque seu cérebro é sintonizado para aprender e lembrar mais quando você **faz** coisas do que quando você *lê* sobre coisas. E nós fizemos os exercícios desafiadores, mas ainda assim factíveis, porque isto é o que a maioria das pessoas prefere.

Nós usamos **múltiplos estilos de aprendizagem**, porque *você* pode preferir procedimentos passo a passo, enquanto alguma outra pessoa quer entender o geral primeiro, e ainda outra pessoa pode querer ver um exemplo. Mas, não importando qual a sua forma de aprendizado preferida, *todo mundo* se beneficia ao ver o mesmo conteúdo representado de diferentes maneiras.

Nós incluímos conteúdo para **ambos os lados do cérebro**, porque quanto mais você consegue que seu cérebro se engaje, maiores as chances de aprender e lembrar, e maior o tempo que você consegue ficar focalizado. Uma vez que trabalhar um lado do cérebro frequentemente significa dar ao outro lado uma chance de descansar, você pode ser mais produtivo no aprendizado por um período de tempo maior.

E nós também incluímos **histórias** e exercícios que apresentam **mais de um ponto de vista**, porque seu cérebro é sintonizado para aprender mais profundamente quando ele é forçado a fazer avaliações e julgamentos.

Nós incluímos **desafios**, com exercícios, e levantamos **questões** que nem sempre possuem uma resposta direta, porque seu cérebro é sintonizado para aprender e lembrar quando ele tem de **trabalhar** em algo. Pense nisso – você não consegue colocar seu *corpo* em forma apenas *olhando* as pessoas na academia. Mas nós fizemos nosso melhor para nos certificar de que se você estiver trabalhando duro, que seja nas coisas certas. Que *você não está desperdiçando um único dendrito extra* processando um exemplo difícil de entender, ou analisando um texto difícil, cheio de jargão ou demasiadamente resumido.

Nós usamos **pessoas**. Nas histórias, exemplos, figuras etc. porque, bem, porque *você é* uma pessoa. E seu cérebro presta mais atenção a *pessoas* do que a *coisas*.

xxx *introdução*

introdução

Aqui está o que VOCÊ pode fazer para dobrar o seu cérebro

Bem, nós fizemos nossa parte. O resto é com você. Estas dicas são um ponto de partida; ouça seu cérebro e entenda o que funciona e o que não funciona para você. Tente coisas novas.

Corte isto e cole na sua geladeira.

---

1 **Vá com calma. Quanto mais você entender, menos vai ter de memorizar.**

Não apenas *leia*. Pare e pense. Quando o livro lhe propõe uma questão, não pule direto para a resposta. Imagine que alguém está realmente lhe fazendo essa pergunta. Quanto mais profundamente você forçar seu cérebro a pensar, melhores as chances que você tem de aprender e lembrar.

2 **Faça os exercícios. Escreva suas próprias anotações.**

Nós os pusemos aqui, mas se nós os fizéssemos para você, seria como ter alguém fazendo as abdominais para você. E não apenas *olhe* os exercícios. **Use um lápis.** Há muita evidência de que atividade física *enquanto* estiver aprendendo aumenta o aprendizado.

3 **Leia o "Não existem perguntas idiotas"**

Isto significa todos eles. Não há barras laterais opcionais – *eles são parte do conteúdo central!* Não os pule.

4 **Faça disto a última coisa que você lê antes de ir para a cama. Ou pelo menos a última coisa desafiadora.**

Parte do aprendizado (especialmente a transferência para a memória de longo prazo) acontece *depois* que você coloca o livro de lado. Seu cérebro precisa de tempo para si mesmo, para fazer mais processamento. Se você puser alguma coisa nova durante o tempo de processamento, algo do que você acabou de aprender irá se perder.

5 **Beba água. Muita água.**

Seu cérebro funciona melhor em um bom banho de fluído. Desidratação (a qual pode acontecer antes mesmo de você ficar com sede) diminui a função cognitiva.

6 **Fale sobre isso. Em voz alta.**

Falar ativa uma parte diferente do cérebro. Se você estiver tentando entender alguma coisa, ou aumentar sua chance de se lembrar daquilo depois, diga isso em voz alta. Melhor ainda, tente explicar isso para outra pessoa. Você vai aprender mais rapidamente e pode descobrir ideias que nem sabia que estavam ali quando você estava lendo sobre isso.

7 **Ouça seu cérebro.**

Preste atenção se o seu cérebro está ficando sobrecarregado. Se você se sentir começando a ler por alto ou esquecendo o que acabou de ler, é hora de uma pausa. Uma vez que você passe de certo ponto, não vai aprender mais rápido tentando enfiar mais coisas para dentro, e pode inclusive prejudicar o processo.

8 **Sinta algo!**

Seu cérebro precisa saber que aquilo *importa*. Se envolva nas histórias. Crie suas próprias legendas para as fotos. Resmungar sobre uma piada ruim *ainda* é melhor do simplesmente não sentir coisa alguma.

9 **Crie algo!**

Só há uma maneira de aprender sobre o Excel: bote a mão na massa. E é isso que você vai fazer ao longo deste livro. O Excel é uma habilidade, e a única maneira de se ficar bom nisso é praticando. Vamos lhe dar muita prática: cada capítulo possui exercícios que propõem um problema para você resolver. Não os pule – muito do aprendizado acontece quando você resolve os exercícios. Nós incluímos uma solução para cada exercício – não fique com medo de dar uma olhada na solução se você ficar empacado! (é fácil se enrolar com algum detalhe.) Mas tente resolver o problema antes de olhar a solução. E definitivamente faça funcionar antes de passar para a próxima parte do livro.

você está aqui ▸ **xxxi**

como utilizar este livro

Leia-me

Isto é uma experiência de aprendizado, não um livro de referência. Nós deliberadamente excluimos tudo o que pudesse atrapalhar o apredizado qualquer que seja a parte do livro que esteja trabalhando. E, na primeira vez, você deve começar pelo início, pois o livro utiliza premissas sobre o que você já viu e aprendeu.

A maestria no Excel está em ser muito bom com fórmulas

Muitos livros sobre Excel são pouco mais do que releituras dos arquivos de Ajuda que dão tanto peso às formulas quanto às outras características do Excel. O ponto é que os mais habilidosos usuários do Excel são aqueles que realmente, mas realmente mesmo, sabem fórmulas. Então este livro é construído para que você constantemente use a aprenda novas funções para fazer com que suas fórmulas fiquem poderosas.

Este livro usa o Excel 2007 para Windows, mas você pode usar outras versões do Excel

O Excel 2007 para Windows foi notável por seu reprojeto da interface com o usuário, mas ele também incluiu características com as **referências estruturadas** que são realmente úteis. Tão úteis, na verdade, que algumas dessas características vieram parar aqui no *Use a Cabeça! Excel*, mesmo que nem todo mundo tenha atualizado ainda. Mas mesmo se você não atualizou não se preocupe: você pode pular essas seções e não ter muitos problemas, porque...

A maior parte das coisas importantes que você tem de saber sobre o Excel tem estado no software há anos.

Há algumas fórmulas e características que são novas no Excel 2007 e 2010, mas o básico das fórmulas já está ali faz tempo. Então, não se desespere se você não está pronto para gastar dinheiro na atualização (entretanto você eventualmente deveria).

O Excel 2008 para Mac não tem todas as características do Excel 2007 para Windows.

Você poderia pensar que o software de 2008 teria tudo que o software de 2007 tem e mais, certo? Bem, não exatamente. Mesmo que o **Excel 2008 para Mac** tenha vindo após o Excel 2007 para Windows, ainda há suporte pontual para algumas das novas características do Excel 2007. Todas vão ser incluídas em futuras versões do Excel para Mac, temos certeza!

introdução

Você pode fazer o download dos dados nos formatos .xlsx e .xls.

Neste livro há muitas situações em que você vai precisar fazer o download de dados para poder fazer o exercício. Suponha que você está é usando uma versão mais antiga do Excel que não lê o novo formato de arquivo **.xlsx** que usado mais frequentemente no *Use a Cabeça! Excel*. Sem problema: faça o download do arquivo com a extensão **.xls**. Ambas as versões dos arquivos estão no site da Alta Books, mas lembre-se de que um monte das novas características do Excel vão estar ausentes nas versões .xls.

As atividades NÃO são opcionais.

Os exercícios e atividades não são adicionais; são parte do conteúdo central do livro. Alguns deles são para ajudar com a memória, outros são para o entendimento e também para ajudar você a aplicar o que aprendeu. Não pule os exercícios.

A redundância é intencional e importante.

Uma distinta diferença de um livro da série Use a Cabeça! é que queremos que você realmente entenda. E queremos que você termine o livro lembrando do que aprendeu. A maioria dos livros de referência não tem retenção e rememoração como objetivos, mas este livro é para aprender, então você vai ver alguns dos mesmos conceitos aparecerem mais de uma vez.

Os exercícios Poder do Cérebro não possuem respostas.

Para alguns deles, não há uma resposta correta, e para outros, parte da experiência de aprendizado das atividades Poder do Cérebro é você decidir se e quando suas respostas estão corretas. Em alguns dos exercícios Poder do Cérebro, você vai encontrar dicas que apontam você na direção certa.

o *time* *de revisão*

O time da revisão técnica

Bill Mietelski

Tony Rose

Ken Bluttman

Revisores Técnicos:

Bill Mietelski é um engenheiro de software e já revisou tecnicamente três Use a Cabeça!. Ele mal pode esperar para rodar uma análise de dados nas estatísticas de golfe dele.

Anthony Rose tem trabalhado no campo de análise de dados há quase 10 anos e é atualmente o presidente da Support Analytics, uma consultoria em análise de dados e visualização. Anthony concluiu MBA concentrado em gerenciamento e um bacharelado na área de finanças, que foi onde a paixão dele por dados e análises começou. Quando não está trabalhando, ele pode ser encontrado no campo de golfe em Columbia, Maryland; perdido com algum bom livro; saboreando um delicioso vinho ou simplesmente curtindo o tempo com suas pequenas filhas e esposa.

Ken Bluttman é o autor de mais de uma dúzia de livros de computação e de não ficção. Sua "outra carreira" é trabalhar como desenvolvedor web. Visite-o em *www.kenbluttman.com*.

introdução

Agradecimentos

Meu editor:

Brian Sawyer editou o *Use a Cabeça! Excel* e é um cara criativo, generoso e divertido de se trabalhar. Este livro e o *Use a Cabeça! Análise de Dados* se beneficiaram imensamente das suas sugestões. Obrigado por tudo que você faz, Brian.

À equipe da O'Reilly:

A visão e as sugestões do **Brett McLaughlin** deixaram uma marca indelével na série Use a Cabeça! e na minha escrita. Seu trabalho é muito admirado.

A **Karen Shaner** providenciou o suporte logístico para este livro, muito do qual foi invisível para mim, mas mesmo assim muito apreciado.

O **Roger Magoulas** providenciou alguns conselhos úteis, juntamente com o conjunto de dados, que foi incluído no Capítulo 14.

A **equipe de revisão técnica** foi de tremenda ajuda. Sou muito grato que este livro tenha tido o aval destes especialistas

Brian Sawyer

Minha família:

Um obrigado muito especial vai para o meu pai, também chamado **Michael Milton**, que me apresentou as planilhas. Ele e eu passamos planilhas para lá e para cá ao longo dos anos e nos divertimos aprendendo o Excel juntos.

Minha esposa, **Julia**, é uma pessoa tolerante que me apoiou em dois (!) livros Use a Cabeça! e ouviu mais discursos sobre análise de dados do que uma esposa deveria.

Obrigado, Julia.

Também indispensável tem sido o apoio do resto da minha família, **Elizabeth, Sara, Gary** e **Marie**. Obrigado a todos!

Mike Sr.

Julia Burch

você está aqui ▶ **xxxv**

1 introdução às fórmulas

O verdadeiro poder do Excel

Todos nós usamos o Excel para manter listas.

E em se tratando de listas, o Excel faz um excelente trabalho. Mas os verdadeiros ninjas do Excel são as pessoas que se tornaram mestres do mundo das fórmulas. Usar bem os dados é principalmente executar os **cálculos** que lhe dirão aquilo que você precisa saber e as **fórmulas** para fazer esses cálculos, moldando seus dados em algo útil e iluminador. Se você conhece suas fórmulas, você realmente pode fazer seus números *cantarem*.

este é um novo capítulo

coma em *nova york*

Você pode sobreviver a sua última noite de férias?

É sua última noite em Nova York curtindo umas férias com seus amigos Bob e Sasha. Vocês tiveram momentos ótimos e realmente aproveitaram a cidade.

Entretanto, vocês também gastaram um bocado de dinheiro, e agora os três querem saber se ainda têm alguma grana para ir a um bom restaurante na última noite.

Melhor endireitarmos nossas finanças.

Finanças? Espero que alguém tenha anotado as coisas.

Sasha

Bob

Capítulo 1

fórmulas

Aqui está o que você orçou e o que você gastou

Vocês têm lidado com as despesas fazendo com que apenas um de vocês tenha pago a cada momento, em vez de dividir cada conta de cada restaurante. Todos acharam que você organizaria isso mais tarde.

Agora você precisa sentar e verificar se você ainda tem algum dinheiro sobrando no seu **orçamento** para uma grande refeição.

Isso é quanto você decidiu que queria gastar com comida.

Seu orçamento para comida em NY:

$400

Eu gastei $61. Podemos manter registros melhores dessa vez?

Eu gastei $296.

Aponte seu lápis

1 Qual abordagem usaria para dividir as despesas de vocês?

....

....

....

2 Como você registraria seus cálculos?

....

....

....

você está aqui ▶ 3

registre no excel

Aponte seu lápis
Solução

1 Qual abordagem usaria para dividir as despesas de vocês?

Você poderia olhar cada conta e tentar dividir cada uma, mas isso seria chato.

Uma abordagem mais fácil seria apenas dividir por três as contas de todo mundo.

Dessa maneira, você teria uma boa estimativa da parte de cada um em cada conta.

Aqui estão algumas abordagens básicas... suas respostas podem ser diferentes.

2 Como você registraria seus cálculos?

Por que não tentar usar o Excel? Você poderia fazer isso em papel, ou num e-mail, mas uma vez que você queira que o Excel faça os cálculos, você pode usá-lo para manter os registros.

O Excel é ótimo para manter registros...

As pessoas frequentemente usam o Excel para manter registros permanentes dos seus dados. O programa é uma grande maneira de conseguir um instantâneo dos seus dados e pensamentos em certo momento do tempo.

Com seus cálculos de orçamento preparados em uma planilha Excel, você será capaz de mostrar aos seus amigos como exatamente você chegou as suas conclusões sobre como vocês deveriam dividir as despesas.

Você pode manter registro desse tipo de coisa para sempre usando planilhas Excel.

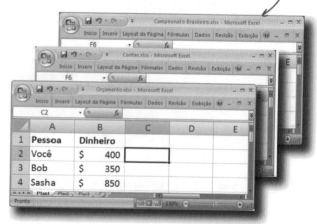

Você nunca sabe quando vai precisar voltar e verificar suas estatísticas.

... mas o Excel se torna mais poderoso quando você o utiliza para calcular os números.

fórmulas

As fórmulas trabalham com seus dados

Para somar e dividir o que vocês gastaram, você usa **fórmulas**.

Digamos que você queira **somar** os totais das duas contas à direita. Aqui está a fórmula que você usaria.

Aqui estão duas das contas de restaurante de vocês.

Restaurante do Tom	
Café	$2
Café	$2
Café	$2
Café da Manhã	$14
Ovos com Bacon	$15
Panquecas	$13
Salada de frutas	$6
Gorjeta	$12
Total	$66

Esta é a fórmula.

= 66 + 116

O sinal de mais indica adição.

Aqui estão suas contas.

O sinal de igual diz ao Excel para esperar uma fórmula.

Lupa	
Salada	$7
Bacalhau	$20
Frutos do Mar	$19
Azeitonas	$6
Bagna Cauda	$20
Espaguete à Carbonara	$15
Beringela à Parmegiana	$8
Gorjeta	$21
Total	**$116**

O Excel tem uma variedade ampla de fórmulas que você pode aplicar em cálculos, de adição básica a ferramentas de engenharia e estatística altamente especializadas.

Exercício

Abra o Excel e escreva a fórmula que soma o total que vocês gastaram. Lembre-se, Bob gastou $61 e Sasha gastou $296. Você gastou $332.

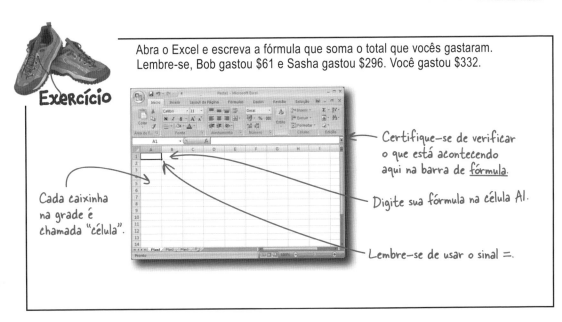

Certifique-se de verificar o que está acontecendo aqui na barra de <u>fórmula</u>.

Digite sua fórmula na célula A1.

Cada caixinha na grade é chamada "célula".

Lembre-se de usar o sinal =.

você está aqui ▸ **5**

sua primeira fórmula

Exercício
Solução

Você acabou de digitar uma fórmula para calcular quanto você e seus amigos gastaram no total. O que você descobriu?

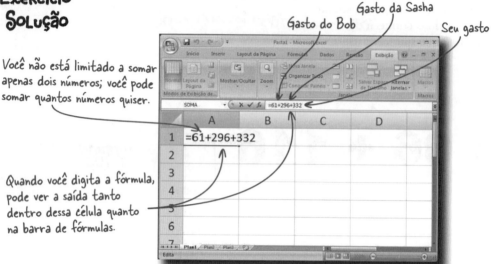

Gasto do Bob — Gasto da Sasha — Seu gasto

Você não está limitado a somar apenas dois números; você pode somar quantos números quiser.

Quando você digita a fórmula, pode ver a saída tanto dentro dessa célula quanto na barra de fórmulas.

Quando você pressiona Enter, a célula A1 mostra a resposta calculada...

... mas se você destacar a célula A1 novamente, a barra de fórmulas mostra a fórmula que você escreveu.

Agora você apenas precisa dividir o total entre vocês três.

E isso significa dividir por três o total de $689. Qual símbolo você vai utilizar para fazer esse cálculo?

fórmulas

QUEM FAZ O QUÊ?

Ligue cada operação à esquerda com suas respectivas fórmulas, à direita.

Adição ──────────────⟶ **= 66 + 116**

Subtração   **= 332 / 2**

Divisão   **= 400 * 10**

Multiplicação   **= 400 – 400 * 0,2**

Exercício

Escreva a fórmula para dividir o total que vocês gastaram ($689) entre vocês três.

Coloque a fórmula aqui.

Você gastou menos do que seu orçamento?

....

....

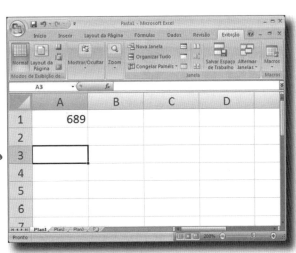

você está aqui ▸ 7

divida tudo

Combine cada operação na esquerda com a fórmula que implementa a operação na direita.

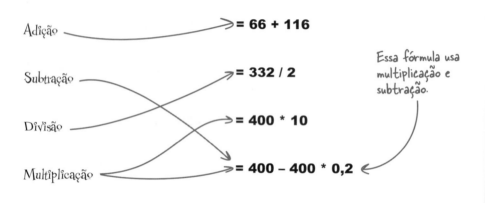

Adição ———————————→ = 66 + 116

Subtração ——————→ = 332 / 2

Divisão ——————→ = 400 * 10

Multiplicação ——————→ = 400 − 400 * 0,2

Essa fórmula usa multiplicação e subtração.

Você escreveu a fórmula para calcular $689 dividido por três. Qual valor o Excel retornou?

Exercício Solução

Aqui está a fórmula.

= 689 / 3

O símbolo de barra representa divisão.

Você gastou essa quantidade em comida.

Você gastou menos que seu orçamento?

Sim! Meu orçamento era de $400, então parece que eu gastei apenas um pouco mais do que a metade.

8   Capítulo 1

fórmulas

Parece que Bob esqueceu um dos recibos...

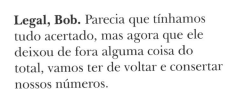

Eu deixei um recibo no fundo de uma das minhas sacolas de compra. Eu tenho tantos recibos... argh! Você se importa de refazer esses números? Talvez nós devêssemos lhe dar todos os recibos.

Legal, Bob. Parecia que tínhamos tudo acertado, mas agora que ele deixou de fora alguma coisa do total, vamos ter de voltar e consertar nossos números.

Talvez ele esteja certo: em vez de pegar os totais do Bob e da Sasha, nós devêssemos dar uma olhada em todos os recibos. O total encontrado deve ser mais preciso dessa maneira. Por outro lado, isso pode ser ainda *mais* trabalhoso...

você está aqui ▸ **9**

veja os recibos

Seus amigos lhe enviaram todos os recibos

Bob e Sasha lhe enviaram todos os recibos deles. Combinados com os seus recibos, a lista final se parece com isso.

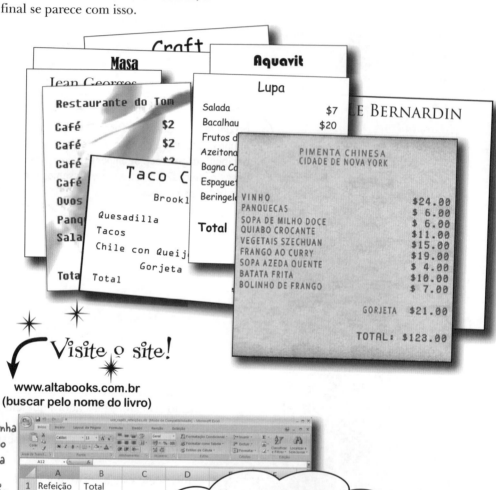

Visite o site!
www.altabooks.com.br
(buscar pelo nome do livro)

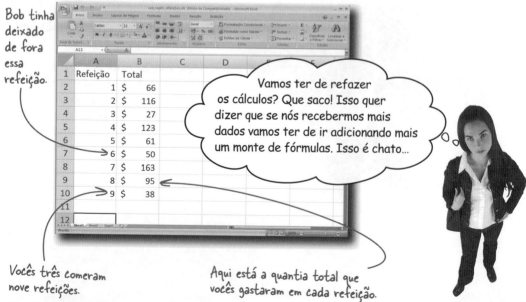

Bob tinha deixado de fora essa refeição.

Vocês três comeram nove refeições.

Vamos ter de refazer os cálculos? Que saco! Isso quer dizer que se nós recebermos mais dados vamos ter de ir adicionando mais um monte de fórmulas. Isso é chato...

Aqui está a quantia total que vocês gastaram em cada refeição.

10   Capítulo 1

fórmulas

Referências mantêm suas fórmulas funcionando mesmo se seus dados mudarem

Você não tem de escrever sua fórmula assim:

Essa fórmula vai indo....

=66+116+27+123+61+5̄

Essa fórmula é difícil de ler, e ainda mais importante, é difícil de mudar se um dos dados estiver errado.

Em vez de escrever uma enorme carreira de números como essa, você pode usar **referências**. Referências são um atalho que o Excel usa para procurar por valores. Por exemplo, se você disser ao Excel para procurar pela referência B2, ele vai retornar o valor 66, porque é isto que ele encontra em B2.

A referência para o valor da primeira conta é B2.

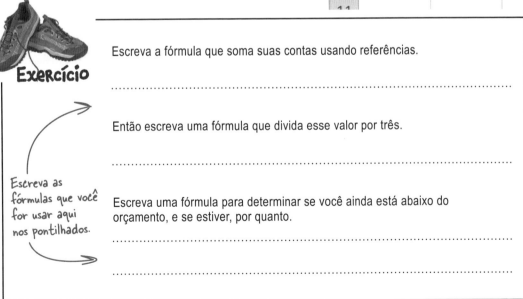

	A	B
1	Refeição	Total
2	1	$ 66
3	2	$ 116
4	3	$ 27
5	4	$ 123
6	5	$ 61
7	6	$ 50
8	7	$ 163
9	8	$ 95
10	9	$ 38

Exercício

Escreva as fórmulas que você for usar aqui nos pontilhados.

Escreva a fórmula que soma suas contas usando referências.

....

Então escreva uma fórmula que divida esse valor por três.

....

Escreva uma fórmula para determinar se você ainda está abaixo do orçamento, e se estiver, por quanto.

....
....

você está aqui ▶ **11**

use suas referências

Exercício Solução

Escreva a fórmula que soma suas contas usando referências.

=B2+B3+B4+B5+B6+B7+B8+B9+B10

Esta expressão calcula a quantia total corrigida que foi gasta por vocês, que é $739.

Você percebeu como as cores das suas referências convenientemente coincidem com as cores na coluna B?

Então escreva uma fórmula que divida esse valor por três.

=E3/3

Essa fórmula pega o valor que você calculou e divide por três.

Suas referências podem ter sido diferentes, dependendo de onde você tenha posto suas fórmulas.

Certifique-se de criar rótulos de texto para suas fórmulas, de forma que você saiba o que elas significam quando você olhar para elas mais tarde!

Escreva uma fórmula para determinar se você ainda está abaixo do orçamento, e se estiver, por quanto.

=400-E5

Ainda estou abaixo do meu orçamento de $400.

Isto é quanto você tem para gastar..

12   Capítulo 1

fórmulas

Hum, com licença. Eu também estou tentando aprender um pouco de Excel, então eu venho calculando os números juntamente com você. E tem um problema: eu não achei $246,33!

Sasha

Sasha veio com sua própria fórmula, mas quando ela a executou, obteve uma resposta diferente da sua. Aqui está a fórmula dela:

=(B2+B3+B4+B5+B6+B7+B9+B10)/3

E aqui está a resposta que ela obteve.

$192

Aponte seu lápis

De que forma a fórmula da Sasha é diferente da sua? Por que você acha que ela obteve uma resposta diferente?

....

....

....

....

você está aqui ▶ **13**

*boas práticas em **fórmula***

Aponte seu lápis
Solução

Sasha escreveu uma fórmula diferente da sua e veio com uma resposta diferente. Como você explica essa diferença?

A dela é diferente porque, em vez de separar as operações em fórmulas, ela tentou somar as contas e dividir por três na mesma fórmula. E parece que a fórmula dela teria funcionado, pena que ela esqueceu de somar a célula B8 ao conjunto.

Verifique suas fórmulas com cuidado

Uma habilidade realmente importante para os usuários do Excel é a habilidade de voltar e verificar cuidadosamente as fórmulas que já foram escritas. Fórmulas podem parecer complexas e longas, mas isso não significa que estejam **corretas**.

Seja paciente quando olhar fórmulas e preste bastante atenção nas referências. Um pequeno erro vai normalmente criar um resultado falso.

Aqui está a versão corrigida da fórmula da Sasha.

=(B2+B3+B4+B5+B6+B7+B8+B9+B10)/3

O resultado dessa fórmula coincide com o seu.

Se houver um erro na fórmula, todo o resto vai ficar errado!

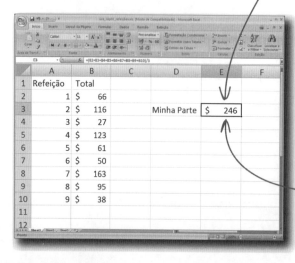

Essa fórmula pode estar certa, mas ainda me parece muito longa. Seria bom poder reduzi-la.

Seu resultado pode também ser $246,33, dependendo do seu formato de número.

14   Capítulo 1

fórmulas

Faça referência a um monte de células usando um intervalo

Você pode apontar para uma lista de referências em Excel usando um **intervalo**. Um intervalo é simplesmente duas referências com dois-pontos entre elas, e o dois-pontos informa ao Excel para olhar para cada célula entre essas duas referências.

Por exemplo, digamos que você quer que sua fórmula faça algo com esta lista de referências.

Aqui está um bando de referências de célula que você quer avaliar.

B2, B3, B4, B5, B6, B7, B8, B9, B10

Aqui está o intervalo.

Esses dois-pontos diz ao Excel para avaliar cada célula da B2 até a B10..

Ao colocar dois-pontos entre B2 e B10, você diz ao Excel para olhar para essas duas células e tudo que estiver entre elas.

B2:B10

Use SOMA para somar os elementos de um intervalo

Essa fórmula SOMA adiciona todas as células no intervalo B2:B10.

Para fazer com que seus intervalos funcionem, você precisa passá-los para fórmulas que sabem o que fazer com eles. Você pode usar a **função** SOMA para somar todas as células no seu intervalo*.

=SOMA(B2:B10)

A maioria das funções consiste em uma palavra sucedida por parênteses que contém um ou mais **argumentos**. Elas necessitam de argumentos frequentemente para saber a localização dos dados que precisam ser calculados.

Os argumentos de uma fórmula são os intervalos ou valores que você coloca entre os parênteses.

*SOMA é uma "função", e a implementação de uma função (como =SOMA(B2:B10)) é uma "fórmula".

Exercício

Dentro da sua planilha, reescreva a fórmula que calcula a parte de cada pessoa usando um intervalo e a função SOMA.

você está aqui ▶ **15**

some tudo

Exercício Solução

Você acabou de escrever sua primeira fórmula SOMA. O que aconteceu?

Aqui está a fórmula que soma as contas e as divide por três.

O Excel avalia a função SOMA primeiro e depois a divide por três.

=SOMA(B2:B10)/3

Essa fórmula é muito <u>mais fácil</u> de ler e entender.

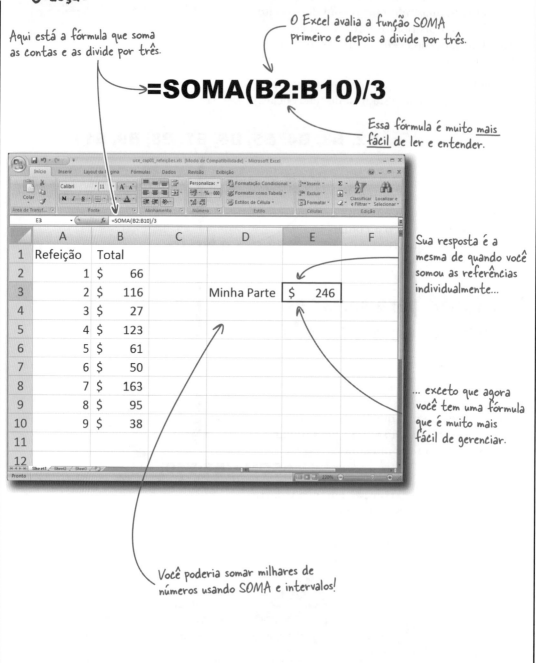

Sua resposta é a mesma de quando você somou as referências individualmente...

... exceto que agora você tem uma fórmula que é muito mais fácil de gerenciar.

Você poderia somar milhares de números usando SOMA e intervalos!

16 *Capítulo 1*

fórmulas

Bob e Sasha estão se perguntando se estamos abordando da maneira correta...

De: Sasha
Para: Você e Bob
Assunto: Uma questão de justiça

Ei vocês dois,

Sabe, venho pensando sobre como estamos dividindo as contas.

Parece-me que dividi-las igualmente só funciona bem se nós gastamos aproximadamente a mesma coisa. Mas houve vezes que gastei mais do que vocês, então se dividirmos as contas por três, vocês pagariam por mim.

Uma vez que queremos ser justos, não deveríamos dividir as contas dos restaurantes item por item, de forma que cada um pagasse apenas pelo que pediu?

– S.

De: Bob
Para: Você e Sasha
Assunto: Re: Uma questão de justiça

Amigos,

Entendo o que você quer dizer Sasha. Parece me mais justo, sim. Mas dividir as contas por três é certamente um cálculo mais fácil. Eu não seria capaz de produzir esses números no Excel.

Contudo, pensando melhor, parece que temos um tipo de mago das planilhas como companheiro de viagem. Talvez ele possa descobrir alguma mágica e colocar as coisas tão precisamente quanto você quer. O que vocês acham?

Bob

Como você faria para dividir <u>todas</u> as contas?

você está aqui ▸ **17**

dividindo *as contas*

Seus amigos concordam: divida as contas individualmente

Uma vez que você vai se dar ao trabalho de criar uma planilha para as despesas com comida, você pode ir em frente e dividir cada conta separadamente. Essa abordagem vai dar resultados mais justos.

Aqui estão os recibos das refeições que **você** pagar.

Lupa

Você →	Salada	$7
Sasha →	Bacalhau	$20
Bob →	Frutos do Mar	$19
Sasha →	Azeitonas	$6
Sasha →	Bagna Cauda	$20
Bob →	Espaguete à Carbonara	$15
Você →	Beringela à Parmegiana	$8
	→ Gorjeta	$21
	Total	**$116**

Restaurante do Tom

	Café	$2
	Café	$2
	Café	$2
Você →	Café da Manhã	$14
Bob →	Ovos com Bacon	$15
Sasha →	Panquecas	$13
Sasha →	Salada de Frutas	$6
		$12
	Total	**$66**

Cada um de vocês tomou um café.

Divida cada gorjeta por três.

Divida o pedido de vinho por três.

Taco Chulo

Brooklyn

	Quesadilla	$9
	Tacos	$5
	Chile con Queijo	$7
	Gorjeta	$6
	Total	$27

Sasha
Você
Bob

PIMENTA CHINESA
CIDADE DE NOVA YORK

Bob →	VINHO	$24.00
Sasha →	PANQUECAS	$ 6.00
Bob →	SOPA DE MILHO DOCE	$ 6.00
	QUIABO CROCANTE	$11.00
Você →	VEGETAIS SZECHUAN	$15.00
Sasha →	FRANGO AO CURRY	$19.00
Você →	SOPA AZEDA QUENTE	$ 4.00
Sasha →	BATATA FRITA	$10.00
Bob →	BOLINHO DE FRANGO	$ 7.00
	GORJETA	$21.00
	TOTAL:	**$123.00**

Divida cada gorjeta por três

fórmulas

Exercício

Aqui está uma planilha para ajudar você a dividir as despesas das contas de restaurante que você pagou.

1 Preencha as lacunas em brancos de **Bob** e **Sasha** usando os valores da página anterior.

Visite o site!

www.altabooks.com.br
(buscar pelo nome do livro)

Primeiro, some apenas as quantidades de cada refeição para Bob e Sasha.

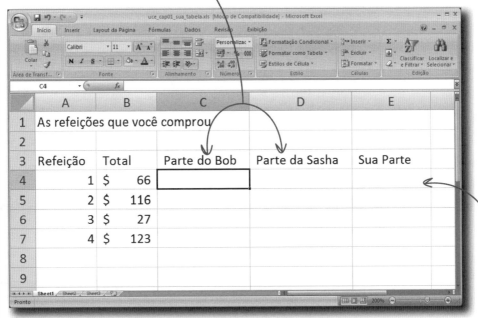

Ponha sua fórmula de subtração aqui.

2 Agora, escreva uma fórmula para calcular sua parte na refeição 1. Em vez de somar os elementos na página anterior, apenas subtraia do total o que Bob e Sasha gastaram.

3 Selecione a fórmula que você acabou de escrever na célula E4 e a copie/cole para as refeições de 2 a 4. O que acontece? Olhe as referências de cada resultado.

*comportamento estranho **das referências***

Exercício Solução

Você acabou de calcular a divisão para cada conta que você pagou. O que você encontrou?

(1) Preencha os espaços do **Bob** e da **Sasha** usando os valores da página anterior.

Aqui está uma das fórmulas que você escreveu, que é para a conta do Bob no Restaurante do Tom.

=2+15+12/3

Esse é o valor da gorjeta que tem de ser dividido por três.

Café — Bacon com ovos

Aqui está o resultado.

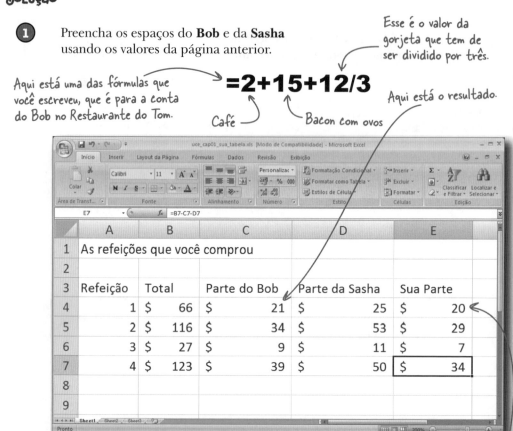

(2) Agora, escreva uma fórmula para calcular sua parte na refeição 1. Em vez de somar os elementos na página anterior, apenas subtraia do total o que Bob e Sasha gastaram.

Use esta fórmula → **=B4−C4−D4** ← A fórmula vai aqui.

(3) Selecione a fórmula que você acabou de escrever na célula E4 e a copie/cole para as refeições de 2 a 4. O que acontece? Olhe as referências de cada resultado.

Quando você copiou e colou a fórmula, o Excel atualizou as referências para cada posição.

→ **=B7−C7−D7**
=B6−C6−D6
=B5−C5−D5

fórmulas

Quando você copia e cola uma fórmula, as referências se deslocam

Essa característica das fórmulas é realmente útil porque você pode escrever **apenas uma fórmula** para fazer um monte de coisas diferentes.

Você escreveu apenas uma fórmula aqui...

	A	B	C	D	E
1	As refeições que você comprou				
2					
3	Refeição	Total	Parte do Bob	Parte da Sasha	Sua Parte
4	1	$ 66	$ 21	$ 25	$ 20
5	2	$ 116	$ 34	$ 53	$ 29
6	3	$ 27	$ 9	$ 11	$ 7
7	4	$ 123	$ 39	$ 50	$ 34
8					
9					

... mas o Excel foi capaz de transformá-la em fórmulas similares mudando as referências.

Na verdade, você não teria levado muito tempo para escrever mais três fórmulas similares para calcular sua parte nas refeições que você comprou. Mas, se em vez de quatro refeições, você tivesse comprado **centenas ou milhares** de refeições? Nesse caso, ser capaz de copiar fórmulas com deslocamento automático de referência seria de grande ajuda.

Então, como você vai descobrir quem deve quanto para quem?

você está aqui ▶ 21

sumário dos gastos

Exercício Longo

Aqui está o quanto cada um de vocês gastou.

Visite o site!

www.altabooks.com.br
(buscar pelo nome do livro)

Escreva seus novos valores aqui em baixo.

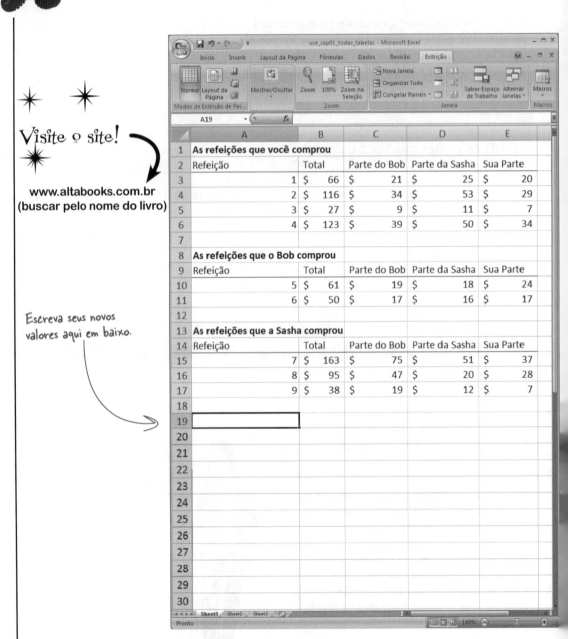

	A	B	C	D	E
1	**As refeições que você comprou**				
2	Refeição	Total	Parte do Bob	Parte da Sasha	Sua Parte
3	1	$ 66	$ 21	$ 25	$ 20
4	2	$ 116	$ 34	$ 53	$ 29
5	3	$ 27	$ 9	$ 11	$ 7
6	4	$ 123	$ 39	$ 50	$ 34
7					
8	**As refeições que o Bob comprou**				
9	Refeição	Total	Parte do Bob	Parte da Sasha	Sua Parte
10	5	$ 61	$ 19	$ 18	$ 24
11	6	$ 50	$ 17	$ 16	$ 17
12					
13	**As refeições que a Sasha comprou**				
14	Refeição	Total	Parte do Bob	Parte da Sasha	Sua Parte
15	7	$ 163	$ 75	$ 51	$ 37
16	8	$ 95	$ 47	$ 20	$ 28
17	9	$ 38	$ 19	$ 12	$ 7

fórmulas

Abaixo destas três tabelas na sua planilha, escreva as fórmulas para responder estas questões. Certifique-se de pôr rótulos de texto nas células ao lado de cada fórmula para lembrar a você o que elas significam.

1 Escreva a fórmula que mostra quanto você gastou com Bob.

....

2 Escreva a fórmula que mostra quanto Bob gastou com você.

....

3 Usando as duas fórmulas acima, escreva a fórmula que mostra quanto Bob deve a você.

....

4 Escreva as fórmulas para mostrar quanto Sasha deve a você.

....

5 Escreva as fórmulas para mostrar quanto Sasha deve ao Bob.

....

6 Como você está em relação ao seu orçamento de $400?

....

você está aqui ▸ 23

real versus orçado

Exercício Longo
Solução

uce_cap01_todas_tabelas - Microsoft Excel

Início | Inserir | Layout da Página | Fórmulas | Dados | Revisão | Exibição

C31 | =400 - SOMA(E15:E17;E10:E11;E3:E6)

	A	B	C	D	E	F
1	As refeições que você comprou					
2	Refeição	Total	Parte do Bob	Parte da Sasha	Sua Parte	
3	1	$ 66	$ 21	$ 25	$ 20	
4	2	$ 116	$ 34	$ 53	$ 29	
5	3	$ 27	$ 9	$ 11	$ 7	
6	4	$ 123	$ 39	$ 50	$ 34	
7						
8	As refeições que o Bob comprou					
9	Refeição	Total	Parte do Bob	Parte da Sasha	Sua Parte	
10	5	$ 61	$ 19	$ 18	$ 24	
11	6	$ 50	$ 17	$ 16	$ 17	
12						
13	As refeições que a Sasha comprou					
14	Refeição	Total	Parte do Bob	Parte da Sasha	Sua Parte	
15	7	$ 163	$ 75	$ 51	$ 37	
16	8	$ 95	$ 47	$ 20	$ 28	
17	9	$ 38	$ 19	$ 12	$ 7	
18						
19	Quanto você gastou com o Bob		$ 103,00			
20	Quanto Bob gastou com você		$ 41,00			
21	Quanto Bob deve a você		$ 62,00			
22						
23	Quanto você gastou com Sasha		$ 139,00			
24	Quanto Sasha gastou com você		$ 72,00			
25	Quanto Sasha deve a você		$ 67,00			
26						
27	Quanto o Bob gastou com a Sasha		$ 34,00			
28	Quanto a Sasha gastou com o Bob		$ 141,00			
29	Quanto a Sasha deve ao Bob		$ (107,00)			
30						
31	Você ainda tem		$ 197,00			
32						

Sheet1 | Sheet2 | Sheet3

Pronto — 100%

=SOMA(C3:C6)

=SOMA(E10:E11)

=C19-C20

Não se esqueça de rotular suas novas fórmulas!

As fórmulas aqui são similares

Os parênteses significam que este é um número negativo, isso quer dizer que na verdade Bob deve a Sasha.

24   Capítulo 1

fórmulas

Abaixo destas três tabelas na sua planilha, escreva as fórmulas para responder estas questões. Certifique-se de pôr rótulos de texto nas células ao lado de cada fórmula para lembrar a você o que elas significam.

1 Escreva a fórmula que mostra quanto você gastou com Bob.

=SOMA(C3:C6) ⟵ *Essas são fórmulas SOMA bem diretas.*

2 Escreva a fórmula que mostra quanto Bob gastou com você.

=SOMA(E10:E11) ⟵

3 Usando as duas fórmulas acima, escreva a fórmula que mostra quanto Bob deve a você.

Essa fórmula apenas subtrai o que Bob gastou com você do quanto você gastou com o Bob.

=C19–C20 ⟵

4 Escreva as fórmulas para mostrar quanto Sasha deve a você.

=SOMA(D3:D6)

=SOMA(E15:E17) ⟵

=C23–C24

Esses grupos de fórmulas representam os mesmos processos com diferentes pessoas.

5 Escreva as fórmulas para mostrar quanto Sasha deve ao Bob.

=SOMA(D3:D6)

=SOMA(C15:C17) ⟵

=C23–C24

Subtrai do seu orçamento o total que você gastou.

6 Como você está em relação ao seu orçamento de $400?

=400–SOMA(E15:E17)–SOMA(E10:E11)–SOMA(E3:E6)

=400–SOMA(E15:E17;E10:E11;E3:E6) *Como alternativa, você pode colocar ponto e vírgulas entre os intervalos para ter uma fórmula SOMA mais concisa.*

Parece que você ainda tem bastante!

Ainda tenho $197!

você está aqui ▸ **25**

fórmulas são o máximo

As fórmulas do Excel deixam você se aprofundar nos seus dados

Você pode usar planilhas como uma ferramenta extremamente poderosa com as fórmulas. Você pode querer fazer um cálculo simples, ou pode precisar construir um sistema de fórmulas realmente elaborado para ajudar você a encontrar as resposta de que precisa.

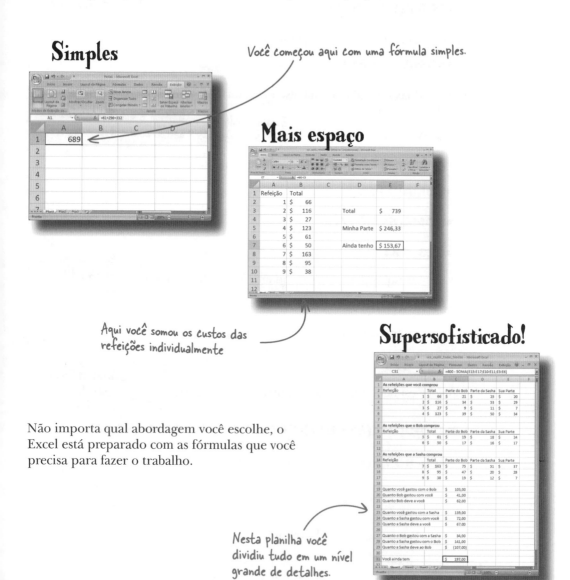

Não importa qual abordagem você escolhe, o Excel está preparado com as fórmulas que você precisa para fazer o trabalho.

26   Capítulo 1

fórmulas

Todo mundo ainda tem bastante dinheiro para uma noite de barriga cheia em Nova York!

Seus amigos amaram sua planilha e a usaram para descobrir como eles estavam em relação aos próprios orçamentos. O veredicto: todo mundo ainda tem um bocado de dinheiro.

Com $197 no bolso, você está pronto para uma louca noite com seus amigos em uma das cidades mais excitantes do mundo!

2 projeto visual

Planilhas como arte

A maioria das pessoas normalmente usa o Excel para fazer o layout da página.

Um monte de mestres em escrever fórmulas, que são familiarizados com o poder do Excel, ficam chocados que algumas pessoas "apenas" usem o programa para mostrar informações com uma grade. Entretanto, o Excel, especialmente em suas versões mais recentes, tornou-se bem útil como ferramenta de layout de página. Você está prestes a se familiarizar com algumas ferramentas do Excel importantes, e não tão óbvias, para fazer alguns projetos visuais de verdade.

apresentação *financeira*

A CRMFreak precisa apresentar suas finanças para os analistas

Como a CRMFreak é uma companhia com ações na bolsa e é fortemente influenciada pelo que os analistas da Bovespa têm a dizer sobre ela, é realmente importante que a CRMFreak faça um bom trabalho em sua demonstração pública de resultados.

O CEO precisa que você formate a **demonstração de resultados** da CRMFreak usando suas habilidades no Excel para fazer as fórmulas funcionarem corretamente e fornecer uma apresentação elegante.

Precisamos realmente impressionar os analistas da nossa companhia. Meu dinheiro e sua carreira dependem disso.

Vamos dar uma olhada nos dados da CRMFreak...

projeto visual

Exercício

Aqui estão os dados da demonstração de resultados da CRMFreak do ano passado. Qual o lucro líquido dela?

① Escreva uma fórmula para calcular a **Renda total** (célula B7), somando os elementos da seção Renda.

....

Escreva no pontilhado as fórmulas que você vai usar.

② Escreva uma fórmula para calcular o **Custo total da renda** (célula B12), somando os elementos na seção Custo da renda.

....

Visite o site!

www.altabooks.com.br
(buscar pelo nome do livro)

③ Escreva uma fórmula para calcular o **Lucro bruto** (célula B14), subtraindo Custo total da renda da Renda total.

....

④ Escreva uma fórmula para calcular o **Total das despesas** (célula B20), somando os elementos na seção Despesas.

....

⑤ Finalmente, escreva uma fórmula para calcular o **Lucro líquido** (Célula B22), subtraindo do Lucro bruto o Total das despesas.

....

	A	B
1	Demonstração de Resultados da CRMFreak	
2	Todos os números estão na classe dos milhares	
3		
4	Renda	
5	Assinaturas e suporte	317
6	Licenciamento	24
7	Renda Total	
8		
9	Custo da renda	
10	Assinaturas e suporte	42
11	Licenciamento	25
12	Custo total da renda	
13		
14	Lucro bruto	
15		
16	Despesas	
17	Pesquisa e desenvolvimento	33
18	Marketing e vendas	151
19	Geral e administrativo	48
20	Total das despesas	
21		
22	Lucro líquido	
23		
24		

você está aqui ▶ **31**

aqueça suas fórmulas

Exercício Solução

Você acabou de escrever um bando de fórmulas para calcular o lucro líquido da CRMFreak. O que você encontrou?

① Escreva uma fórmula para calcular a **Renda total** (célula B7), somando os elementos da seção Renda.

=SOMA(B5:B6)

② Escreva uma fórmula para calcular o **Custo total da renda** (célula B12), somando os elementos na seção Custo da renda.

=SOMA(B10:B11)

③ Escreva uma fórmula para calcular o **Lucro bruto** (célula B14), subtraindo Custo total da renda da Renda total.

=B7-B12

④ Escreva uma fórmula para calcular o **Total das despesas** (célula B20), somando os elementos na seção Despesas.

=SOMA(B17:B19)

⑤ Finalmente, escreva uma fórmula para calcular o **Lucro líquido** (Célula B22), subtraindo do Lucro bruto o Total das despesas.

=B14-B20

Aqui estão suas novas fórmulas.

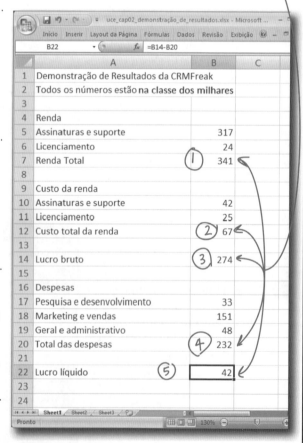

32   *Capítulo 2*

projeto visual

> Esses cálculos estão definitivamente corretos. Mas não deveria haver um sinal de cifrão na demonstração de resultados?

Os dados da demonstração de resultados são todos representações monetárias.

Então eles devem ter sinais de cifrão na frente deles para que as pessoas saibam o que significam. Vamos tentar colocar alguns $s.

Exercício

Os números na demonstração de resultados precisam de sinais de cifrão.

1. Coloque um $ na frente dos números nas células B5 e B6 dando um duplo clique e editando. O que acontece? O que a barra de fórmulas diz?

   ....

2. Coloque um $ na frente da fórmula que você criou em B7. O que acontece?

   ....

   ....

você está aqui ▸ **33**

fazendo confusão com símbolos monetários

Exercício
Solução

O que aconteceu quando você tentou incluir o sinal de cifrão ($) na frente de alguns valores e algumas fórmulas?

① Coloque um $ na frente dos números nas células B5 e B6 dando um duplo clique e editando. O que acontece? O que a barra de fórmulas diz?

Quando eu pressiono Enter, os sinais de cifrão aparecem nas células, mas não na barra de fórmulas.

Os sinais de cifrão estão dentro destas células...

... mas eles não aparecem dentro da barra de fórmulas.

② Coloque um $ na frente da fórmula que você criou em B7. O que acontece?

Parece que a fórmula não calcula, e diversas outras fórmulas que se referem a B7 ficaram estragadas.

Esta fórmula não parece estar calculando mais um valor de retorno.

Esta célula está complemente ferrada.

Agora estas fórmulas estão todas estragadas.

Os valores de retorno se parecem com algum tipo de erro.

Melhor clicar em Desfazer três vezes para que possamos tentar tudo de novo.

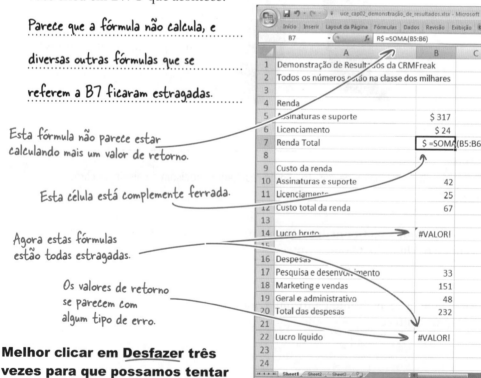
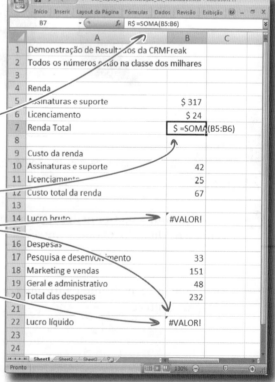

projeto visual

O sinal de cifrão é parte da formatação da sua célula

Quando você colocou sinais de cifrão na frente dos números nas células B5 e B6, o Excel **aplicou formatação** *contábil* a essas células. O sinal de cifrão não apareceu dentro da barra de fórmulas, porque o Excel continuou a ver os valores verdadeiros dessas células como 317 e 24.

Seus dados são diferentes da formatação deles, e digitar sinais de cifrão na frente dos números é apenas uma maneira de dizer ao Excel para aplicar formatação contábil aos seus dados.

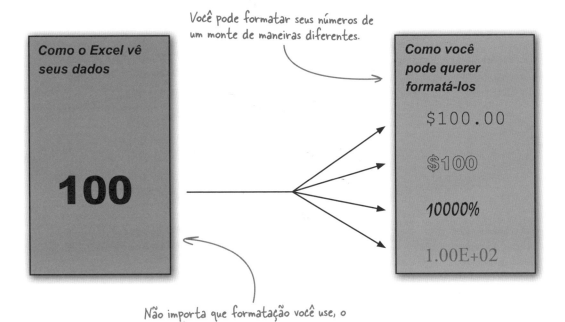

Por outro lado, quando você tentou digitar o sinal de cifrão na **fórmula** da célula B7, o Excel não entendeu que você queria aplicar formatação contábil. O Excel pensou que você estivesse mudando a fórmula para texto puro, que é o motivo porque a fórmula parou de funcionar.

Para mudar a fórmula de formatação geral para formatação contábil, você precisa fazer algo *diferente* de digitar o sinal de cifrão na própria célula.

Como você aplicaria formatação contábil a suas células de outra forma que não fosse digitando sinais de cifrão nelas?

faça-a parecer bonita

Como formatar seus dados

Para formatar suas células da maneira que você quiser, selecione essas células e escolha as opções de formatação na aba Início da Faixa de Opções.

Isso aqui em cima é chamado de "Faixa de Opções".

Dica: Dê um duplo clique em uma destas abas para ocultar a Faixa de Opções para ter mais espaço de tela.

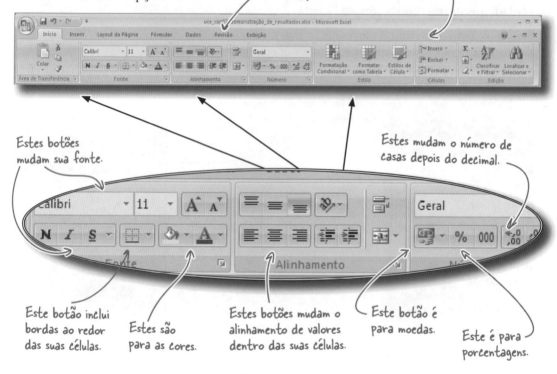

Estes botões mudam sua fonte.

Estes mudam o número de casas depois do decimal.

Este botão inclui bordas ao redor das suas células.

Estes são para as cores.

Estes botões mudam o alinhamento de valores dentro das suas células.

Este botão é para moedas.

Este é para porcentagens.

não existem
Perguntas Idiotas

P: Então as fórmulas que você escreve ignoram completamente as escolhas de formatação que você toma?

R: Não inteiramente. O Excel tenta descobrir como formatar as células da sua fórmula olhando os argumentos da sua função. Se, por exemplo, você quiser usar a função SOMA para somar um monte de valores já formatados como contábil, o Excel iria automaticamente aplicar essa formatação à célula em que você pôs sua fórmula.

P: E se eu quisesse usar SOMA para somar um número que estivesse formatado como contábil com um número que não tivesse nenhuma formatação?

R: Nesse caso, o Excel não teria como saber qual o significado do cálculo e faria a saída da fórmula aparecer sem qualquer formatação

P: É meio confuso. É como se o Excel tivesse regras diferentes para formatar as coisas automaticamente dependendo do contexto.

R: Você poderia dizer isso, mas o importante é que você tome controle da formatação da sua planilha bem cedo. Quando a formatação automática do Excel trabalha para você é ótimo, mas é importante se lembrar de que formatação é uma **escolha de design** que você toma para criar uma planilha mais legível e útil.

36 *Capítulo 2*

projeto visual

Exercício

Usando os botões na Faixa de Opções, faça todas as células da coluna B terem formatação contábil. Certifique-se de pressionar o botão para eliminar zeros após a vírgula decimal (e pressione Desfazer se você fizer bobagem!)

Selecione todas as células na coluna B clicando na letra B aqui.

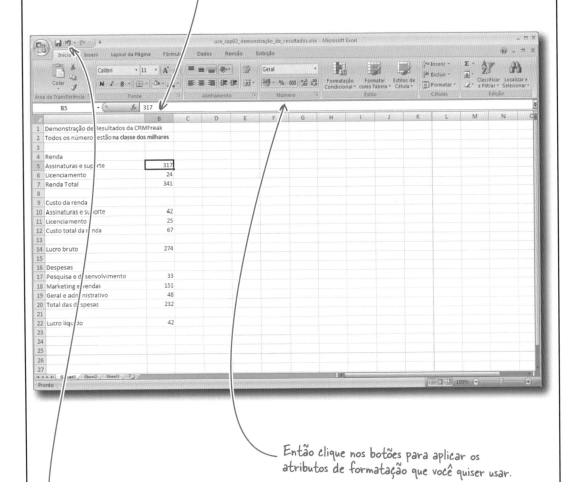

Então clique nos botões para aplicar os atributos de formatação que você quiser usar.

Não se esqueça de clicar Desfazer se você cometer algum erro.

você está aqui ▸ **37**

*formatação **profissional***

Exercício Solução

Você conseguiu aplicar a formatação contábil aos valores da coluna B?

Você pressionou este botão aqui para aplicar a formatação contábil.

Então, você pressionou este botão duas vezes para remover os zeros depois da vírgula decimal.

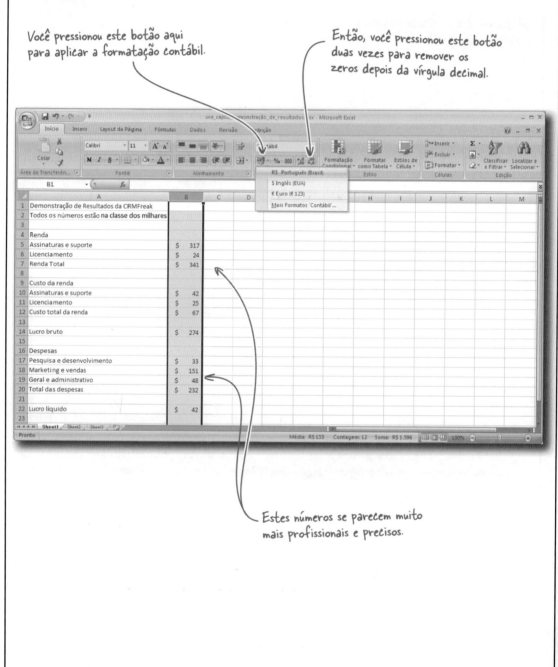

Estes números se parecem muito mais profissionais e precisos.

projeto visual

O chefe gostou!

Ótimo trabalho! Eu fiz alguns ajustes de formatação por conta própria, e agora estamos prontos para ir!

Ele está sorrindo... isso é bom!

Mas essa planilha está um horror!

Espera um segundo! Essa planilha está aterrorizante! Parece que ele detonou seu trabalho, visualmente falando. Pior de tudo, **design descuidado prejudica sua credibilidade com a audiência**. Você precisa de alguns princípios sólidos de design para guiá-lo para longe de bagunças como essa...

simplicidade vence

Princípio de design: mantenha simples

Os analistas que estão tentando avaliar a saúde financeira da CRMFreak **não estão interessados em ser ofuscados**. Eles querem ser capazes de tomar as melhores decisões que puderem sobre os dados da CRMFreak.

Qual destas planilhas você acha que faz o melhor trabalho em facilitar esse tipo de pensamento?

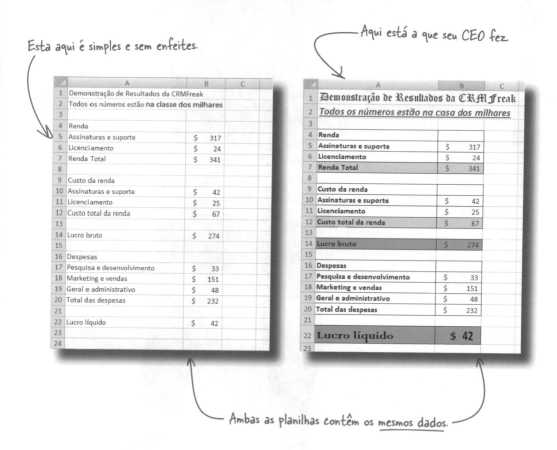

A planilha da direita possui formatação excessiva que atrapalha sua habilidade de entender os dados. A planilha da esquerda é muito simples, mas perfeitamente *clara*.

Manter as coisas simples produz uma melhor compreensão sobre os dados.

projeto visual

Fúria dos titãs de design...

Jim: Não, não, não! Você tem de ter cores em uma planilha dessas. Talvez o chefe não tenha entendido direito, mas as pessoas esperam algo mais do que coisas assim sem formatação.

Joe: Mané! Não pode haver distração. Quando alguém está olhando uma planilha, precisa ter a melhor concentração e nunca ser seduzido por formatações bobas.

Frank: Pessoal, será que não há um meio-termo aqui? Talvez um pouco de formatação possa ajudar, mas tem de ser algo leve e não exagerar?

Jim: O Joe está por fora. Sei que quando eu uso planilhas, preciso de fontes e cores e caixas para me ajudar a entender o que eu estou vendo. Usar cores é parte da maneira como eu penso os dados.

Joe: Isso não tem sentido. Você apenas pensa que está usando cores para lhe ajudar a pensar sobre os dados. Você está apenas fingindo que está pensando direito. Se soubesse melhor, veria que números não têm cores.

Frank: Joe, essa passou da conta. Se o Jim quer usar cores para ajudá-lo a pensar melhor na planilha, está tudo bem. Todo mundo pensa de maneira diferente.

Joe: Não há razão para o Jim ficar perturbando a gente com as ideias "coloridas" dele.

Frank: Você tem razão nisso. Jim, só porque você tem e necessidade de destacar um bando de coisas nas suas planilhas, não significa que você deve assumir que todos os outros pensam dessa maneira também.

Jim: [resmungando alguma coisa antipática sobre Joe...] Eu gosto de cores. Cores são legais.

Frank: Bem, talvez se nós conseguíssemos encontrar certa maneira de usar fontes e cores com bom gosto e parcimônia, conseguiríamos um resultado que todos nós pudéssemos apreciar...

Como **você usa fontes e cores com bom gosto e parcimônia?**

você está aqui ▸ 41

como usar fontes

Use fontes para atrair a visão para o que for mais importante

O painel de fontes é o primeiro lugar que muitas pessoas procuram para fazer a formatação de seus documentos. Vamos ver como o painel de fontes funciona.

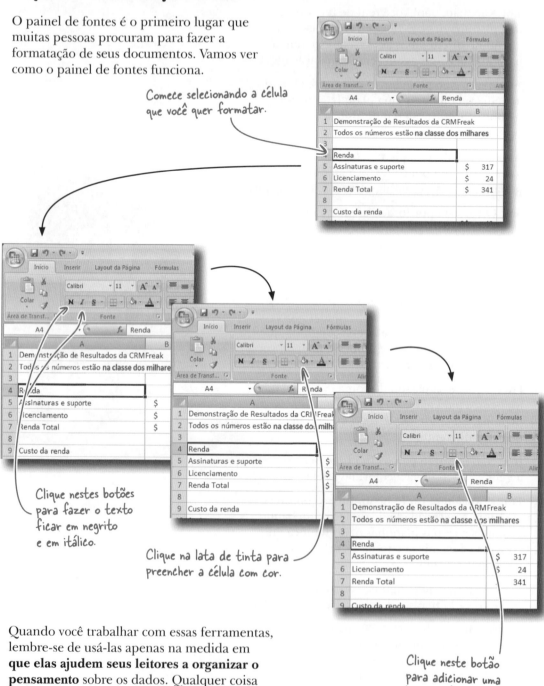

Comece selecionando a célula que você quer formatar.

Clique nestes botões para fazer o texto ficar em negrito e em itálico.

Clique na lata de tinta para preencher a célula com cor.

Clique neste botão para adicionar uma borda inferior.

Quando você trabalhar com essas ferramentas, lembre-se de usá-las apenas na medida em **que elas ajudem seus leitores a organizar o pensamento** sobre os dados. Qualquer coisa além disso, corre o risco de distraí-los do evento principal: os dados.

projeto visual

Exercício

Usando um ou mais elementos da página anterior, mude a formatação da sua planilha para atrair a visão para os elementos-chave. Lembre-se: menos é mais.

Selecione células e use estes elementos de design para atrair a visão para o que for mais importante.

	A	B
1	Demonstração de Resultados da CRMFreak	
2	Todos os números estão na classe dos milhares	
3		
4	Renda	
5	Assinaturas e suporte	$ 317
6	Licenciamento	$ 24
7	Renda Total	$ 341
8		
9	Custo da renda	
10	Assinaturas e suporte	$ 42
11	Licenciamento	$ 25
12	Custo total da renda	$ 67
13		
14	Lucro bruto	$ 274
15		
16	Despesas	
17	Pesquisa e desenvolvimento	$ 33
18	Marketing e vendas	$ 151
19	Geral e administrativo	$ 48
20	Total das despesas	$ 232
21		
22	Lucro líquido	$ 42

você está aqui ▸ **43**

uma planilha limpa

Exercício Solução

Você acabou de aplicar alguma formatação à sua demonstração de resultados da CRMFreak. Você foi bem-sucedido?

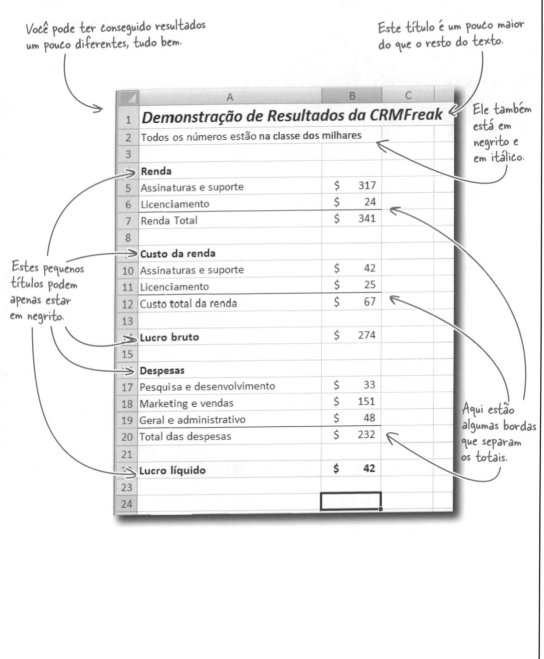

Você pode ter conseguido resultados um pouco diferentes, tudo bem.

Este título é um pouco maior do que o resto do texto.

Ele também está em negrito e em itálico.

Estes pequenos títulos podem apenas estar em negrito.

Aqui estão algumas bordas que separam os totais.

projeto visual

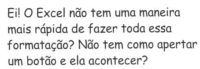

Ei! O Excel não tem uma maneira mais rápida de fazer toda essa formatação? Não tem como apertar um botão e ela acontecer?

Você está apenas começando com as características de formatação do Excel.

E quando a questão é uma formatação simplesmente apertando um botão, o Excel tem uma característica muito mais poderosa que junta tudo o que você vinha fazendo até agora em uma única e elegante interface.

Essa característica dá a você mais velocidade e flexibilidade juntamente com acesso ao discernimento visual de um designer profissional. Ela é chamada **estilos de célula**.*

* Estilos de célula são plenamente suportados em Excel 2007 para Windows e mais novos, mas na época da escrita deste livro, o suporte nas versões do Excel para Mac era inconsistente. Vai entender.

você está aqui ▶ **45**

diga com estilo

Estilos de célula mantêm a formatação consistente para elementos que se repetem

Você normalmente tem diversos títulos em suas planilhas, e você quer que eles fiquem iguais. Estilos deixam você dizer ao Excel quais células são títulos e *então* como quer que seja a **formatação** desses títulos.

E estilos não são apenas para títulos: você pode usá-los para **quaisquer elementos que se repitam**. Eles são especialmente úteis se você quer, digamos, mudar a aparência de todos os seus Totais. Em vez de ir a cada um, você pode apenas mudar, o estilo e todas as células com esse estilo vão incorporar as mudanças.

Para dar uma olhada nos estilos, selecione as células que você quer afetar e então selecione um estilo com o botão Estilos de Células na aba Início.

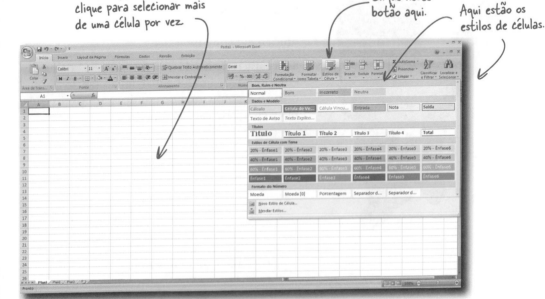

46   Capítulo 2

projeto visual

Com seus estilos de células selecionados, use Temas para mudar a aparência

Uma vez que você tenha dito ao Excel quais estilos de células combinam com seus dados, é aí que a diversão começa. Vá até o grupo de botões Temas na aba Layout de Página e brinque com os temas pré-fabricados e com as configurações de fonte e cor. Qual aparência combina mais com você?

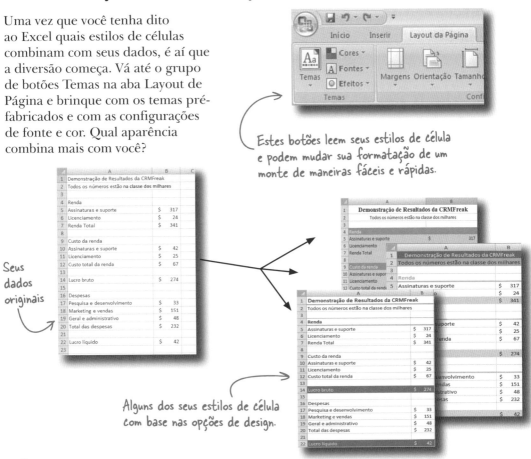

Estes botões leem seus estilos de célula e podem mudar sua formatação de um monte de maneiras fáceis e rápidas.

Seus dados originais

Alguns dos seus estilos de célula com base nas opções de design.

Exercício

Atribua os estilos de células listados na página anterior aos dados da sua demonstração de resultados da CRMFreak.

Visite o site!
www.altabooks.com.br
(buscar pelo nome do livro)

① Clique em cada célula e selecione o estilo relevante. Você vai ter de brincar um pouco com estilos Título para se certificar de que as bordas da célula estendam-se até a coluna B e que os tamanhos estejam corretos.

② Vá até Layout de Página → Temas e teste algumas das configurações. Qual a sua favorita?

Aqui está uma versão limpa da sua planilha.

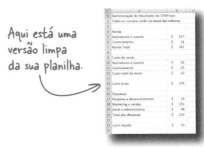

você está aqui ▶ **47**

implemente seus estilos

Exercício
Solução

Você atribuiu estilos de células e temas aos seus dados da demonstração de resultados. Você gostou da aparência deles agora?

Aqui está uma planilha de exemplo... a sua provavelmente ficou diferente, dependendo do que você escolheu.

Este é o Título.

Este é o Texto Explicativo.

	A	B	C	D	E
1	Demonstração de Resultados da CRMFreak				
2	*Todos os números estão na classe dos milhares*				
3					
4	**Renda**				
5	Assinaturas e suporte	$	317		
6	Licenciamento	$	24		
7	**Renda Total**	$	341		
8					
9	**Custo da renda**				
10	Assinaturas e suporte	$	42		
11	Licenciamento	$	25		
12	**Custo total da renda**	$	67		
13					
14	Lucro bruto	$	274		
15					
16	**Despesas**				
17	Pesquisa e desenvolvimento	$	33		
18	Marketing e vendas	$	151		
19	Geral e administrativo	$	48		
20	**Total das despesas**	$	232		
21					
22	Lucro líquido	$	42		
23					
24					
25					

As linhas 4, 9 e 16 receberam o estilo Título 3.

Estas células são realmente importantes, então atribuímos o estilo 40% – Ênfase 2.

Estas células têm uma cor que as fazem se destacar.

As linhas 7, 12 e 20 receberam o estilo Total.

As células B4, B9 e B16 também receberam o estilo Título 3 para que tivessem a borda de célula correta.

48 Capítulo 2

projeto *visual*

não existem
Perguntas Idiotas

P: Uns instantes atrás, você disse algo sobre os elementos de design nos temas serem "profissionais". O que você quis dizer com isso?

R: Os temas pré-instalados foram cuidadosamente selecionados de forma que as cores e as fontes se complementem. A escolha da fonte (ou "tipo") e das cores em documentos é realmente de grande importância para pessoas que levam o projeto visual a sério, e é conveniente que o Excel tenha opções de design pré-prontas que tenham uma boa aparência.

P: Eu já ouvi dizer que muitas pessoas reclamam sobre como a escrita, as planilhas e os slides ficam feios quando feitos no Microsoft Office, mas parece que a Microsoft tornou muito fácil empregar um bom projeto visual.

R: Mesmo que sempre tenha sido *possível* criar documentos visualmente bem projetados nos programas do Microsoft Office, nem sempre foi fácil. Alguns dos modelos nas versões anteriores do programa eram realmente feios, e algumas vezes você realmente tinha de trabalhar duro para fazer seus documentos terem uma boa aparência. Mas a Microsoft veio se tornando progressivamente mais sensível à necessidade das pessoas de terem um bom design, e as versões mais recentes do Office mostram isso.

P: Então alguns dos mesmos temas que eu vi no Excel estão disponíveis em outros programas do Office, como o Word ou o PowerPoint?

R: Sim! E integração por meio de todo o Office é precisamente essa ideia. Se você fizer uso de estilos em todo lugar que puder, não terá problemas para ter uma integração visual consistente em todos seus documentos.

P: Há limitações com relação ao que eu posso fazer no Excel em termos de projeto visual?

R: Há muitas características que você vai encontrar em programas de design gráfico que não vai testar no Excel. Mas, mesmo quando a questão é fazer desenhos, o Excel é surpreendentemente poderoso para um programa feito para trabalhar com números. Se você tiver um objetivo de design especializado, deveria, mesmo assim, dar uma olhada na aba Layout de Página antes de usar um programa de design gráfico.

P: E se eu não gostar de nenhuma das configurações de cores que o Excel oferece? Posso fazer meus próprios temas?

R: Claro. Fazer seus próprios temas seria uma ótima ideia se seu negócio já tiver seus próprios padrões de design – fontes e cores oficiais. Nessas circunstâncias, os benefícios de usar temas e estilos no Excel seriam imensos.

Vamos ver o que o chefe pensa sobre o seu trabalho...

você está aqui ▸ **49**

sua próxima missão

Ele gostou, mas há mais alguma coisa...

Adorei! Era o que precisávamos. Ah, e por falar nisso, quero que você faça o balanço patrimonial também. E ponha os dois na mesma página. Você pode fazer isso?

O chefe quer mais que uma demonstração de resultados bonita. Ele quer que você inclua um balanço patrimonial na sua planilha, integre os novos elementos visualmente e certifique-se de que tudo caiba em uma *única página*. Melhor começar a pensar sobre como você vai conseguir fazer isso!

projeto *visual*

✏️ Aponte seu lápis

Aqui estão versões pequenas das planilhas de demonstração de resultados e de balanço patrimonial da CRMFreak. Como você faria o layout delas?

Desenhe sua resposta aqui.

Demonstração de Resultados da CRMFreak
Todos os números estão na classe dos milhares

Renda		
Assinaturas e suporte	$	317
Licenciamento	$	24
Renda Total	**$**	**341**
Custo da renda		
Assinaturas e suporte	$	42
Licenciamento	$	25
Custo total da renda	**$**	**67**
Lucro bruto	$	274
Despesas		
Pesquisa e desenvolvimento	$	33
Marketing e vendas	$	151
Geral e administrativo	$	48
Total das despesas	**$**	**232**
Lucro líquido	$	42

Aqui está a demonstração de resultados na qual você vinha trabalhando.

Balanço Patrimonial da CRMFreak
Todos os números estão na classe dos milhares

Ativos	
Disponibilidades	532
Aplicações financeiras	439
Contas a receber	293
Comissões futuras	63
Imposto de Renda	64
Antecipados	36
Ativos fixos	85
Intangível	49
Outros	66
Total	
Passivo	
Contas a pagar	202
Renda contigenciada	653
Exigível a longo prazo	22
Total	
Ações	
Posição de controle	739
Não em posição de controle	11
Total	

Aqui estão os novos dados do balanço patrimonial

você está aqui ▸ **51**

pré-visualize *seu layout*

Aponte seu lápis
Solução

Como se parece o rascunho da demonstração financeira da CRMFreak?

Aqui está uma possível aparência.

Demonstração de resultados

Renda

Custo da renda

Despesas

Balanço patrimonial

Ativos

Passivo

Ações

Aqui estão suas demonstrações financeiras

	A	B	C	D	E
1	Demonstração de Resultados da CRMFreak				
2	Todos os números estão na classe dos milhares				
3					
4	Renda				
5	Assinaturas e suporte	$	317		
6	Licenciamento	$	24		
7	Renda Total	$	341		
8					
9	Custo da renda				
10	Assinaturas e suporte	$	42		
11	Licenciamento	$	25		
12	Custo total da renda	$	67		
13					
14	Lucro bruto	$	274		
15					
16	Despesas				
17	Pesquisa e desenvolvimento	$	33		
18	Marketing e vendas	$	151		
19	Geral e administrativo	$	48		
20	Total das despesas	$	232		
21					
22	Lucro líquido	$	42		
23					
24					
25					

	A	B	C
1	Balanço Patrimonial da CRMFreak		
2	Todos os números estão na classe dos milhares		
3			
4	Ativos		
5	Disponibilidades	532	
6	Aplicações financeiras	439	
7	Contas a receber	293	
8	Comissões futuras	63	
9	Imposto de Renda	64	
10	Antecipados	36	
11	Ativos fixos	85	
12	Intangível	49	
13	Outros	66	
14	Total		
15			
16	Passivo		
17	Contas a pagar	202	
18	Renda contigenciada	653	
19	Exigível a longo prazo	22	
20	Total		
21			
22	Ações		
23	Posição de controle	739	
24	Não em posição de controle	11	
25	Total		
26			
27			

projeto visual

Use proximidade e alinhamento para agrupar coisas similares

Por que seu desenho não parece uma destas planilhas?

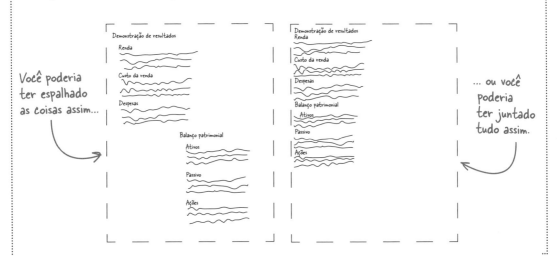

Você poderia ter espalhado as coisas assim...

... ou você poderia ter juntado tudo assim.

Você provavelmente não desenhou sua planilha desse jeito porque, intuitivamente, entendeu os princípios fundamentais de design: **proximidade** e **alinhamento**. Ao juntar elementos similares e fazer seus elementos ficarem em alinhamento uns com os outros, você faz seu documento ser mais legível e utilizável.

Alinhamento

Os elementos nesta página também obedecem aos princípios de alinhamento e proximidade!

Proximidade

Proximidade

Agora vamos incorporar esse balanço patrimonial na sua planilha...

você está aqui ▸ 53

calcule e *limpe*

Exercício Longo

① Copie os dados da **hfe_ch02_balanço_patrimonial.xlsx** e cole-os abaixo da demonstração de resultados. Salve tudo em um arquivo chamado finanças.xlsx.

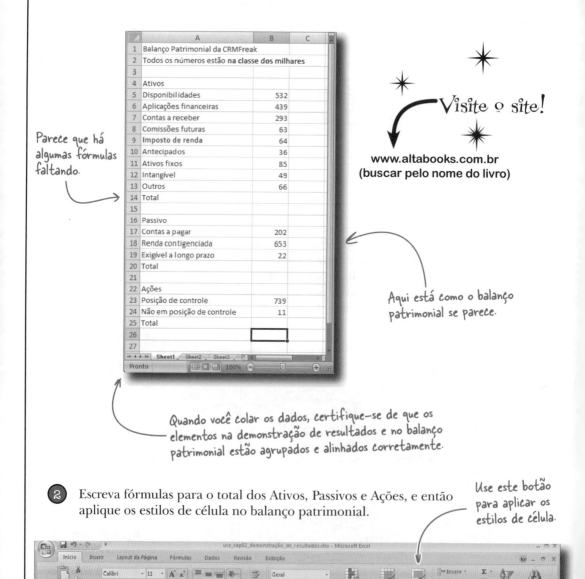

Parece que há algumas fórmulas faltando.

Visite o site!

www.altabooks.com.br
(buscar pelo nome do livro)

Aqui está como o balanço patrimonial se parece.

Quando você colar os dados, certifique-se de que os elementos na demonstração de resultados e no balanço patrimonial estão agrupados e alinhados corretamente.

② Escreva fórmulas para o total dos Ativos, Passivos e Ações, e então aplique os estilos de célula no balanço patrimonial.

Use este botão para aplicar os estilos de célula.

54   Capítulo 2

projeto visual

③ Troque para o modo de layout de página para ver como sua planilha vai ficar numa página impressa.

Este é a parte inferior da sua janela do Excel.

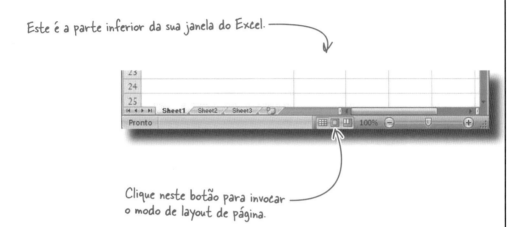

Clique neste botão para invocar o modo de layout de página.

④ Cabe numa página? Se não, mude a escala para baixo na aba de layout de página.

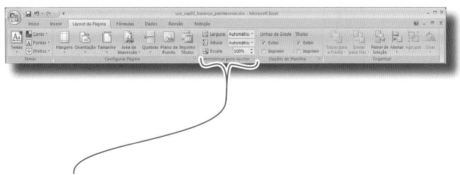

Estes botões devem lhe ajudar a fazer sua planilha caber.

você está aqui ▶ 55

um ótimo balanço

Exercício Longo Solução

Você acabou de incorporar um balanço patrimonial na sua planilha, incluiu algumas fórmulas e formatou a coisa toda. Qual foi o resultado?

Você precisa diminuir a escala da sua planilha para fazer com que ela caiba toda em uma página.

Certifique-se de ter algum espaço separando o balanço patrimonial e a demonstração de resultados..

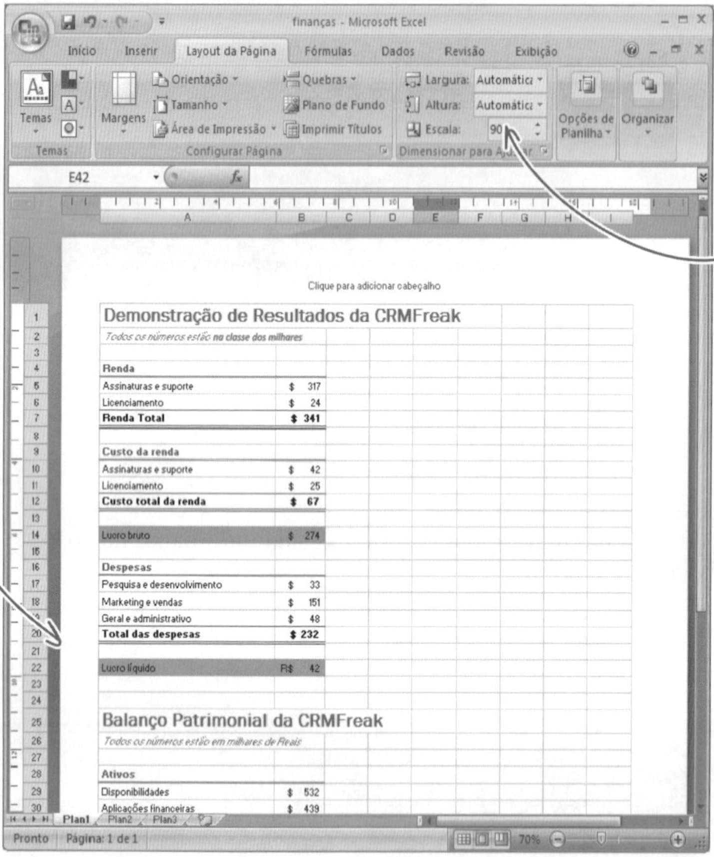

Esta planilha está pronta para ser impressa!

Os estilos de célula fazem com que a incorporação de novas informações ao seu projeto visual seja rápida.

56 *Capítulo 2*

projeto visual

Sua planilha é um sucesso

A CRMFreak usou sua planilha como parte do material disponibilizado para os analistas de mercado, e o consenso crítico foi superpositivo.

Importante analista de Wall Street

É uma excelente apresentação profissional. A planilha está bem desenhada e faz meu trabalho como intérprete ser muito mais fácil.

Aqui está o que seu chefe tem a dizer...

Do: CEO, CRMFreak
Para: Você
Assunto: O produto do seu trabalho

Caro Use a Cabeça!,

Fiquei encantado, mas não menos surpreso, com seu excelente trabalho com nossas demonstrações financeiras. Você cuidou das fórmulas com graça e preparou uma apresentação sofisticada e, ainda assim, clara como cristal.

Foi realmente uma obra esplêndida e tenho certeza de que ela foi bastante responsável pelas resenhas positivas que nós recebemos dos analistas nesta temporada.

A única coisa a fazer com um talento como o seu é lhe dar mais responsabilidades com trabalhos maiores. Espere ver maiores desafios com maiores recompensas muito em breve!

– CEO

3 referências

Aponte na direção certa

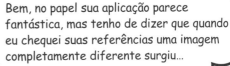

Bem, no papel sua aplicação parece fantástica, mas tenho de dizer que quando eu chequei suas referências uma imagem completamente diferente surgiu...

Uma fórmula é tão boa quanto suas referências.

Não importa quão criativa e brilhante sua fórmula seja, ela não vai lhe fazer nenhum bem se não apontar para os dados corretos. É fácil manter as referências ajustadas no caso de fórmulas pequenas e individuais, mas uma vez que essas fórmulas fiquem longas e precisem ser copiadas, as chances de erros nas referências aumentam dramaticamente. Neste capítulo, você vai explorar **referências absolutas e relativas**, assim como a nova característica avançada do Excel, as **referências estruturadas**, que asseguram que não importa o quão grandes e numerosas suas referências sejam, suas fórmulas vão se manter bem ajustadas e precisas.

este é um novo capítulo ▶

controle *seus dados*

Seu negócio de computadores está uma bagunça

Como chefe da Manufatura de Computadores Ace, você sabe como é crítico manter suas margens de lucro no negócio volátil e competitivo da venda de computadores.

Você precisa ficar por cima da cadeia de suprimentos: **você está precificando seus computadores o suficiente para ter lucro?** Você precisa ter controle dos seus dados para descobrir isso.

Você tem um bando de clientes satisfeitos no seu negócio de computadores.

Finalmente, mamãe me comprou um 64 bits!

O que eu faria sem computadores?

Esta belezinha foi um grande negócio!

Mas quão lucrativo você é?

60 *Capítulo 3*

referências

Exercício

Aqui estão os custos e as vendas do último trimestre para computadores básicos. Os dados abaixo listam o custo e a renda para um único computador. Calcule a margem de lucro nessa configuração. Quão lucrativa é uma única venda deste modelo?

Visite o site!

www.altabooks.com.br
(buscar pelo nome do livro)

Para calcular o **Custo total**, some o custo dos componentes.

Para calcular a **Margem de lucro bruto**, subtraia o custo total do preço da venda e divida isso pelo preço da venda.

Preencha esta fórmula ...

Preço de venda é o quanto você cobra pelo computador numa venda..

... e esta fórmula!

Isso é quanto um cliente pagaria pelo seu computador.

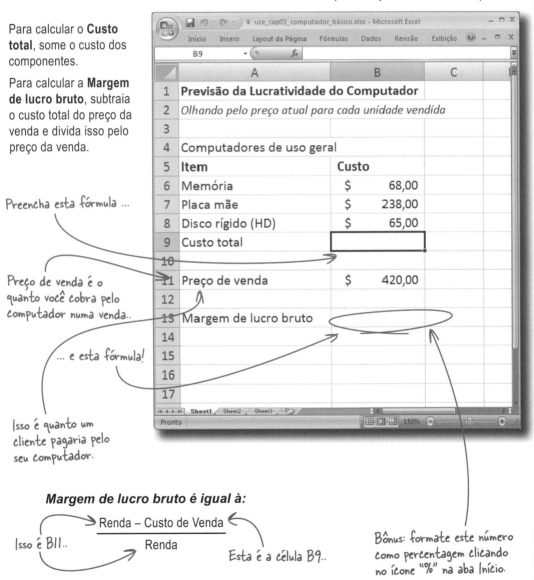

Margem de lucro bruto é igual à:

$$\frac{\text{Renda} - \text{Custo de Venda}}{\text{Renda}}$$

Isso é B11..

Esta é a célula B9..

Bônus: formate este número como percentagem clicando no ícone "%" na aba Início.

configure sua planilha

Exercício Solução

Você criou as fórmulas para calcular o custo total e a margem de lucro bruto. O que você encontrou?

Esta fórmula calcula o <u>custo de venda</u> para produzir um computador básico.

Essa aqui é bem direta.

=SOMA(B6:B8)

É só uma SOMA básica.

Aqui está a <u>margem de lucro bruto</u>.

Esta aqui é um pouco mais complicada.

=(B11−B9)/B11

Use parênteses para manter a diferença entre o custo total e o custo de venda no numerador.

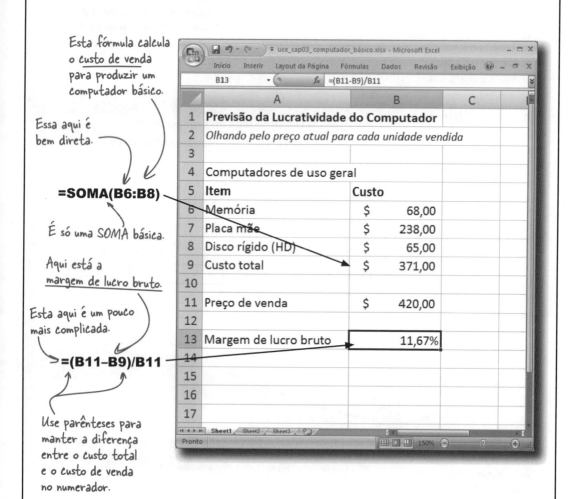

Sua margem de lucro bruto para computadores básicos é de 11,67%. Hoje em dia não é ruim! Até agora, tudo bem.

referências

Seu gerente de produção tem uma planilha com custos

Na indústria de computadores, os preços dos componentes estão sempre mudando; então, de maneira a garantir que você está tendo uma margem saudável nos computadores que está vendendo, você precisa certificar-se de estar conseguindo o melhor negócio que puder.

Se você comprar os **componentes aceitáveis mais baratos**, quanto seria o custo resultante da configuração?

Aqui estão os dados deste trimestre. Nós ainda não pedimos os componentes e precisamos encontrar a configuração mais barata.

Gerente de produto

Visite o site!

www.altabooks.com.br
(buscar pelo nome do livro)

Há múltiplas planilhas neste arquivo.

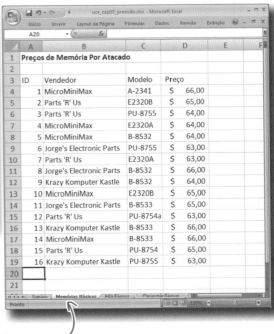

Arquivos de planilhas também são chamados de "Pastas de Trabalho".

Use estas abas para selecionar diferentes planilhas.

Você precisa de uma função para encontrar o menor preço na planilha sobre memórias.

conheça MÍNIMO

MÍNIMO retorna o menor número de uma série

Quando você tem uma série de números e quer descobrir qual é o menor número nesse intervalo, use a função MÍNIMO.

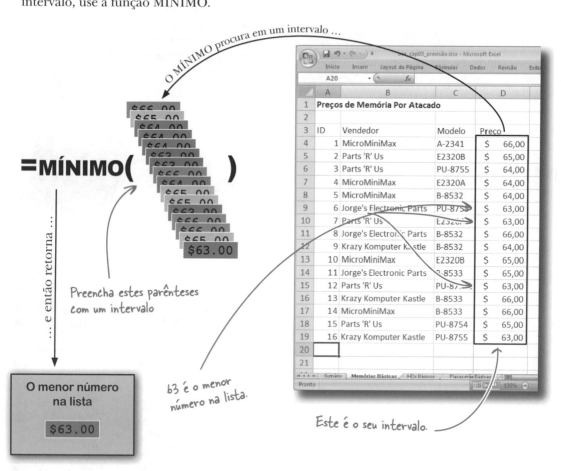

E, caso você ainda não tenha adivinhado, a função que lhe diz o *maior* número numa lista é MÁXIMO.

O que você precisa fazer agora é escrever fórmulas de MÍNIMO para encontrar **o menor custo para cada um desses componentes** e ver quanto uma configuração básica de computador vai custar neste trimestre. Usando essa configuração, você vai ser capaz de prever sua lucratividade.

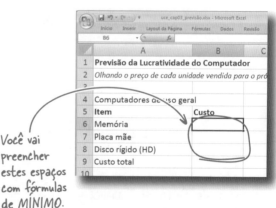

64   Capítulo 3

referências

 Aponte seu lápis

Vamos começar olhando as memórias. Precisamos de uma fórmula que retorne a menor quantia que podemos pagar por uma memória.

Aqui estão os dados sobre memórias aos quais você quer se referir.

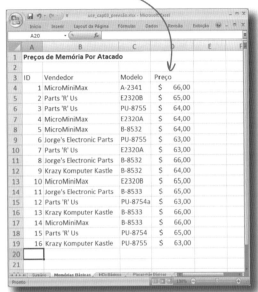

① Se você escrever sua fórmula da maneira que você vem escrevendo, de que modo sua fórmula vai saber a qual planilha se referir para pegar os dados?

....

....

....

....

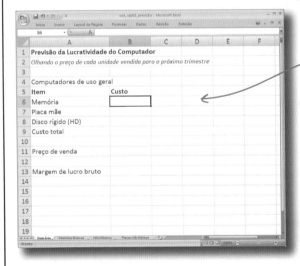

Aqui é onde você quer a fórmula.

② Como você projetaria uma referência para garantir que a planilha correta está sendo referenciada?

....

....

....

....

você está aqui ▸ **65**

brainstorm sobre referências em planilhas

Aponte seu lápis
Solução

Você acabou de lidar com a questão de como referenciar células entre planilhas. O que você concluiu?

1 Se você escrever sua fórmula da maneira que você vem escrevendo, de que modo sua fórmula vai saber a qual planilha se referir para pegar os dados?

A fórmula não saberia onde encontrar os dados. O intervalo que nós queremos é D4:D19, mas tem de ser da planilha Memórias Básicas. Não queremos dados desse intervalo nas outras planilhas.

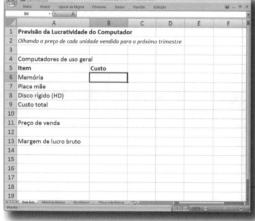

2 Como você projetaria uma referência para garantir que a planilha correta está sendo referenciada?

A referência definitivamente teria de ter o nome da planilha nela. Alguma coisa como: Memórias Básicas-D4:D9.

Vamos ver se o Excel pode ajudar a descobrir esses intervalos...

66   Capítulo 3

referências

Deixe o Excel completar os intervalos começando sua fórmula e usando seu mouse

O Excel tem uma sintaxe para apontar para intervalos que existem em outras planilhas além daquela onde sua função reside. E você está prestes a conhecer essa sintaxe. Mas não deste livro.

Em vez disso, o Excel vai lhe mostrar. Um **truque útil** ao escrever fórmulas com argumentos que envolvam intervalos é começar a escrever a fórmula, chegar até o argumento da sua função onde você quer colocar o intervalo, *mas não digitar coisa alguma*.

Faça isso!

Comece a digitar esta fórmula na sua planilha Sumário.

Se você digitar somente isso, o Excel pode lhe ajudar a descobrir seu intervalo.

Não digite o intervalo, apenas selecione com seu mouse.

Agora, em vez de digitar a referência, simplesmente **use seu mouse para selecionar os dados que você quer**. Vá em frente e clique em uma planilha diferente (ou mesmo numa pasta de trabalho diferente) e selecione os dados com o mouse. O Excel vai preencher o intervalo para você.

Então use seu mouse para selecionar os dados na planilha Memórias Básicas.

Finalmente, digite um ponto e vírgula para seu próximo argumento ou um símbolo de) para finalizar sua fórmula e pressione o Enter.

O que acontece?

você está aqui ▶ **67**

o excel responde

O Excel conseguiu a resposta certa usando uma referência mais sofisticada

Quando você usa o mouse para selecionar os dados que você quer que sua fórmula de MÍNIMO avalie, o Excel automaticamente preenche com o intervalo para esses dados, mesmo que estes estejam em uma planilha diferente.

Aqui está como o Excel descreve o intervalo para preço de memórias que você quer avaliar.

=MÍNIMO('Memórias Básicas!'D4:D9)

O Excel incluiu este elemento.

O intervalo parece um pouco similar com a primeira que você tentou...

Nenhuma palavra sobre a qual planilha este intervalo se refere.

=MÍNIMO(D4:D9)

... exceto que neste caso ele inclui o elemento 'Memórias Básicas!', que diz ao Excel para avaliar o intervalo D4:D9 na planilha Memórias Básicas. Até agora, não tínhamos incluído um elemento para descrever a qual planilha queríamos referenciar, e o Excel tomava isso como que se estivéssemos referindo a mesma planilha onde pusemos nossa fórmula.

Aqui está o Excel construindo sua referência enquanto você a seleciona.

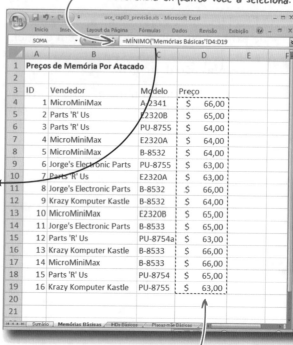

Aqui está sua seleção dos dados sobre o preço das memórias.

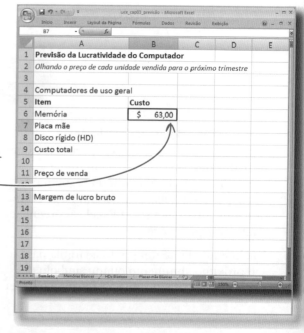

Este é o menor preço para uma memória.

Agora preencher o menor preço para o resto dos componentes vai ser moleza!

referências

Exercício

Você sabe tudo o que precisa para completar o restante dessa planilha e prever a rentabilidade dos computadores básicos para o próximo trimestre.

Use a função MÍNIMO para calcular estas duas células.

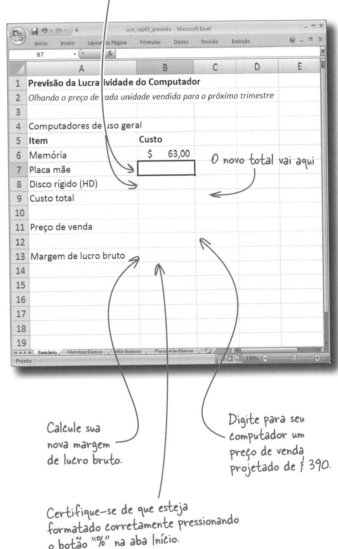

1. Usando a função MÍNIMO e apontando para as planilhas de HD (HDs Básicos) e placas-mãe (Placas-mãe Básicas), calcule qual é o menor preço que você pode conseguir para esses componentes.

O novo total vai aqui

2. Digite a fórmula para calcular o novo custo total em B9.

3. Sua equipe de vendas determinou que o maior preço ainda competitivo que você pode cobrar dos seus consumidores é $ 390. Preencha a célula B11 com esse valor.

4. Calcule sua nova margem de lucro bruto.

Calcule sua nova margem de lucro bruto.

Digite para seu computador um preço de venda projetado de $ 390.

Certifique-se de que esteja formatado corretamente pressionando o botão "%" na aba Início.

você está aqui ▶ **69**

implemente o mínimo

Exercício Solução

Você acabou de projetar para a próximo trimestre sua rentabilidade para computadores básicos, dados seus custos de componentes. Você espera algum lucro?

Aqui estão as fórmulas que calculam sua planilha.

=MÍNIMO('Placas-mãe Básicas'!D4:D10)

=MÍNIMO('HDs Básicos'!D4:D10)

=SOMA(B6:B8)

=(B11-B9)/B11

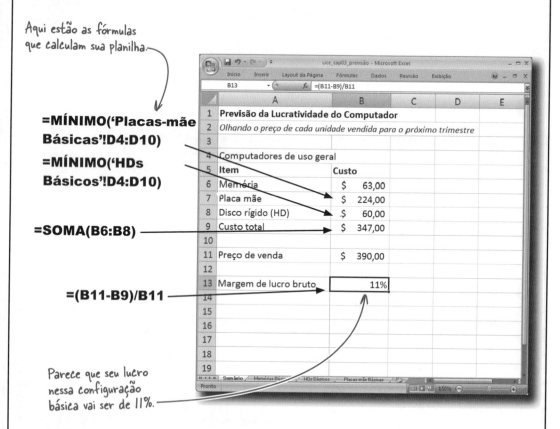

	A	B
1	Previsão da Lucratividade do Computador	
2	Olhando o preço de cada unidade vendida para o próximo trimestre	
3		
4	Computadores de uso geral	
5	Item	Custo
6	Memória	$ 63,00
7	Placa mãe	$ 224,00
8	Disco rígido (HD)	$ 60,00
9	Custo total	$ 347,00
10		
11	Preço de venda	$ 390,00
12		
13	Margem de lucro bruto	11%

Parece que seu lucro nessa configuração básica vai ser de 11%.

Nota Geek

Uma maneira rápida de selecionar *todos* os números da coluna D para sua fórmula de MÍNIMO: você pode digitar MÍNIMO('HDs Básicos'!D:D). Se houver outros elementos na coluna, tais como texto ou espaço em branco, o Excel vai simplesmente ignorá-los.

Bom trabalho.

Parece que você vai ter um bom lucro por unidade neste trimestre. Agora o que precisamos fazer é vendê-los...

referências

As coisas ficaram ainda melhores...

Este e-mail acabou de chegar.

> **E-mail**
> **De: Compras**
> **Para: Chefe**
> **Assunto: Descolei um desconto bacana!**
>
> Oi, Chefe,
>
> Um dos novos funcionários acabou de persuadir nossos fornecedores a nos dar um desconto de 5% nesse novo trimestre. Você pode querer incorporar a boa notícia nas suas projeções.
>
> – Compras

Beleza! Isso definitivamente significa que os computadores que você vende irão gerar uma margem de lucro maior. Melhor calcular e descobrir de quanto será.

Exercício

Visite o site!
www.altabooks.com.br
(buscar pelo nome do livro)

1. Na célula C8, digite uma fórmula que referencie as células B4 e B8 para subtrair um desconto de 5% do custo da memória.

2. Copie sua nova fórmula e cole-a para calcular os custos da placa-mãe e do HD.

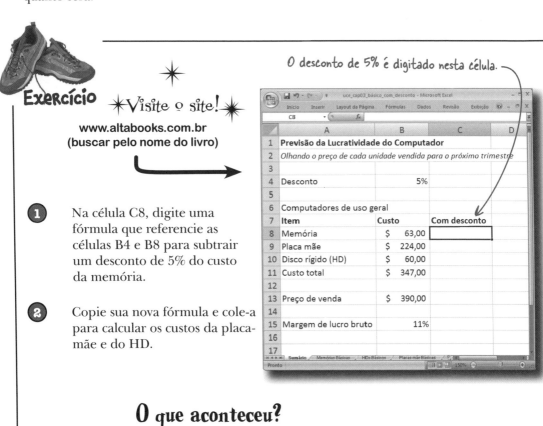

O desconto de 5% é digitado nesta célula.

O que aconteceu?

deslocando as referências

Exercício Solução

Você acabou de tentar escrever fórmulas para calcular o custo com desconto da memória, do HD e da placa-mãe. Vamos ver como foi...

① Refine sua planilha para incorporar o desconto da memória.

É uma fórmula bem direta.

= B8 − B8 * B4

B8 se refere ao custo da memória. B4 se refere ao desconto de 5%.

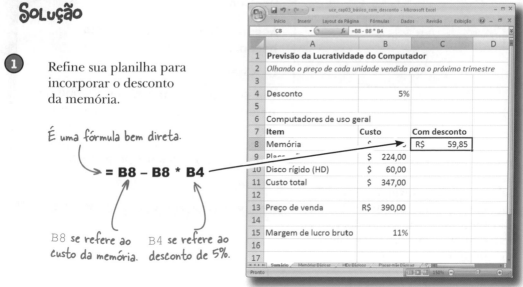

② Copie para o HD sua nova fórmula com desconto.

Esta referência não aponta para o desconto.

= B10 − B10 * B6

Estes valores não podem estar certos!

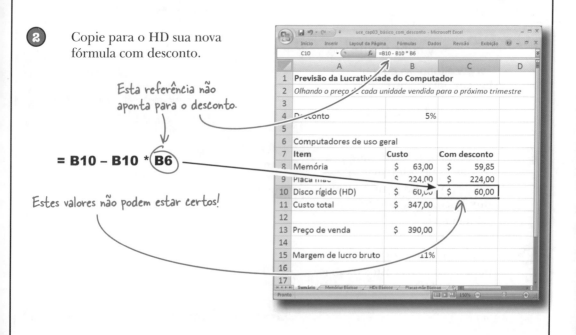

72 Capítulo 3

referências

Use referências absolutas para prevenir o deslocamento ao copiar/colar

Você até agora vinha utilizando **referências relativas** nas suas fórmulas…

… e quando você as copia e cola, as referências relativas se deslocam em proporção à fórmula original.

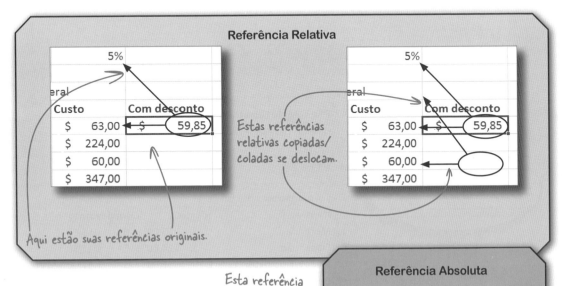

Contudo, algumas vezes, você quer que uma referência fique fixa não importa para onde você a copie e cole. Neste caso, você precisa de uma **referência absoluta.**

Para dizer ao Excel para fazer uma referência absoluta, a sintaxe é adicionar símbolos de cifrão. Se você puser um símbolo de cifrão antes da coluna, então a linha pode se deslocar, e se você puser um antes da linha, a coluna pode se deslocar, e se você usar dois símbolos de cifrão, a referência vai ficar totalmente fixa.

$B$2

Mantém a coluna.

Mantém a linha

Se você quiser manter a coluna, mas não a linha, você colocaria apenas um sinal de cifrão na frente do B.

Exercício

Reescreva sua fórmula de desconto de memória para incluir uma referência absoluta à célula B4. Copie essa fórmula e cole-a para os custos da placa-mãe e do HD.

você está aqui ▶ 73

margens *aumentadas*

Sua margem de lucro agora está ainda maior...

Com sua fórmula corrigida usando referências absolutas, você foi capaz de copiar e colar nos seus campos de HD e placa-mãe, mostrando seus custos dos componentes com desconto.

Aqui está sua referência absoluta.

=B11 - B11 * B$4

Você também poderia ter escrito $B$4.

Seu lucro agora está maior.

Copiando a célula C8 e colando-a na célula C11, normalmente deslocaria a referência nessa célula de B4 para B7 – um deslocamento nas linhas. Para evitar que as linhas sejam deslocadas, ponha um $ na frente do 4 na sua referência.

Você também poderia ter colocado um $ na frente do B na sua referência, mas isso não faria diferença, porque copiar a célula C8 para a célula C11 não causaria um deslocamento na referência de coluna.

Parece que você vai ter de pagar a si mesmo um **dividendo maior** neste trimestre, assumindo que as vendas sejam boas...

74   Capítulo 3

referências

Referências absolutas lhe dão um monte de opções

Dependendo de onde você acha que vai precisar copiar sua referências, você deveria sempre considerar o uso de referências absolutas para se assegurar que suas fórmulas apontem para onde você quer que elas apontem.

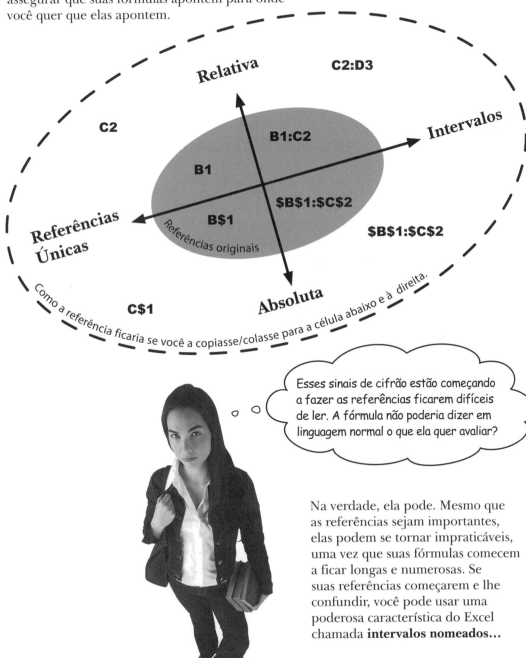

Esses sinais de cifrão estão começando a fazer as referências ficarem difíceis de ler. A fórmula não poderia dizer em linguagem normal o que ela quer avaliar?

Na verdade, ela pode. Mesmo que as referências sejam importantes, elas podem se tornar impraticáveis, uma vez que suas fórmulas comecem a ficar longas e numerosas. Se suas referências começarem e lhe confundir, você pode usar uma poderosa característica do Excel chamada **intervalos nomeados...**

você está aqui ▸ 75

conheça os intervalos nomeados

Intervalos nomeados simplificam suas fórmulas

Essa referência leva um instante para ser entendida.

$B$2

Você frequentemente tem de voltar e verificar para onde suas referências estão apontando, apenas para exercitar sua memória.

Mesmo que você as tenha escrito, provavelmente no futuro você vai esquecer seus significados e ter de ir e voltar para se certificar de que sabe para onde as referências estão apontando. Essa fórmula leva um **longo** tempo para ser entendida.

Uma fórmula como esta pode ser bem chata de se verificar.

=SOMA($B2;C4:D8)*M75

Quando você usa **intervalos nomeados**, pode substituir essas referências por nomes em linguagem normal à sua escolha.

Você pode realmente usar palavras como estas como referências em suas fórmulas.

Atribua nomes aos seus intervalos...

$B$2 ⟶ desconto

$C1 ⟶ custo

E uma vez que você nomeie seus intervalos, que para constar são referências absolutas por definição, você pode colocá-los direto na suas fórmulas.

Esta poderia ser uma fórmula real usando intervalos nomeados.

... e simplifique suas fórmulas

= custo – custo * desconto

Assim é muito mais fácil de ler e entender, não?

76   *Capítulo 3*

referências

Exercício

Vamos testar os intervalos nomeados incorporando um na nossa fórmula de cálculo do desconto. Em vez de fazer o valor de desconto se referenciar a B$4, vamos chamá-lo de `desconto`.

1 Dê ao seu valor de desconto o nome de `desconto`. Para fazer isso, selecione a célula B4 e então destaque e apague a referência no canto superior esquerdo. Nesse espaço em branco, digite `desconto`.

Destaque este espaço em branco aqui, substitua o texto da referência pela palavra desconto e pressione Enter.

Reescreva sua fórmula da memória.

Então a copie/cole para estas células.

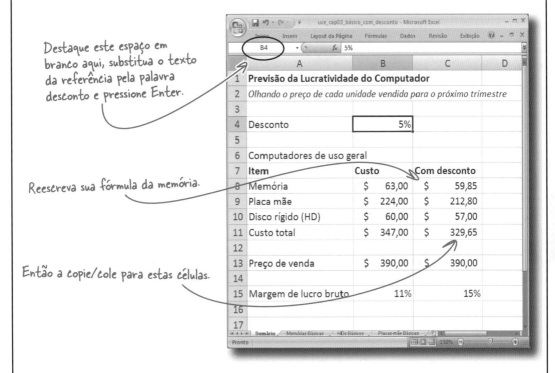

2 Reescreva a fórmula para a memória usando seu novo intervalo nomeado.

3 Copie e cole sua nova fórmula para sobrescrever as antigas fórmulas para desconto da placa-mãe e do HD.

você está aqui ▸ **77**

implemente os intervalos nomeados

Exercício Solução

Você acabou de dar uma olhada nos intervalos nomeados pela primeira vez. Você achou que eles simplificaram sua fórmula?

=B10–B10*desconto

Aqui está sua nova fórmula.

Este é seu intervalo nomeado

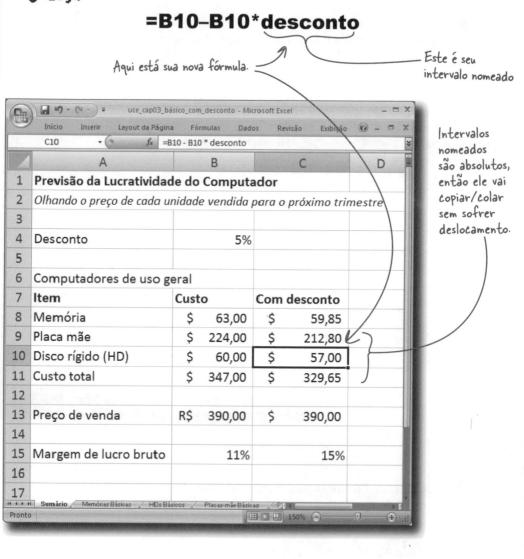

Intervalos nomeados são absolutos, então ele vai copiar/colar sem sofrer deslocamento.

78 Capítulo 3

referências

> Ótimo, nós resolvemos a questão dos computadores de baixo desempenho. Mas precisamos cobrir os computadores médios e os sofisticados. Você pode fazer isso?

Sem problema. Vamos dar uma olhada nos dados para as outras linhas de computadores e ver o que podemos fazer.

← Gerente de produto

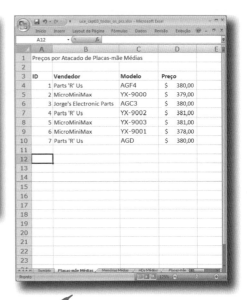

Visite o site!

www.altabooks.com.br
(buscar pelo nome do livro)

Esta é uma grande pasta de trabalho.

Há sete planilhas diferentes aqui!

Muitos dados, muitas fórmulas a serem escritas.

você está aqui ▶ 79

escrevendo um monte de fórmulas

Com todos esses dados, você teria de escrever uma tonelada de funções

Poderia lhe tomar um bom tempo para conseguir.

Aqui estão todas as fórmulas que você precisaria se tomasse o caminho mais longo.

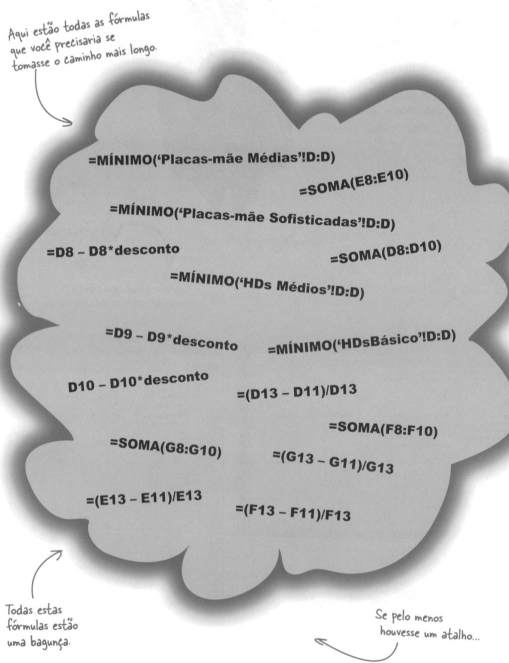

=MÍNIMO('Placas-mãe Médias'!D:D)

=SOMA(E8:E10)

=MÍNIMO('Placas-mãe Sofisticadas'!D:D)

=D8 – D8*desconto

=SOMA(D8:D10)

=MÍNIMO('HDs Médios'!D:D)

=D9 – D9*desconto

=MÍNIMO('HDsBásico'!D:D)

D10 – D10*desconto

=(D13 – D11)/D13

=SOMA(F8:F10)

=SOMA(G8:G10)

=(G13 – G11)/G13

=(E13 – E11)/E13

=(F13 – F11)/F13

Todas estas fórmulas estão uma bagunça.

Se pelo menos houvesse um atalho...

80 Capítulo 3

referências

Você poderia nomear alguns desses intervalos. Isso facilitaria as coisas.

Ter mais intervalos nomeados seria uma ajuda.

Suas fórmulas seriam certamente mais fáceis de ler. Mas passar por um monte de células e intervalos e nomeá-los individualmente também tomaria um bocado de tempo!

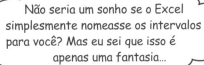

Não seria um sonho se o Excel simplesmente nomeasse os intervalos para você? Mas eu sei que isso é apenas uma fantasia...

você está aqui ▸ **81**

conheça as *tabelas*

As Tabelas do Excel tornam suas referências fáceis e rápidas

Quando você clica dentro dos seus dados e clica **Tabela** na aba Inserir, o Excel dá a você todo o tipo de opções incluindo nomes de intervalos automaticamente gerados. Uma vez que você tenha criado sua tabela, você pode usar uma sintaxe especial chamada **referências estruturadas** para simplificar seus intervalos nomeados.* Aqui está como você faz uma tabela.

Isto é uma referência estruturada.

=MÍNIMO(MedPlacaMãe[Preço])

A coluna está entre colchetes

1. Selecione seus dados e vá até a aba Inserir e clique em **Tabela.**

Clique aqui

2. Mude o nome da tabela de Tabela1 para algo mais significativo.

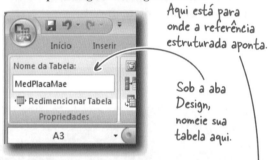

Aqui está para onde a referência estruturada aponta.

Sob a aba Design, nomeie sua tabela aqui.

3. Agora você tem uma tabela! Vá em frente e comece a utilizá-la para as referências estruturadas.

Esta nova formatação mostra que seus dados são agora uma tabela reconhecível.

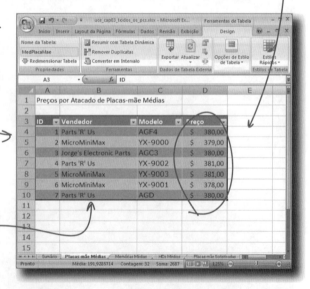

Fácil, não? E você não tem mais que se preocupar em fazer suas referências apontarem para as planilhas, uma vez que o Excel sabe como encontrar sua tabela em uma pasta de trabalho usando a referência estruturada.

Se você não gostar da formatação da tabela, pode selecionar um estilo diferente na aba Design.

---

*Referências estruturadas são outras daquelas características apenas do Excel 2007 e mais novos. Ela eventualmente vai chegar ao Mac.

referências

Referências estruturadas são uma dimensão diferente da referência absoluta

Entre o estilo de referência $A$1 que você aprendeu e as referências que você pode nomear, você passou por um amplo universo de possibilidades para fazer referência aos seus dados dentro das fórmulas.

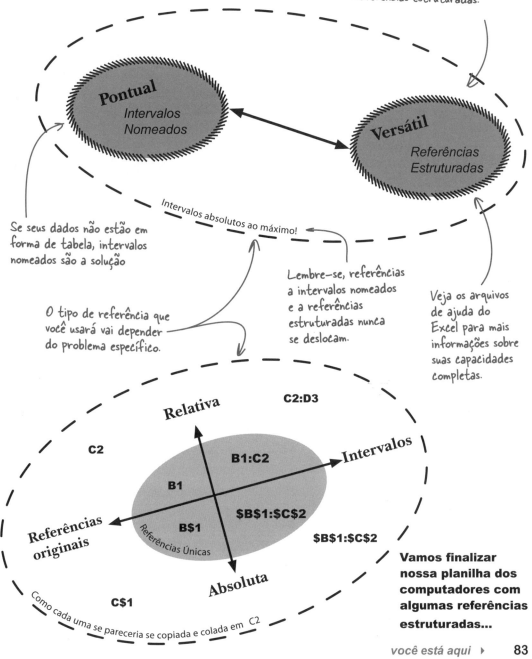

Nós estamos apenas arranhando a superfície do poder das referências estruturadas.

Se seus dados não estão em forma de tabela, intervalos nomeados são a solução

O tipo de referência que você usará vai depender do problema específico.

Lembre-se, referências a intervalos nomeados e a referências estruturadas nunca se deslocam.

Veja os arquivos de ajuda do Excel para mais informações sobre suas capacidades completas.

Vamos finalizar nossa planilha dos computadores com algumas referências estruturadas...

você está aqui ▸ 83

teste as tabelas

Exercício Longo

Finalize suas projeções de lucratividade. Usando tabelas e referências estruturadas, calcule a previsão de lucratividade dos seus modelos de computador médio e sofisticado.

1 Transforme suas novas planilhas de preços em tabelas. Para cada tabela que descreve um componente, crie uma tabela usando o botão na aba Inserir. Certifique-se de dar um nome a cada uma!

Crie uma tabela para suas memórias médias.

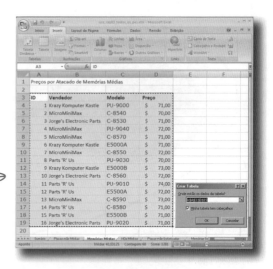

2 Usando a mesma abordagem usada na avaliação dos computadores básicos, calcule os custos mínimos para cada componente. Desta vez, use **referências estruturadas** na sua fórmula.

Aqui está uma já feita para você.

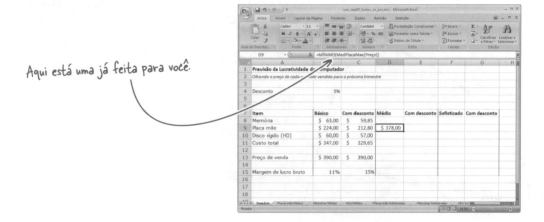

84 *Capítulo 3*

referências

③ Calcule as margens de lucro esperadas para os outros produtos. Use os preços de venda abaixo, e preencha as fórmulas necessárias na linha 15.

Seus preços de venda

Médio: $ 600

Sofisticado: $ 4.000

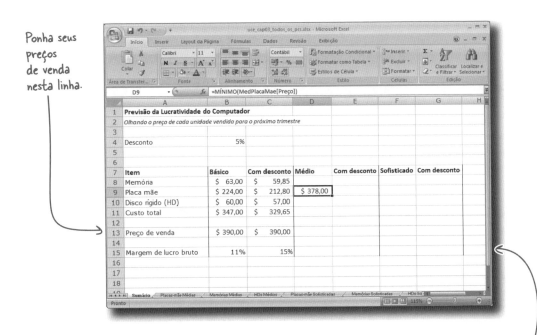

Ponha seus preços de venda nesta linha.

Ponha suas margens de lucro nesta linha.

avalie a lucratividade

Exercício Longo
Solução

Quão lucrativo você é nos computadores médio e sofisticado?

1 Transforme suas novas planilhas de preços em tabelas. Para cada tabela que descreva um componente, crie uma tabela usando o botão na aba Inserir. Certifique-se de dar um nome a cada uma!

2 Usando a mesma abordagem utilizada na avaliação dos computadores básicos, calcule os custos mínimos para cada componente. Desta vez, use **referências estruturadas** na sua fórmula.

3 Calcule as margens de lucro esperadas para os outros produtos. Use os preços de venda abaixo, e preencha as fórmulas necessárias na linha 15.

Uma vez que suas referências estruturadas estejam configuradas, escrever fórmulas é rápido.

Você percebeu que o Excel tenta ajudar você a descobrir qual referência estruturada você está procurando?

Pressione seta para baixo e tab se o Excel começou a preencher corretamente o nome da sua referência.

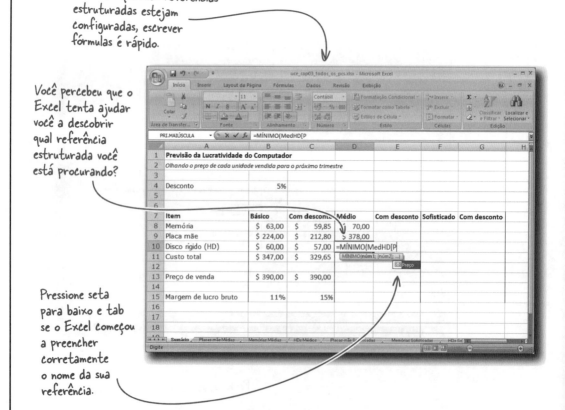

86   Capítulo 3

referências

Use seu intervalo nomeado para incorporar o desconto.

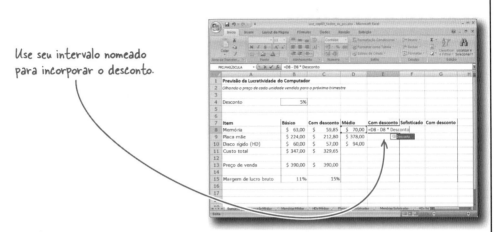

Use a mesma fórmula para preço e lucro que você usou recentemente.

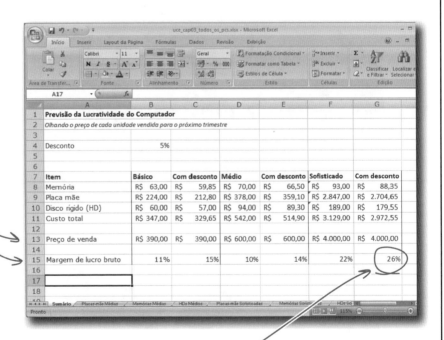

Esta lucratividade sofisticada está parecendo ótima!

Seus lucros estão parecendo ótimos...

super pessoal de vendas

Suas previsões de lucratividade se provaram precisas

O negócio está ótimo, e sua equipe de vendas está mais feliz que nunca!

Um brinde! Nossos computadores estão vendendo que nem pão quente.

Nós estamos ma-ra-vi-lha-dos com suas comissões, chefe. Bom trabalho.

4 mude seu ponto de vista

Classifique, faça zoom e filtre

Os detalhes dos seus dados são tentadores.

No entanto, apenas se você souber como olhar para eles. Neste capítulo, você vai esquecer sobre formatação e funções, e apenas focar em como mudar sua perspectiva com relação aos seus dados. Quando você está explorando seus dados, procurando por questões a serem investigadas, as ferramentas para **classificar, dar zoom e filtrar** oferecem uma surpreendente versatilidade para lhe ajudar a perceber o que está contido nos seus dados.

este é um novo capítulo ▶

conheça a campanha

Consultores políticos precisam de ajuda para decodificar o banco de dados deles sobre financiamento de campanha

A Campanha Principal está trabalhando para o prefeito de Dadosville e quer solicitar dinheiro aos seus apoiadores.

Seu cliente é um político superintenso e superexigente. Mas a boa notícia é que os dados estão bem limpos (isso é sempre um alívio!) e se você conseguir ajudar esse grupo a **organizar a lista de contribuidores** deles, você conseguiu uma grande conta!

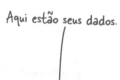

Aqui estão seus dados.

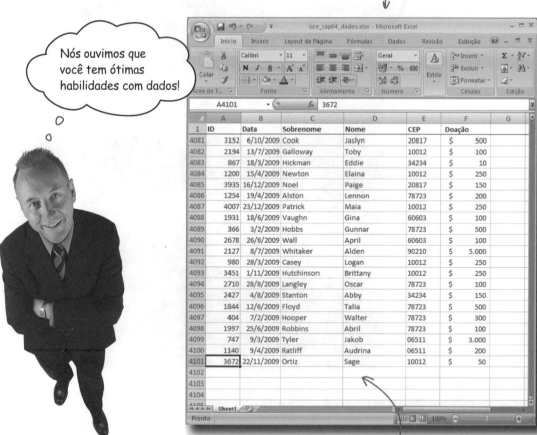

Nós ouvimos que você tem ótimas habilidades com dados!

4.100 são muitos dados.

Os dados são uma lista das contribuições dos doadores no último ano. E mesmo que os dados sejam de boa qualidade, mais de 4.000 linhas é coisa pra caramba!

Classifique, faça zoom e filtre

Encontre os nomes dos grandes contribuidores

Estar em contato com seus contribuidores mais apaixonados (isto é, os mais generosos!) é um ótimo negócio. Os peixes pequenos são importantes, mas, acima de tudo, a Campanha Principal precisa estar em contato com os grandes contribuidores.

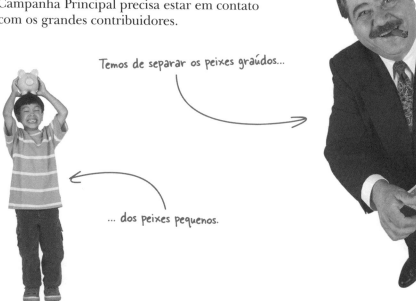

Temos de separar os peixes graúdos...

... dos peixes pequenos.

Aponte seu lápis

Dê uma olhada nos seus dados. Como você mudaria suas perspectivas sobre eles para mostrar os maiores doadores?

....

....

....

....

Aqui estão seus dados da página anterior.

Visite o site!

www.altabooks.com.br
(buscar pelo nome do livro)

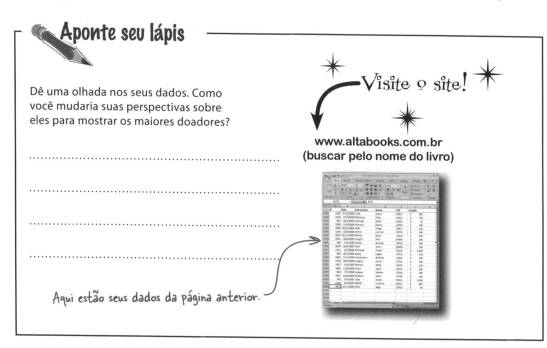

você está aqui ▶ 91

indroduzindo a classificação

Aponte seu lápis
Solução

Qual sua decisão sobre como poderia mudar a perspectiva sobre esses dados para lhe mostrar os maiores doadores?

Se você tivesse os dados ordenados pela quantia doada, poderíamos ver os grandes doadores no topo.

... e por todos os pequenos doadores aqui em baixo.

Dessa maneira, você seria capaz de agrupar os grandes contribuidores.

Talvez você pudesse por todos os grandes doadores aqui em cima...

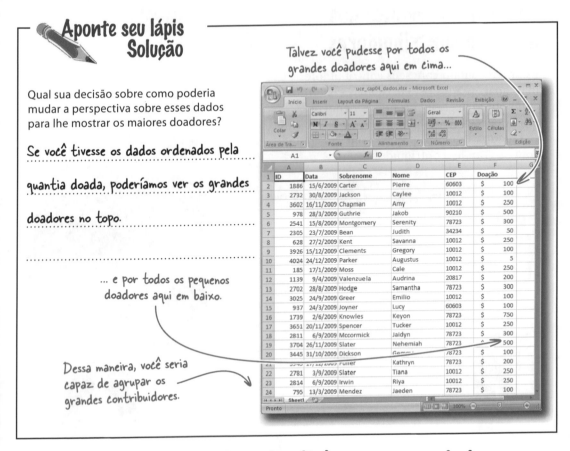

Classificar muda a ordem das linhas em seus dados

Os botões **Classificar** são uma ferramenta útil que lhe possibilita redistribuir a ordem das linhas nos seus dados. Os botões de Classificar podem ser encontrados na aba Dados da Faixa de Opções.

Aqui está o botão Classificação Ascendente..

Aqui está o botão Classificação Descendente

Classificar de *forma ascendente* significa ordenar seus dados do primeiro para o último ou do menor para o maior, e classificar de *forma descendente* significa o oposto.

O bom e velho botão Classificar lhe deixa fazer classificações mais sofisticadas.

Há muitas ocasiões em que você vai querer usar o Classificar para mudar a ordem dos seus dados, mas o Classificar é especialmente útil quando você está olhando pela primeira vez os dados e tentando ter uma ideia do que eles sejam.

Classifique, faça zoom e filtre

Exercício

Vamos ordenar seus dados para agrupar todos os grandes contribuidores.

1 Selecione qualquer célula na coluna pela qual você quer ordenar. Uma vez que você queira ordenar por doação aqui, você escolheria a coluna Doação.

Você quer ordenar por doação, então ponha seu cursor nesta coluna.

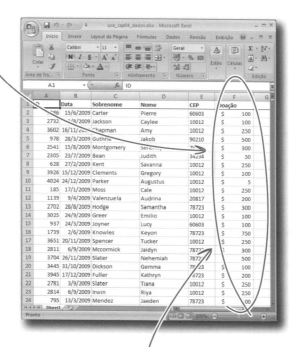

Ordene por este campo de maneira que ele envie os maiores doadores para o topo da lista.

2 Clique em um dos botões do conjunto Classificar para ordenar seus dados. Qual botão você deveria pressionar para fazer os grandes doadores irem para o topo: Ascendente ou Descendente?

você está aqui ▶ **93**

encontre os grandes doadores

Exercício Solução

Você foi capaz de levar todos os grandes doadores para o topo da sua lista através da classificação?

① Escolha uma célula da coluna desejada.

Qualquer célula serve.

Você também pode selecionar a coluna inteira, e o Excel vai lhe perguntar se você quer ordenar somente esta coluna ou a tabela inteira.

Pressione o botão Classificação Descendente.

② Ordene os dados. Qual botão você deve pressionar para levar os grandes doadores para o topo?

Agora os grandes doadores estão aqui no topo!

O Excel adivinha os contornos da sua tabela. Ele usa os cabeçalhos das colunas.

Todos os pequenos doadores agora estão lá embaixo na lista.

Classifique, faça zoom e filtre

Classificar lhe mostra diferentes perspectivas sobre um grande conjunto de dados

Quando você olha para os dados pela primeira vez, uma boa ideia é ordená-los por diferentes colunas para buscar por padrões visíveis.

Quando estiver explorando seus dados, não custa nada tentar ordenar por um monte de colunas.

Ordenado por doação

CEP	Doação
10012	$ 50.000
06511	$ 10.000
10012	$ 10.000
20817	$ 10.000
34234	$ 10.000
78723	$ 10.000
06511	$ 5.000
06511	$ 5.000
06511	$ 5.000
06511	$ 5.000
10012	$ 5.000
10012	$ 5.000
10012	$ 5.000
10012	$ 5.000
10012	$ 5.000
10012	$ 5.000
10012	$ 5.000
10012	$ 5.000
10012	$ 5.000
10012	$ 5.000
10012	$ 5.000
10012	$ 5.000
10012	$ 5.000

Ordenado pelo CEP

me	CEP	Doação
iya	06511	$ 10.000
oby	06511	$ 5.000
in	06511	$ 5.000
ley	06511	$ 5.000
nson	06511	$ 5.000
ana	06511	$ 3.000
ob	06511	$ 3.000
toine	06511	$ 2.500
ilee	06511	$ 2.500
disyn	06511	$ 2.500
nrad	06511	$ 2.500
lian	06511	$ 2.500
io	06511	$ 2.000
ian	06511	$ 2.000
iyah	06511	$ 1.000
ie	06511	$ 1.000
a	06511	$ 1.000
la	06511	$ 1.000
las	06511	$ 1.000
y	06511	$ 1.000
hur	06511	$ 1.000
a	06511	$ 1.000
hael	06511	$ 1.000
quin	06511	$ 1.000

Ordenado pelo nome

Sobrenome	Nome
Abbott	Rashad
Abbott	Corinne
Abbott	Ingrid
Abbott	Kaylie
Acevedo	Dante
Acevedo	Natalie
Acevedo	Jeremiah
Acevedo	Alma
Acosta	Dayami
Acosta	Alan
Acosta	Jaylin
Adams	Jaylan
Adams	Diamond
Adams	Lewis
Adams	Hana
Adams	Jayce
Adkins	Coby
Adkins	Hanna
Adkins	Danny
Adkins	Alvin
Adkins	Braxton
Aguilar	Owen
Aguilar	Isabelle
Aguilar	Mary

Você nunca sabe o que pode ver quando olha para seus dados de diferentes perspectivas.

Veja bem!

O Excel normalmente pode descobrir quais colunas estão na sua tabela...

*Se o Excel não ordenar **todas** suas colunas, isso pode danificar seu banco de dados. Sempre salve seus dados primeiro e verifique-os após uma ordenação para se certificar de que você e o Excel estão certos.*

Vamos ver o que a Campanha Principal tem a dizer sobre esses novos dados organizados...

você está aqui ▶ **95**

classificações **múltiplas**

> Isso me mostra quem são os grandes doadores, mas não onde eles estão. Você poderia ordenar pelo CEP e depois pelo tamanho da doação? Dessa maneira, eu poderia olhar para sublistas ordenadas por doação e agrupadas por CEP.

Aqui está como os dados ainda mais organizados deveriam se parecer.

Todos os registros estão ordenados por CEP...

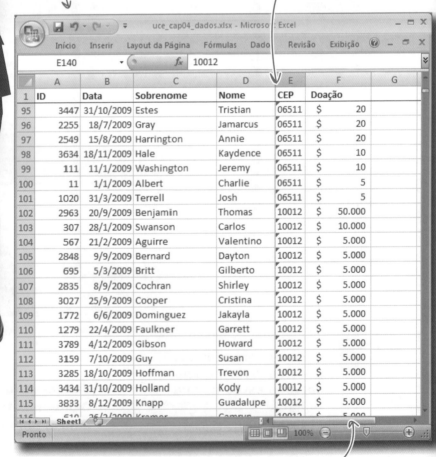

Seu cliente da Campanha Principal.

... e então ordenados <u>novamente</u>, mas desta vez por doação.

Classifique, faça zoom e filtre

Exercício

Vamos ver se podemos atender a requisição do cliente: primeiro ordenar os dados por CEP e depois ordená-los por doação. Essa classificação vai nos permitir olhar os maiores doadores agrupando-os geograficamente.

① Para executar essa nova e complexa classificação, comece por clicar no grande botão Classificar. (Certifique-se de que o cursor esteja dentro dos seus dados primeiro.)

Clique neste botão.

② Na caixa de diálogo que aparece, comece por dizer ao Excel para ordenar seus dados pelo CEP.

Primeiro, você quer ordenar pelo CEP.

Isso vai agrupar os registros por região.

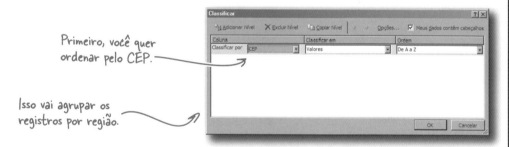

③ Agora clique em **Adicionar Nível** e adicione um novo nível para ordenar por doação. Você pode receber uma caixa de diálogo de aviso... apenas faça o que você achar melhor.

Agora, você quer ordenar os dados por doação.

Você deveria ordenar de forma ascendente ou descendente?

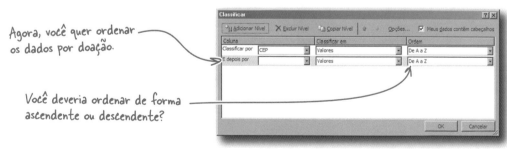

você está aqui ▸ **97**

classificação pesada

Exercício Solução

Você foi capaz de ordenar os dados por CEP e depois por doação?

1. Para executar essa nova e complexa classificação, comece por clicar no grande botão Classificar. (Primeiro certifique-se de que o cursor esteja dentro dos seus dados.)

2. Na caixa de diálogo que aparece, comece por dizer ao Excel para ordenar seus dados pelo CEP.

3. Agora clique em Adicionar Nível e adicione um novo nível para ordenar por doação. Você pode receber uma caixa de diálogo de aviso... apenas faça o que você achar melhor.

Aqui estão seus dados ordenados!

Está ordenado pelo CEP, e depois ordenado pela doação.

Agora você pode olhar para os maiores doadores de cada CEP.

Você provavelmente recebeu esta caixa de diálogo de aviso.

O Excel precisa armazenar os CEPs como texto, porque se os CEPs fossem números, o Excel se livraria do 0 em 06511.

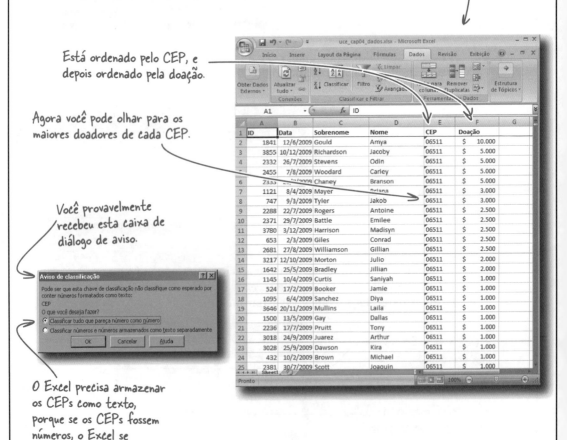

98   Capítulo 4

Classifique, faça zoom e filtre

não existem
Perguntas Idiotas

P: O que significam algumas daquelas outras opções dentro da caixa de diálogo de Classificar?

R: Há muitas maneiras diferentes pelas quais você pode ordenar, além de alfabeticamente, os textos e do menor para o maior os números ou vice-versa. Por exemplo, você pode ordenar por cor.

P: Por que eu ordenaria por cor?

R: Muito frequentemente as pessoas destacam as células em suas planilhas com diferentes cores, e você vai ver longas planilhas que têm vários elementos destacados. Se você quiser agrupar esses elementos, pode ordenar pela cor.

P: É uma boa prática de formatação destacar células pela cor? Parece-me que isso seria uma alternativa para a ordenação, em termos de levar seus olhos a várias partes da planilha.

R: Geralmente, há maneiras melhores de marcar dados do que destacar células. Você pode ordenar por cor, mas a maioria das fórmulas não consegue ler a formatação das suas células. Então se você quer marcar células interessantes, é melhor adicionar uma coluna e inserir suas próprias funções de texto ou booleanas (sobre as quais você vai aprender mais tarde).

P: Então podemos ordenar por cor. O que mais?

R: Sob a caixa Classificar, você pode definir uma Lista Personalizada. Listas personalizadas possibilitam a você criar qualquer ordenação arbitrária que quiser. Então, se o Excel não ordenar automaticamente os dados da exata maneira que você quiser, você pode criar uma lista personalizada que mostre exatamente como você precisa que os dados sejam ordenados.

P: Quão grande é o problema quando o Excel ordena uma coluna, mas não outra?

R: Pode ser terrível. Pense no que poderia acontecer com dados deste caso: cada quantia doada está ligada a uma pessoa específica, então se você mudasse a ordem das doações, mas mantivesse a mesma ordem das pessoas, você não saberia mais quem doou o quê.

P: Isso parece terrível.

R: Acontece. E é realmente terrível.

P: Como evitar isso?

R: Isso serve para nos lembrar de um princípio muito importante quando estivermos lidando com dados: sempre mantenha cópias dos dados originais. Uma vez que você tenha feito uma análise dos dados, é sempre uma boa ideia verificar os dados com relação aos originais para se certificar de que nada de estranho aconteceu.

P: Isso parece verdade, mas não é muito reconfortante. Como eu evito estragar uma classificação?

R: Classificar é outro lugar onde a característica Tabelas sobre a qual você aprendeu no capítulo 2 se mostra útil. Se você definir seu conjunto de dados como uma tabela, então você está sendo bem específico sobre as dimensões dos seus dados para o Excel.

P: Então o Excel vai sempre saber quais dados estão na minha tabela, e não vai acidentalmente ordenar apenas uma coluna.

R: Exatamente. Você não tem de definir seus dados como uma tabela para poder classificá-los corretamente, mas, para um superparanoico, a característica Tabela é a maneira de fazer as coisas.

Bom trabalho classificando esses dados.

Agora você pode ver quantas grandes doações caem em cada CEP. Vamos ver o que o cliente acha...

você está aqui ▶ **99**

mudando sua *perspectiva*

> É, está OK, mas eu ainda tenho problemas tentando visualizar tudo. Rolar para cima e para baixo leva uma eternidade. Eu preciso de um modo de olhar para mais dados de uma vez.

Seu cliente

Olhar para os dados é uma boa coisa.
É uma parte pouco óbvia, mas importante, da análise de dados, e seu cliente está certo em querer ser capaz de ver os dados de melhor maneira e não apenas agrupados corretamente. O que você deveria fazer?

Rolar tudo do topo até o fundo pode levar um tempo muito grande...

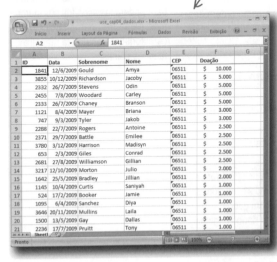

... e uma rolagem longa é uma excelente maneira de perder a visão geral sobre seus dados.

Classifique, faça zoom e filtre

Aponte seu lápis

O que você acha de cada uma destas soluções? É uma boa ideia?
Algumas delas é a melhor?

1 Use fórmulas para criar sumários dos dados.

....

....

....

2 Consiga um monitor realmente grande.

....

....

....

3 Remova os registros que você não precisa.

....

....

....

4 Dê um zoom.

....

....

....

você está aqui ▸ **101**

brainstorm de perspectivas

**Aponte seu lápis
Solução**

O que você pode fazer para ajudar seu cliente a ter uma perspectiva melhor da visão geral dos dados?

1 Use fórmulas para criar sumários dos dados.

Eu posso fazer isso, mas não é realmente o que o cliente está pedindo. Fórmulas e seus resultados podem ser esclarecedores, mas eles levam você para longe de realmente olhar os dados.

2 Consiga um monitor realmente grande.

É uma boa ideia! Seria ótimo ser capaz de ver algumas milhares de células legíveis na tela de uma só vez. O problema é que monitores grandes podem ficar caros, e provavelmente essa não é uma resposta razoável para o cliente.

3 Remova os registros que você não precisa.

De jeito nenhum. Isso é pedir para arranjar problema. Se eu não conseguir uma maneira de obter a visualização certa para seus dados, eu posso utilizar sumários baseados em fórmulas. Apagar registros é a maneira mais rápida de perder toda sua perspectiva dos dados.

4 Dê um zoom.

Zoom nos dados é algo que os ninjas das planilhas fazem todo o tempo.

Zoom é uma ótima ideia. Algumas vezes você precisa olhar para a floresta, e algumas vezes você precisa olhar para as árvores. Zoom vai nos deixar fazer isso.

Classifique, faça zoom e filtre

Veja muito mais dos seus dados com Zoom

Algumas vezes você precisa focalizar uma pequena parte dos seus dados. Por que não fazer um bom zoom?

Aqui está sua planilha com um zoom de 400%.

Talvez você tenha de pensar muito sobre a Jada Luna!

Algumas vezes você tem de focalizar na visão geral. Nesse caso, diminua o zoom.

Esta é sua planilha com um zoom de 25%.

Se você olhar bem de perto você pode enxergar bastante coisa.

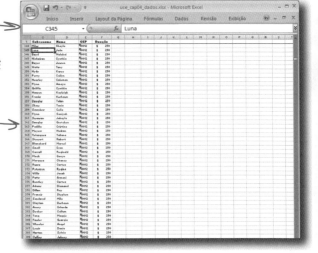

Ter uma visão geral por meio de zoom **não é forçar a vista** (se você estiver forçando a vista, você deveria aumentar o zoom!). É olhar de uma vez o máximo de dados que você puder. Para fazer zoom, clique no botão Zoom na aba Exibição.

Clique neste botão para todas as opções de zoom.

Exercício

1. Diminua o zoom para poder ver todos os seus dados.

2. Dê uma olhada por aí. Qual CEP tem os maiores doadores?

você está aqui ▸ **103**

*reduza o **zoom***

Exercício Solução

Você foi capaz de conseguir uma perspectiva melhor dos dados após reduzir bastante o zoom?

uce_cap04_dados.xlsx - Microsoft Ex...

Início | Inserir | Layout d | Fórmula | Dados | Revisão | Exibição

A93 f_x 2398

	A	B	C	D	E	F
1	ID	Data	Sobrenome	Nome	CEP	Doação
92	2406	1/8/2009	Berry	Reid	06511	$ 100
93	2398	31/7/2009	Hines	Madeleine	06511	$ 50
94	3447	31/10/2009	Ertor	Tristian	06511	$ 20
95	3986	20/12/2009	Bayer	Raven	06511	$ 20
96	2549	15/8/2009	Harrington	Annie	06511	$ 20
97	2255	18/7/2009	Gray	Jamarcus	06511	$ 20
98	3634	18/11/2009	Hale	Kaydence	06511	$ 10
99	111	11/1/2009	Washington	Jeremy	06511	$ 10
100	1020	31/3/2009	Terrell	Jarh	06511	$ 5
101	11	1/1/2009	Albert	Charlie	06511	$ 5
102	2963	20/9/2009	Benjamin	Thomas	10012	$ 50.000
103	307	28/1/2009	Swanson	Carlar	10012	$ 10.000
104	3789	4/12/2009	Gibran	Howard	10012	$ 5.000
105	1279	22/4/2009	Faulkner	Garrett	10012	$ 5.000
106	3159	7/10/2009	Guy	Swan	10012	$ 5.000
107	3285	18/10/2009	Haffman	Trevon	10012	$ 5.000
108	2848	9/9/2009	Bernard	Dayton	10012	$ 5.000
109	1755	4/6/2009	Leblanc	Deniro	10012	$ 5.000
110	3134	5/10/2009	Martan	Ryder	10012	$ 5.000
111	695	5/3/2009	Britt	Gilberto	10012	$ 5.000
112	99	10/1/2009	Santar	Tyrell	10012	$ 5.000
113	3434	31/10/2009	Halland	Kady	10012	$ 5.000

O CEP 10012 parece ter os maiores doadores!

120	2380	30/7/2009	Woodard	Colten	10012	$	5.000
121	709	6/3/2009	Workman	Haylie	10012	$	5.000
122	567	21/2/2009	Aquirre	Valentina	10012	$	5.000
123	3286	18/10/2009	Webb	Hailey	10012	$	3.000
124	1738	2/6/2009	Abbott	Rashad	10012	$	3.000
125	1611	23/5/2009	Ruiz	Matias	10012	$	3.000
126	486	14/2/2009	Berg	Ezequiel	10012	$	3.000
127	1499	13/5/2009	Pugh	Zechariah	10012	$	3.000
128	1652	26/5/2009	Cohen	Ainsley	10012	$	3.000
129	1547	17/5/2009	Stanley	Amiah	10012	$	3.000
130	1168	13/4/2009	Zamora	Karly	10012	$	3.000
131	3408	28/10/2009	Hubbard	Giuliana	10012	$	3.000
132	2162	11/7/2009	Peck	Jaylan	10012	$	3.000
133	1591	21/5/2009	Howell	Anna	10012	$	3.000
134	3016	24/9/2009	French	Albert	10012	$	3.000
135	3744	30/11/2009	Baker	Izayah	10012	$	3.000
136	3268	17/10/2009	Mccarty	Baron	10012	$	2.500
137	3150	6/10/2009	Shepard	Marques	10012	$	2.500
138	1132	9/4/2009	Berry	Alonzo	10012	$	2.500
139	811	15/3/2009	Dillard	Nick	10012	$	2.500
140	732	8/3/2009	Watts	Heidi	10012	$	2.500
141	55	6/1/2009	Madden	Cullen	10012	$	2.500
142	3814	6/12/2009	Wells	Sonny	10012	$	2.500
143	2721	30/8/2009	Bonder	Conor	10012	$	2.500
144	1788	7/6/2009	Kinney	Jaslene	10012	$	2.500
145	3881	12/12/2009	Cortez	Campbell	10012	$	2.500
146	3336	22/10/2009	Obrien	Rory	10012	$	2.500
147	3596	15/11/2009	Dunlap	Tristan	10012	$	2.500
148	679	4/3/2009	Mendez	Katelyn	10012	$	2.500
149	1640	25/5/2009	Daniels	Jaquelina	10012	$	2.000
150	298	27/1/2009	Bird	Pranav	10012	$	2.000
151	749	9/3/2009	Watkins	Mareli	10012	$	2.000
152	1653	26/5/2009	Delacruz	Kendra	10012	$	2.000

Sheet1

Pronto

50%

O zoom da planilha foi reduzido até 50%, mas você pode fazer o zoom que lhe parecer melhor para seus olhos dado o tamanho do seu monitor.

A barra deslizante aqui é uma ótima maneira de aumentar ou diminuir o zoom.

satisfaça seu cliente

Seu cliente está impressionado!

> É exatamente o que estávamos procurando. Bom trabalho. Eu acreditei nas suas habilidades e posso ver que estava certo. Agora eu tenho uma questão mais específica para você. Eu realmente quero olhar os grandes doadores (digamos, pessoas que deram $ 1.000 ou mais) no CEP 78723. Deixe-me ver o que você consegue fazer.

Parece que o Sr. Exigente está impressionado!
Sem termos usado qualquer função ou feito qualquer tipo de formatação, você foi capaz de classificar e focar com mais clareza os dados dele.

No entanto, agora ele quer focalizar em apenas um subconjunto de dados. Você sabe que não pode **deletar** os dados que ele não quer focalizar. Como você pode olhar apenas para os dados que ele quer sem mudar o resto dos dados?

Classifique, faça zoom e filtre

Filtros ocultam os dados que você não quer ver

Classificar e fazer zoom lhe deram uma rica perspectiva da visão geral, mas algumas vezes você quer olhar para apenas uma fatia dos dados. Tente clicar no botão **Filtro**.

Filtros estão sob a aba Dados na Faixa de Opções.

Este pequeno funil representa o Filtro.

Filtros são convenientes porque lhe dão uma maneira de **ocultar os dados que você não quer ver**. Eles ainda estão ali; apenas convenientemente postos fora do caminho. Assim como a classificação, quando você está explorando um novo conjunto de dados pela primeira vez, é uma ótima ideia rodar filtros para ver vários subconjuntos dos dados.

Faça isto!

Selecione uma célula na coluna que você quer filtrar e clique no Filtro. O que acontece?

você está aqui ▸ **107**

filtre seus dados

Use as caixas de seleção do Filtro para dizer ao Excel como filtrar seus dados

Quando você clica no botão Filtro, o Excel põe uma caixa de seleção em cada coluna da sua tabela de dados.

Clique em uma destas para ativar a caixa de seleção do Filtro da coluna.

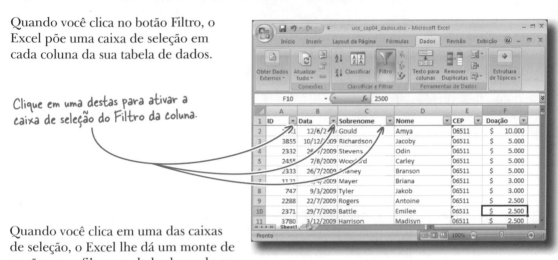

Quando você clica em uma das caixas de seleção, o Excel lhe dá um monte de opções para filtrar os dados baseado nos dados da coluna.

Você diz ao Excel para classificar de dentro da caixa de seleção do Filtro.

Estes valores são uma lista completa de todos os dados diferentes na coluna CEP.

Desmarque o "Selecionar Tudo" para limpar o filtro de forma que nada fique selecionado.

Cada um dos sete CEPs representados em seu conjunto de dados está listado na caixa de seleção para o CEP. Como estão todos marcados, o Excel está mostrando todos eles. Entretanto, você quer apenas ver o 78723...

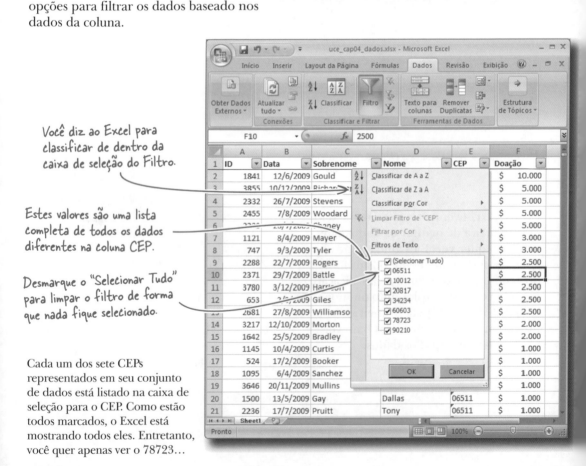

Classifique, faça zoom e filtre

Uma notícia inesperada da Campanha Principal...

> **De:** Campanha Principal
> **Para:** Use a Cabeça!
> **Assunto:** 78723
>
> Caro Use a Cabeça!,
>
> Uma coisa que você deveria saber sobre campanhas políticas: nos movemos rápido. Tudo é para ontem.
>
> O que eu estou dizendo é: precisamos deste subconjunto do 78723 agora. De verdade, agora mesmo.
>
> – C.P.

Ai... eles estão estalando o chicote!

É melhor conseguir esse banco de dados para eles rapidinho...

Exercício

Seu cliente quer ver uma lista que contenha apenas pessoas que vivam no CEP 78723 e que tenham contribuído com $ 1.000 ou mais. Use filtros para criar essa lista.

1. Diga ao Excel para filtrar pelo CEP 78723. Com a caixa de seleção do Filtro ativada para o campo CEP, desmarque a caixa Selecionar Tudo de forma que nenhum dos CEPs esteja selecionado. Daí, selecione o CEP 78723 e pressione OK.

   Isso é fácil

2. Aplique **outro** filtro que mostre apenas pessoas com doações de $ 1.000 ou mais. Selecione a caixa de seleção do filtro Doação e então as opções que você ache que irão lhe mostrar os indivíduos que você quer ver.

Isso aqui é um pouquinho capcioso.

você está aqui ▸ **109**

aplique o filtro

Exercício Solução

Você foi capaz de aplicar os filtros que mostrem apenas pessoas do CEP 78723 que tenham doado $ 1.000 ou mais?

1 Diga ao Excel para filtrar pelo CEP 78723. Com a caixa de seleção do Filtro ativada para o campo CEP, desmarque a caixa Selecionar Tudo de forma que nenhum dos CEPs esteja selecionado. Daí, selecione o CEP 78723 e pressione OK.

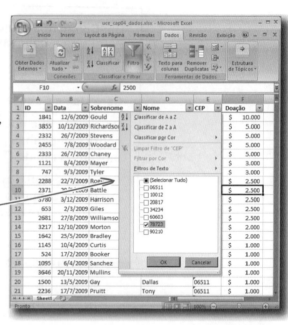

Aqui está como seu filtro deverá se parecer para fazer a tela mostrar apenas o 78723.

Seus dados foram de mostrar tudo para mostrar apenas o 78723

Você pode ver seu filtro funcionando ao olhar para os números azuis das linhas.

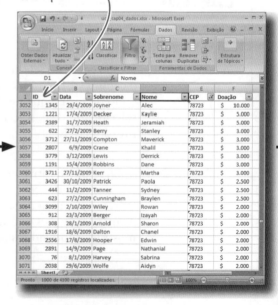

Classifique, faça zoom e filtre

2. Aplique **outro** filtro que mostre apenas pessoas com doações de $ 1.000 ou mais. Selecione a caixa de seleção do filtro Doação, e então, as opções que você acha que irão lhe mostrar os indivíduos que você quer ver.

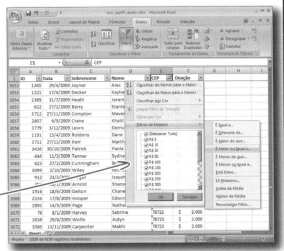

Você precisa selecionar o Filtros de Número para incluir seus parâmetros da Doação.

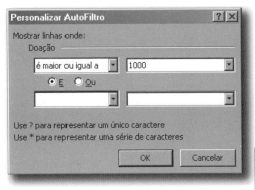

Quando você seleciona É Maior ou Igual a, esta caixa de diálogo aparece.

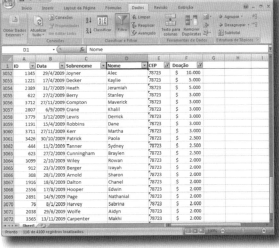

Agora seu filtro está completo.

Todos os seus dados ainda estão aqui, mas estão ocultos!

você está aqui ▸ **111**

elogios da campanha

A Campanha Principal está encantada com o seu trabalho

Ótimo trabalho com os dados! Nós vamos levantar muito dinheiro para o prefeito com isso. Mais uma coisa... eu conheci um cara outro dia chamado Alex (eu acho). Ele era um grande doador, mas eu nunca tinha ouvido falar dele e agora não consigo descobrir quem ele é. Talvez você possa fazer um desses filtros bacanas e me ajudar?

Isso é meio ambíguo.

Um cara chamado Alex que é um grande doador? Pode haver toneladas de pessoas no banco de dados chamadas Alex! Isso pode ser como achar uma agulha no palheiro. Exceto que temos uma ferramenta potente: filtros.

Classifique, faça zoom e filtre

Perguntas Idiotas
não existem

P: O que aconteceu com o escrever fórmulas? Parece-me que todo esse negócio de classificar, dar zoom e filtrar é apenas um prelúdio às fórmulas, que é o principal de uma análise de dados.

R: Seria melhor dizer que a essência da análise de dados é um bom raciocínio sobre os dados; não escrever fórmulas ou qualquer outra característica do Excel ou de outro software.

P: Então onde o classificar/dar zoom/filtrar e as fórmulas se encaixam na análise de dados?

R: Classificar, dar zoom e filtrar são ótimas ferramentas para se utilizar de forma a conseguir uma ideia do que está contido nos dados que voce estiver vendo pela primeira vez. Algumas vezes você apenas precisa de uma melhor perspectiva sobre os dados, e a maneira de conseguir essa perspectiva é literalmente olhar para os dados de diversas maneiras.

P: Então, uma vez que eu comece a tirar conclusões sobre os dados, eu provavelmente não vou precisar classificar/dar zoom/filtrar muito, certo?

R: Depende. Pode ser que seu problema específico precise apenas da perspectiva que essas ferramentas de visualização lhe dão. Ou pode ser que você tenha de criar um modelo que sumarize e manipule os dados uma vez que você tenha a perspectiva que precisa.

P: Então é aí que entram as fórmulas?

R: Sim. Fórmulas, em seu sentido mais geral, levam dados como argumentos e retornam novos dados. Se seus objetivos analíticos não forem atendidos simplesmente mudando seu ponto de vista sobre os dados, provavelmente você vai precisar usar algumas fórmulas nos dados para alcançar a manipulação ou sumário que você precisar.

P: Ainda assim, é bem bacana o quanto você pode fazer com essas ferramentas de visualização.

R: Definitivamente. Não aceite apenas sem questionar a quantidade padrão de zoom do Excel ou a classificação dos dados para análise que você recebeu. Você pode usar a classificação, o zoom e a filtragem para mudar bastante sua perspectiva, possibilitando lhe entender melhor seus dados.

Exercício

Esse pedido do cliente é meio difícil. Seu cliente encontrou um grande doador chamado Alex, ou assim ele acha. Você consegue encontrar esse misterioso Alex?

1. Limpe seu filtro antigo. Para fazer isso, clique no botão Filtro duas vezes: a primeira para eliminar o filtro e a segunda para começar um novo filtro.

2. Use seu filtro para encontrar o Alex! O que você encontrou?

....

....

....

Dica: Não há ninguém chamado Alex nos dados. Faça o que precisar para ajudar seu cliente!

busque com os filtros

Exercício Solução

Você foi capaz de descobrir esse doador misterioso?

1 Limpe seu filtro antigo. Para fazer isso, clique no botão Filtro duas vezes: a primeira para eliminar o filtro e a segunda para começar um novo filtro.

2 Use seu filtro para encontrar o Alex!

Não há um Alex, mas há Alec, Alejandro e Alessandro. Todos eles são pequenos doadores, exceto um. Existe um Alec que doou R$ 10.000. Ele deve ser o cara!

O que você vê depende do filtro específico que você criou.

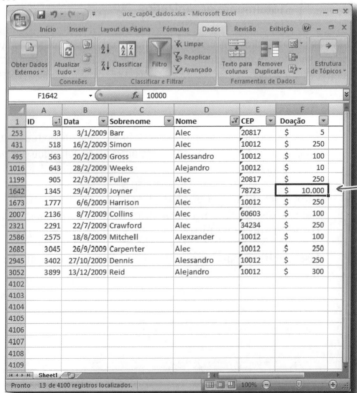

Aqui está nosso homem.

Sua tela pode estar diferente.

Classifique, faça zoom e filtre

Estão chovendo doações!

A Campanha Principal foi capaz de entrar em contato com o Alec, e as listas que você isolou se provaram muito valiosas para os esforços de levantamento de fundos do prefeito de Dadosville!

Ótimo trabalho!

> **De:** Prefeito de Dadosville
> **Para:** Use a Cabeça!
> **Assunto:** Bom trabalho com os dados
>
> Caro Use a Cabeça!,
>
> Ao dar início à minha campanha, fiquei francamente surpreso em descobrir todos os meus principais doadores totalmente organizados. No passado, isso era como tentar arrebanhar gatos.
>
> Perguntei à Campanha Principal o que eles tinham feito de diferente este ano para conseguir resultados tão rápidos e eficientes. A resposta foi que você é que fez isso.
>
> Eu sugeri à Campanha Principal que eles mandassem todos os meus trabalhos com dados de campanha para você. É um bocado, mas você mostrou que consegue lidar com isso. Parabéns.
>
> – O Prefeito de Dadosville

É isso que você esperava!

5 tipos de dados
Faça o Excel valorizar seus valores

O Excel nem sempre lhe mostra o que você estava pensando.
Algumas vezes, o Excel vai lhe mostrar um número, mas pensar nele como um texto. Ou pode lhe mostrar algum texto que ele vê como número. O Excel vai até mesmo lhe mostrar dados que não são nem número nem texto! Neste capítulo, você vai **aprender como ver dados da maneira que o Excel os vê**, não importando como eles estejam exibidos. Não apenas esse conhecimento vai lhe dar um grande controle sobre seus dados (e menos experiências do tipo "Que #&%! é essa?"), mas ele também vai lhe ajudar a liberar todo o universo das fórmulas.

este é um novo capítulo ▶ **117**

conserte o estudo do seu amigo

Seu amigo médico está em um deadline e tem dados quebrados

Ele acabou de completar um estudo importante que avalia a efetividade de um medicamento na contagem de células brancas do sangue de um paciente, e seus resultados vão ser muito importantes para a prática clínica.

Entretanto, há um problema. Os dados dele estão exibindo **comportamentos estranhos** que impedem que ele use fórmulas. Você pode consertar os dados para ele? Se você ajudar, ele vai colocar seu nome no estudo que publicar.

Vamos ver qual é o problema...

tipos de dados

Exercício

Vamos começar por tentar obter a contagem média de células brancas do sangue para o grupo de controle pré-tratamento. Carregue os dados e veja se você pode usar a função MÉDIA() para calcular a média.

www.altabooks.com.br
(buscar pelo nome do livro)

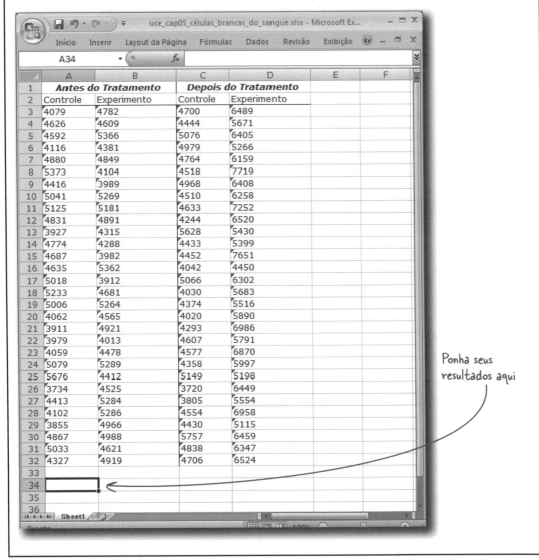

Ponha seus resultados aqui

*médias **estranhas***

Exercício Solução

Você acabou de tentar usar a função MÉDIA() para obter a média da contagem de células brancas do sangue do grupo de controle antes do tratamento. O que aconteceu?

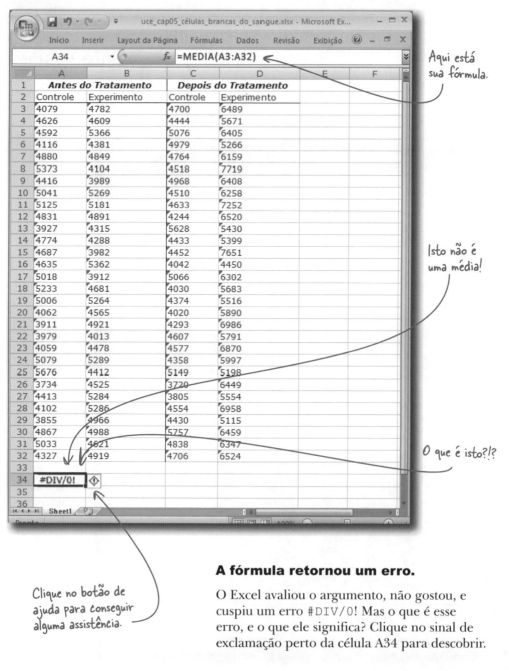

Clique no botão de ajuda para conseguir alguma assistência.

A fórmula retornou um erro.

O Excel avaliou o argumento, não gostou, e cuspiu um erro #DIV/0! Mas o que é esse erro, e o que ele significa? Clique no sinal de exclamação perto da célula A34 para descobrir.

tipos de dados

De alguma forma, sua fórmula de média dividiu por zero

A tela de ajuda para o erro que você recebeu vai lhe dizer os tipos de coisas que estão causando esse erro. Algumas vezes, há um monte de razões possíveis para você estar recebendo o erro, e você precisa eliminar algumas delas para descobrir qual a razão está em efeito.

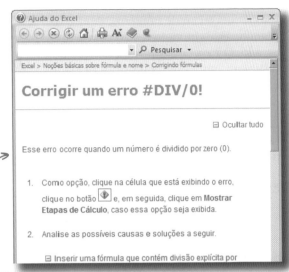

Isto é o que #DIV/0! significa.

Nos bastidores, o Excel está usando a fórmula MÉDIA() dessa maneira. Por alguma razão, o Excel vê a "Contagem de pacientes" como sendo igual a 0.

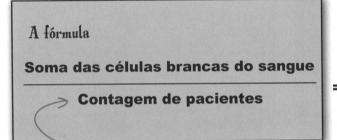

A fórmula

$$\frac{\text{Soma das células brancas do sangue}}{\text{Contagem de pacientes}} = \text{Contagem média das células do sangue}$$

De alguma forma, o Excel vê esse valor como sendo <u>zero</u>!

Isso não faz sentido! Claramente há números ali. Por que o Excel contaria zero números?!?

Vê?!? Números!

Talvez estes triângulos verdes tenham alguma coisa a ver com esta estranheza.

	A	B
1	Antes do Tratamento	
2	Controle	Experimento
3	4079	4782
4	4626	4609
5	4592	5366
6	4116	4381
7	4880	4849

você está aqui ▶ **121**

textos e números

Dados no Excel podem ser textos ou números

O problema nesse caso é que mesmo que seus dados sejam de números, dentro da planilha esses números estão com o tipo errado. O Excel usa **tipos de dados** para distinguir entre diferentes tipos de dados, e algumas vezes o Excel erra na atribuição dos tipos de dados.

Aqui, o Excel atribuiu às suas células sanguíneas o tipo de dado **texto**, quando deveria ter atribuído o tipo **número**. Isto tem grandes implicações no modo como o Excel utiliza os dados.

Estes triângulos verdes são realmente o aviso "Números armazenados como texto".

Se você selecionar uma célula com um triângulo verde, você pode clicar em um botão que vai explicar o aviso.

O tipo de dado da sua célula determina como as funções podem usar os dados dentro delas.

Estes números estão, na verdade, armazenados como texto.

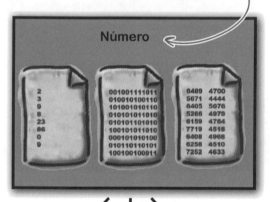

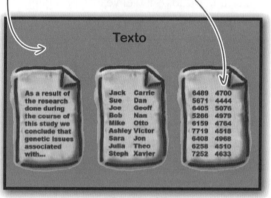

SOMA()   CONT.VALORES()   MÉDIA()   ESQUERDA() EXT.TEXTO() PROCURAR()

Estas retornam número e aceitam apenas números.

Estas aceitam texto e números, mas sempre retornam texto.

O que parecem números para você pode ser representado no Excel tanto como números quanto como **texto**. Usualmente, o Excel pode descobrir o que é o quê.

Quando você digita algo assim...

1.012

... o Excel vai reconhecer e representar internamente como um número.

Algumas vezes, quando você carrega dados que se parecem com números, o Excel pensa que é texto.

122   Capítulo 5

tipos de dados

Enigma da Piscina

Seu **trabalho** é pegar os tipos de dados da piscina e colocá-los nas caixas Texto e Número. Você **não** pode usar o mesmo tipo de dado mais de uma vez. Seu **objetivo** é descobrir como o Excel precisa representar os dados internamente.

Texto

Número

Nota: Cada coisa na piscina pode ser usada apenas uma vez!

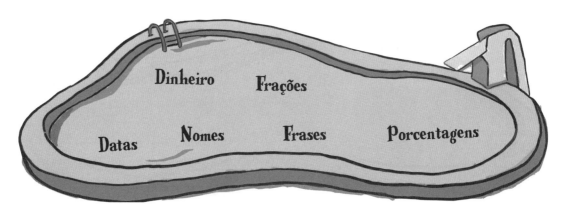

Dinheiro Frações Datas Nomes Frases Porcentagens

você está aqui ▸ **123**

identifique os *tipos de dados*

Resposta do Enigma da Piscina

Você acabou de classificar um bando de diferentes tipos de dados como Texto ou Número. O que você descobriu?

Texto

Frases

Nomes

Número

Dinheiro

Frações

Datas

Porcentagens

Nota: Cada coisa na piscina pode ser usada apenas uma vez!

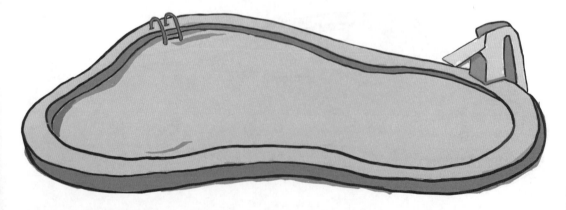

tipos de dados

O doutor já teve esse problema antes

Eu devia ter mencionado isso... essa questão pode ser bem irritante. Ela tem a ver com nosso banco de dados proprietário. O banco de dados exporta valores, mas o Excel lê esses valores como texto. Para consertar o problema, nós normalmente redigitamos os dados manualmente.

Será que você vai ter de redigitar

Redigitar os dados seria uma grande aporrinhação. Não apenas tomaria um bom tempo, mas há uma boa chance de que você vá cometer erros de digitação. Em uma análise tão importante como essa aí, é crucial que os dados sejam precisos.

Tem de haver maneira melhor de fazer o Excel ver a contagem das células brancas do sangue como número, que não seja redigitar os dados...

você está aqui ▶ **125**

fórmulas de conversão

Você precisa de uma função que diga ao Excel para tratar seu texto como um valor

O Excel possui funções para fazer todo tipo de coisa, incluindo transformar texto em valores. Você precisa apenas escolher a função certa.

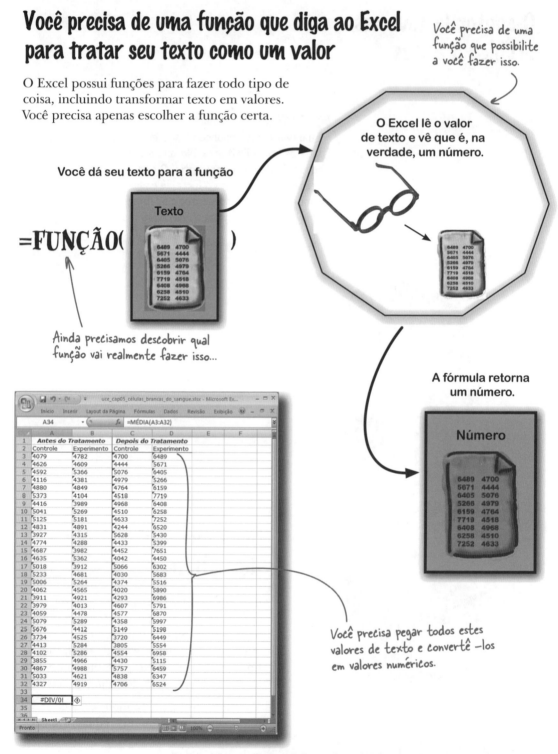

Qual função vai fazer isso para você?

126   Capítulo 5

*tipos de **dados***

QUEM FAZ O QUÊ?

Estas funções são todas relacionadas a tipos de dados. Algumas vão lhe dizer o tipo de dado de uma célula, e algumas retornam valores que mudam o tipo de dado da célula. Combine cada função com o que ela faz.

VALOR

Retorna um valor que diz se a célula tem algo dentro dela além de texto.

TEXTO

Informa se o tipo de dado de uma célula é texto.

ÉREF

Converte um valor em texto.

TIPO

Informa o tipo de dado de uma célula.

ÉTEXTO

Retorna o valor de uma célula não importando se o tipo de dado de uma célula é um "valor".

ÉCÉL.VAZIA

Informa se a célula no argumento de uma função é uma referência.

É.NÃO.TEXTO

Informa se uma célula não possui dados.

Qual função vai converter seu texto em números?

Escreva sua resposta aqui.

....

você está aqui ▸ **127**

fórmulas para tipos de dados

Cada uma destas funções se relaciona com tipos de dados. O que você determinou que cada uma faça?

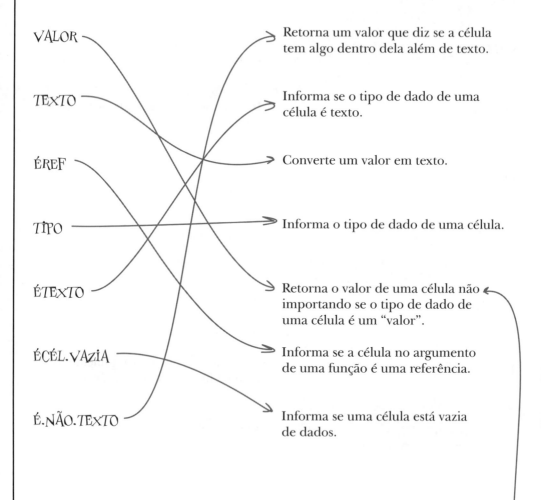

VALOR	Retorna um valor que diz se a célula tem algo dentro dela além de texto.
TEXTO	Informa se o tipo de dado de uma célula é texto.
ÉREF	Converte um valor em texto.
TIPO	Informa o tipo de dado de uma célula.
ÉTEXTO	Retorna o valor de uma célula não importando se o tipo de dado de uma célula é um "valor".
ÉCÉL.VAZIA	Informa se a célula no argumento de uma função é uma referência.
É.NÃO.TEXTO	Informa se uma célula está vazia de dados.

Qual função vai converter seu texto em números?
Definitivamente a função VALOR()!

Vamos levar o VALOR() para um passeio...

tipos de dados

Exercício

Converta seus números em forma de texto para valores. Obtenha a contagem média de células brancas do sangue.

Preencha as colunas de F a I com fórmulas VALOR() que se refiram a A3:D32

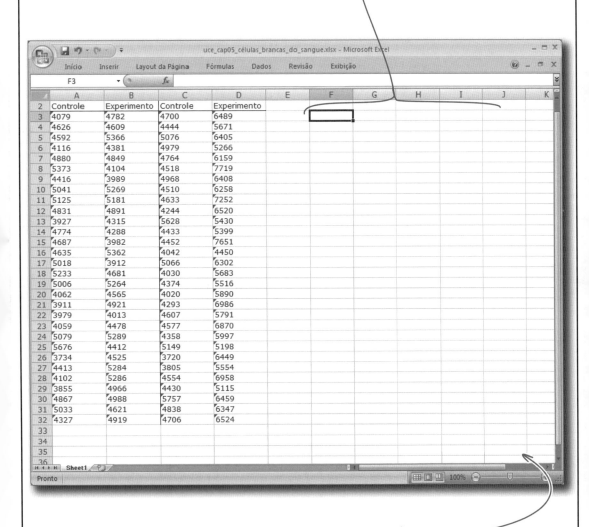

Escreva fórmulas aqui embaixo para obter a média para cada coluna.

converta para valores

Exercício Solução

Você foi capaz de criar as fórmulas para dizer ao Excel para representar os valores em forma de texto como números, e então obter a média para cada grupo?

Esta célula tem a fórmula =VALOR(A3).

	A	B	C	D	E	F	G	H	I
2	Controle	Experimento	Controle	Experimento					
3	4079	4782	4700	6489		4079	4782	4700	6489
4	4626	4609	4444	5671		4626	4609	4444	5671
5	4592	5366	5076	6405		4592	5366	5076	6405
6	4116	4381	4979	5266		4116	4381	4979	5266
7	4880	4849	4764	6159		4880	4849	4764	6159
8	5373	4104	4518	7719		5373	4104	4518	7719
9	4416	3989	4968	6408		4416	3989	4968	6408
10	5041	5269	4510	6258		5041	5269	4510	6258
11	5125	5181	4633	7252		5125	5181	4633	7252
12	4831	4891	4244	6520		4831	4891	4244	6520
13	3927	4315	5628	5430		3927	4315	5628	5430
14	4774	4288	4433	5399		4774	4288	4433	5399
15	4687	3982	4452	7651		4687	3982	4452	7651
16	4635	5362	4042	4450		4635	5362	4042	4450
17	5018	3912	5066	6302		5018	3912	5066	6302
18	5233	4681	4030	5683		5233	4681	4030	5683
19	5006	5264	4374	5516		5006	5264	4374	5516
20	4062	4565	4020	5890		4062	4565	4020	5890
21	3911	4921	4293	6986		3911	4921	4293	6986
22	3979	4013	4607	5791		3979	4013	4607	5791
23	4059	4478	4577	6870		4059	4478	4577	6870
24	5079	5289	4358	5997		5079	5289	4358	5997
25	5676	4412	5149	5198		5676	4412	5149	5198
26	3734	4525	3720	6449		3734	4525	3720	6449
27	4413	5284	3805	5554		4413	5284	3805	5554
28	4102	5286	4554	6958		4102	5286	4554	6958
29	3855	4966	4430	5115		3855	4966	4430	5115
30	4867	4988	5757	6459		4867	4988	5757	6459
31	5033	4621	4838	6347		5033	4621	4838	6347
32	4327	4919	4706	6524		4327	4919	4706	6524
33									
34					Média	4581,867	4716,4	4589,167	6157,2

I34 =MÉDIA(I3:I32)

Aqui vamos nós!

Esta célula tem a fórmula =VALOR(C15)

Estas são as médias que você estava procurando!

130   Capítulo 5

tipos de dados

> Esses são exatamente os números que eu preciso! Muito obrigado. Eu preciso apenas fazer mais algumas coisinhas para endireitar as coisas, e estaremos prontos para enviar o artigo. Parece-me que você vai se tornar um cientista com publicações! Parabéns.

não existem Perguntas Idiotas

P: Quando essa questão sobre mudar tipos de dados pode ser um problema para mim?

R: Provavelmente, você poderá ter uma experiência com isso quando carregar dados no Excel exportados de outro sistema, como um banco de dados relacional.

P: Então, o Excel geralmente faz um bom trabalho em descobrir meus tipos de dados quando eu digito os dados na minha planilha?

R: Definitivamente. O Excel é realmente esperto com relação a olhar o que você digitou e atribuir o tipo de dado correto. O que é realmente importante para você saber é que a representação visual dos seus dados – como eles se parecem e como eles são formatados – não necessariamente lhe diz algo sobre como o Excel está representando os dados internamente.

P: Por que a função MÉDIA() não pôde reconhecer automaticamente meus números como números mesmo que seus tipos de dados fossem texto?

R: Para o Excel, você quis dizer que a contagem de células brancas do sangue era para receber o tipo de dados texto. Mesmo que isso não seja muito comum, há casos onde você precisa que valores numéricos sejam armazenados como texto, e o Excel não quer mudar esses valores para número se você intencionalmente especificou que eles são texto.

P: Números e texto são os únicos tipos de dados que eu posso usar?

R: Há outros. Por exemplo, o tipo de dado Booleano, sobre o qual você vai aprender mais tarde neste livro, dá a você duas opções: VERDADEIRO e FALSO. Algumas das funções que você acabou de ver, como a ÉTEXTO(), retornam valores que são do tipo Booleano.

P: E sobre o erro estranho que a fórmula MÉDIA() retornou? Certamente, não parecia um número ou um Booleano ou texto. É como se os erros fossem em si uma coisa completamente diferente.

R: É uma intuição razoável. Você acha que valores de erro deveriam ter seu próprio tipo de dados? Enquanto você pensa nessa questão, vamos dar uma olhada mais de perto nos erros...

você está aqui ▸ **131**

aqui vão os erros

Um estudante de graduação também fez algumas estatísticas... e há um problema

Pensou que já estava livre, não pensou? Assim que seu amigo saiu para fazer algum trabalho, o estudante de graduação dele bagunçou a planilha de novo. Oh, a agonia de ser um guru do Excel!

Hmmm, é meio embaraçoso. Meu estudante de graduação acabou de receber um monte de erros com as fórmulas que ele criou. Você consegue colocar essa planilha ferrada para funcionar?

Vamos dar uma olhada nessas fórmulas...

132 *Capítulo 5*

tipos de dados

Exercício

Há muito erros nesta planilha. Vamos olhar um de cada vez, olhando as fórmulas que geraram os erros. O que você acha que os erros significam?

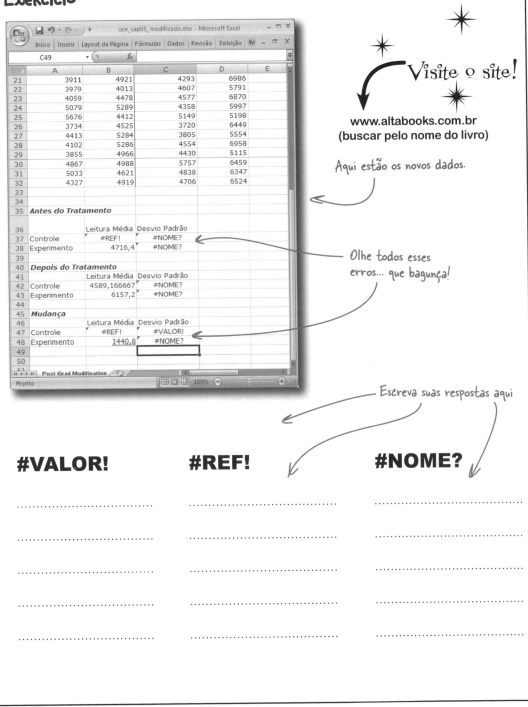

Visite o site!

www.altabooks.com.br
(buscar pelo nome do livro)

Aqui estão os novos dados.

Olhe todos esses erros... que bagunça!

Escreva suas respostas aqui

#VALOR!

....
....
....
....
....

#REF!

....
....
....
....
....

#NOME?

....
....
....
....
....

identifique os erros

Exercício Solução

Você estudou os erros calmamente. O que você acha que esses erros significam?

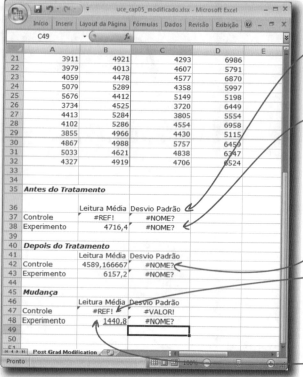

A fórmula com o erro #VALOR! aponta para esta célula e provavelmente está procurando por um número em vez de um texto.

#NOME? aparece quando você digita um nome de fórmula que não existe.

Se SD() não é o nome certo para a função de desvio padrão, qual é?

#REF! frequentemente aparece quando você cola uma fórmula copiada e alguma das suas referências aponta para fora da planilha.

Esta função retorna #REF! porque ela aponta para a célula B37, que contém um erro.

#VALOR!

Parece que essa fórmula recebeu texto quando ela estava esperando por um valor. Especificamente, a célula C36 está na fórmula, mesmo sendo ela um texto.

#REF!

Há algo ruim com a referência aqui. A fórmula =MÉDIA(#REF!) na célula B37 está toda errada.

#NOME?

A ajuda diz que o #NOME? significa "A fórmula usa uma função personalizada que não está disponível". Talvez a fórmula do desvio padrão tenha um nome diferente?

tipos de dados

Erros são um tipo de dados especial

Os projetistas do Excel fizeram com que os erros tivessem seu próprio tipo especial de dados. E dando aos erros seu próprio tipo de dados, eles fizeram com que fosse possível criar uma quantidade de fórmulas que lidassem especificamente com erros.

Os erros são importantes no Excel. Entender como eles funcionam é crítico para o desenvolvimento de planilhas bem estruturadas e funcionais.

Erros têm um tipo de dados próprio.

#DIV/0!

Aqui está uma fórmula que definitivamente não funciona.

=50/0

O Excel retorna um erro.

Isso não é um texto, um número ou um Booleano.

Um bando de erros e funções, completamente fantasiados, estão em um jogo de salão, "Quem sou eu?". Eles vão lhe dar uma pista. Você tenta adivinhar quem eles são com base no que eles dizem. Assuma que eles sempre dizem a verdade sobre si mesmos. Preencha os espaços em branco na direita para identificar os convidados.

Os convidados da noite:

Quem sou eu?

SEERRO()   ÉERRO()

#N/D!   TIPO.ERRO()

Nome

Eu retorno diferentes valores dependendo do meu argumento ser um erro ou não.   _____

Eu retorno um número para você, que especifica que tipo de erro você me passou como argumento.   _____

Você me recebe quando esquece de inserir um argumento necessário em uma função.   _____

Eu lhe digo se meu argumento é um erro ou não..   _____

você está aqui ▶ **135**

entrando nos erros

Um bando de erros e funções, completamente fantasiados, estão em um jogo de salão, "Quem sou eu?". Eles vão lhe dar uma pista. Você tenta adivinhar quem eles são com base no que eles dizem. Assuma que eles sempre dizem a verdade sobre si mesmos. Preencha os espaços em branco na direita para identificar os convidados.

Os convidados da noite:

SEERRO() ÉERRO()

#N/D! TIPO.ERRO()

	Nome
Eu retorno diferentes valores dependendo do meu argumento ser um erro ou não.	SEERRO()
Eu retorno um número para você, que especifica que tipo de erro você me passou como argumento.	TIPO.ERRO()
Você me recebe quando esquece de inserir um argumento necessário em uma função.	#N/D!
Eu lhe digo se meu argumento é um erro ou não.	ÉERRO()

Parece-me que você está conseguindo um bom entendimento sobre os erros. Isso significa que você pode consertar meus dados agora?

tipos de **dados**

Exercício Longo

Há um monte de problemas com esta planilha, mas você sabe o que precisa saber para corrigi-los todos de uma vez. Para cada erro, olhe a fórmula e corrija-a.

Passe por cada fórmula e veja se você consegue consertar o erro.

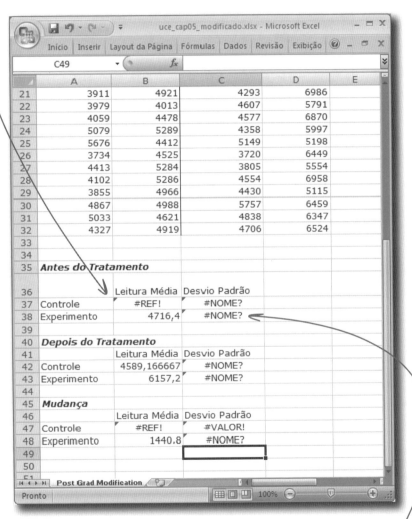

O `SD()` não é a fórmula para o desvio padrão... veja se você consegue encontrar o nome correto da fórmula nos arquivos da Ajuda.

você está aqui ▸ **137**

esticada final

Exercício Longo Solução

O doutor lhe deu um grande projeto sobre planilha. Como as coisas andaram?

Vamos começar com a fórmula na célula B37.

Mude o argumento de #REF! para um intervalo apropriado.

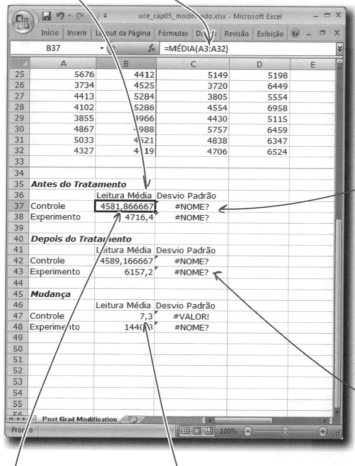

Os arquivos de Ajuda mostraram que a fórmula do desvio padrão é na verdade DESVPAD().

Agora nós temos uma boa média.

Além disso, a fórmula aqui perde o erro, uma vez que ela se refere à célula B37 agora corrigida.

138 Capítulo 5

tipos de dados

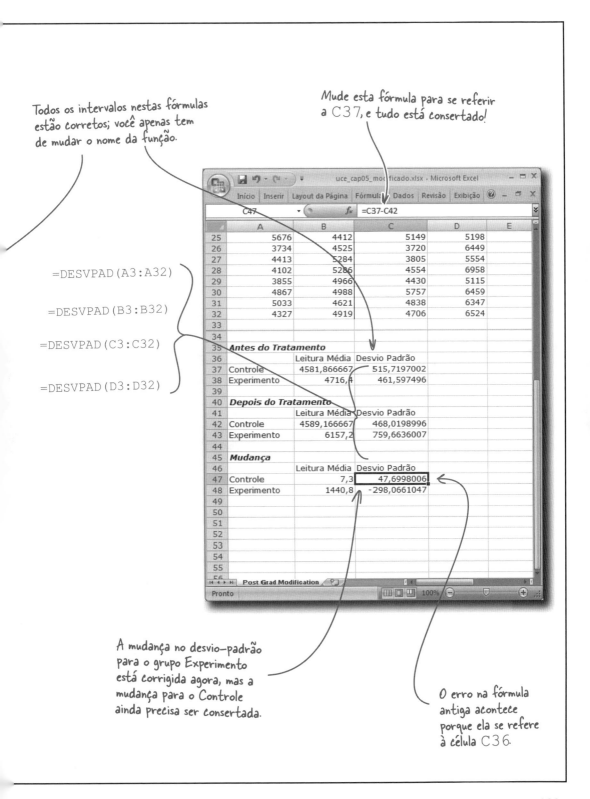

você é um autor

Agora você é um cientista com publicação

De: Médico
Para: Use a Cabeça!
Assunto: Seu excelente trabalho com dados.

Caro Use a Cabeça!,

Eu quero agradecê-lo por toda sua ajuda com nosso projeto de dados.

Se não fosse por você, teríamos de redigitar um monte de dados, provavelmente cometendo erros, e nunca poderíamos ter chegado ao fundo dos erros nas fórmulas.

Obrigado, Use a Cabeça!

-Dr.

Bom trabalho!

Sanguessugas como você nunca viu
Elas sugam... hematomas!

Música
Revisamos Blood Mountain, da banda Mastodon

Filmes para garotas: Vampiros teen
Uma oportunidade para campanhas de saúde do sangue?

REVISTA DE HISTOPATOLOGIA DE DADOSVILLE

Use a Cabeça! descobre aumento na contagem de células do sangue

Nova droga promete ajudar milhões de pacientes com imunodeficiência

6 datas e horários

Mantenha-se no horário

Datas e horários em Excel são difíceis.

A menos que você entenda *como o Excel os representa internamente*. Todos nós, uma hora ou outra, temos de fazer cálculos envolvendo esses tipos de figuras, e este capítulo vai lhe dar as **chaves para descobrir** quantos dias, meses, anos e mesmo segundos há entre duas datas. A verdade simples é que datas e horários são realmente um **caso especial** de tipos de dados e de formatação que você já conhece. Uma vez que você se torne mestre em alguns desses conceitos, você será capaz de usar o Excel para *gerenciar agendamentos sem problemas.*

pé na estrada

Você tem tempo para aumentar seu treino para a Maratona de Massachusetts?

Você é um ávido corredor que está pronto para fazer a transição para o status de **elite**, indo atrás das corridas mais prestigiadas, competitivas e difíceis. Especificamente, você acha que está pronto para a **Maratona de Massachusetts**.

Ou melhor, você poderia estar com o programa de treinamento correto. Corrida de elite é principalmente cronometrar suas práticas e corridas de forma a estar no nível correto de preparo no momento certo. Por sorte, você tem uma treinadora amiga que quer lhe ajudar.

Treinadora

Eu tenho um programa de treinamento de 10 semanas que vai lhe deixar em forma para uma corrida de 10Km. Poderíamos usar seu tempo de 10Km como referência para seus objetivos na maratona.

Poderia este programa ser seu ingresso para o status de corredor de elite?

Melhor dar uma olhada no cronograma para ter certeza de que o programa dela se encaixa com uma corrida de 10Km.

142   Capítulo 6

datas e *horários*

Exercício

Uma vez terminado seu programa de treinamento, você vai estar pronto para uma corrida de 10Km. Há alguma corrida de 10Km que você possa participar e que ocorra pouco tempo após seu programa de treinamento?

Aqui estão as datas das próximas corridas de 10Km. Você vai usá-las para calcular se há uma corrida no momento certo. Mas primeiro vamos deixar essas datas mais legíveis.

1 Na caixa de seleção Número > Geral, reformate as datas para que elas se pareçam com isto: 03/06/2010.

2 Usando a caixa de diálogo Classificar, ordene suas datas de forma que elas fiquem em ordem cronológica.

Visite o site!
www.altabooks.com.br
(buscar pelo nome do livro)

Estes dados mostram as próximas corridas.

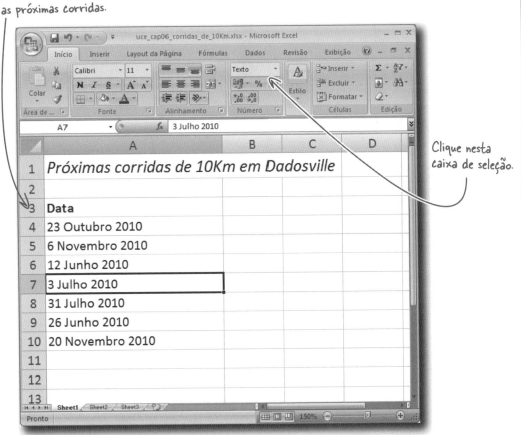

Clique nesta caixa de seleção.

O que acontece?

você está aqui ▶ 143

conserte suas datas

Exercício Solução

Você acabou de reformatar e organizar suas datas. O que aconteceu?

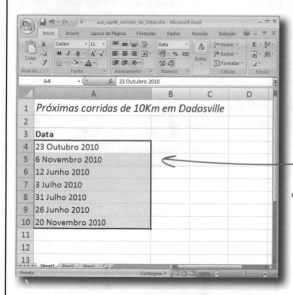

① Na caixa de seleção Número > Geral, reformate as datas para que elas se pareçam com isto: 03/06/2010.

Nada acontece quando você tenta mudar o formato da data.

Por que aconteceu isso?

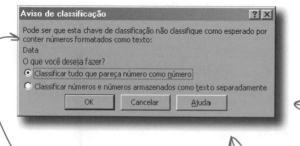

② Usando a caixa de diálogo Classificar, ordene suas datas de forma que elas fiquem em ordem cronológica.

Vá em frente e clique OK, e ele vai ordenar corretamente.

Alguma coisa não está cheirando bem aqui!

Putz... O Excel vê texto, mas pensa que pode ser um número?

144   *Capítulo 6*

datas e *horários*

> Talvez o Excel pense que as datas são texto. Teste com a função ÉTEXTO() para dar uma verificada.

Se você executar uma função ÉTEXTO() em qualquer célula que contenha seus dados sobre datas, o valor VERDADEIRO que a função retorna mostra que a data é mesmo **texto**.

Aqui está a fórmula ÉTEXTO().

O valor VERDADEIRO significa que as datas são texto.

Você sabe o que fazer quando tem um texto que precisa ser convertido em um valor numérico! E mesmo que as datas não sejam simples inteiros, elas ainda são um tipo de número. Por que não tentar rodar uma função VALOR() nelas? Talvez o Excel possa perceber que elas são datas.

Faça isto!

Tente escrever fórmulas VALOR() em uma nova coluna. O que acontece?

você está aqui ▸ **145**

use VALOR() para datas

VALOR() retorna um número em datas armazenadas como texto

A fórmula VALOR() dá uma olhada na sua data e retorna valores sem quaisquer erros ou avisos.

Então agora você tem algo. Mas o que é isso exatamente? É ótimo que você tenha um número, mas agora você precisa saber **o que fazer** com ele.

Por que o Excel retornaria um número de cinco dígitos como resposta para seu texto de data?

datas e *horários*

O Excel vê datas como inteiros

No Excel, uma data é apenas um inteiro. O Excel para Windows define o inteiro 0 como 1 de Janeiro de 1900,* então o inteiro 1000 representa 1.000 dias a contar de 1 de Janeiro de 1900.

* A primeira data no Excel 2008 para Mac é na verdade 1/1/1904, mas o Excel consegue converter entre as duas nos bastidores.

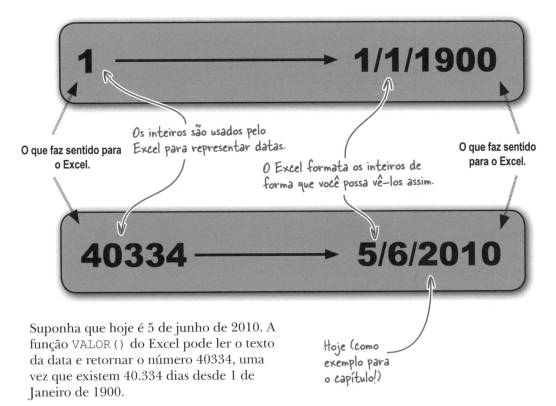

O que faz sentido para o Excel.

Os inteiros são usados pelo Excel para representar datas.

O Excel formata os inteiros de forma que você possa vê-los assim.

O que faz sentido para o Excel.

Hoje (como exemplo para o capítulo!)

Suponha que hoje é 5 de junho de 2010. A função VALOR() do Excel pode ler o texto da data e retornar o número 40334, uma vez que existem 40.334 dias desde 1 de Janeiro de 1900.

Assim é como o Excel lida com datas: convertendo-as em inteiros, apesar de o Excel aplicar **formatação** nas datas para que você possa lê-las.

Normalmente você precisa de VALOR() apenas quando estiver importando certos dados.

Se você simplesmente digitar uma data, o Excel quase sempre pode descobrir o que você quer dizer e retornar a representação correta em inteiro enquanto mantém a sua formatação.straight.

Se você subtrair uma data de outra, o que significaria o número resultante?

você está aqui ▶ **147**

subtração de datas

Subtrair uma data de outra lhe diz o número de dias entre as duas datas

Vamos dizer que você queira descobrir quantos dias há entre hoje e a data da primeira corrida de 10Km. Aqui está uma fórmula que você poderia usar:

DATA.VALOR() *converte texto em número dentro de uma fórmula.*

A primeira 10Km — Hoje

=DATA.VALOR("12/6/2010") - DATA.VALOR("5/6/2010")

Se você já tiver seus valores de datas em outra célula, pode usar uma referência em vez de um DATA.VALOR.

Quando você se refere a valores de data já em outras células e quando você usa a fórmula DATA.VALOR(), o Excel vê seus valores de data como simples inteiros. E uma vez que cada número representa apenas a contagem de dias, subtrair um do outro mostra a quantidade de dias entre as duas datas.

O Excel realmente calcula a diferença entre as datas usando inteiros.

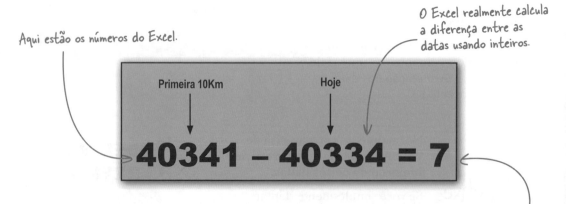

Aqui estão os números do Excel.

Primeira 10Km — Hoje

40341 – 40334 = 7

Há 7 dias entre hoje e 12/6/2010.

Realmente não é complicado. Agora que você já sacou como o Excel lida com datas, você está pronto para fazer alguns cálculos por conta própria.

148   Capítulo 6

datas e horários

Exercício

Usando seu conhecimento sobre como o Excel representa datas, formate sua planilha de 10Km e descubra quantos dias há entre hoje e cada uma das corridas.

1 Preencha a coluna B usando a função VALOR() para fazer o Excel retornar a representação inteira das suas datas.

2 Reformate as datas na coluna B para ***parecerem*** com datas, não inteiros.

3 Ordene as datas de forma que as mais recentes fiquem em primeiro.

4 Na sua coluna **Dias a Contar de Hoje** na célula C4, escreva esta fórmula

=B4 - DATA.VALOR("5/6/2010")

DATA.VALOR() retorna o inteiro correspondente a data em texto.

Você precisa usar esta função uma vez que o Excel não pode converter de texto para datas inteiras <u>dentro</u> das fórmulas a menos que você lhe diga para fazer isso.

5 Copie esta fórmula e cole-a nas células C5:C10.

Inclua estes cabeçalhos de coluna.

Ponha suas respostas aqui.

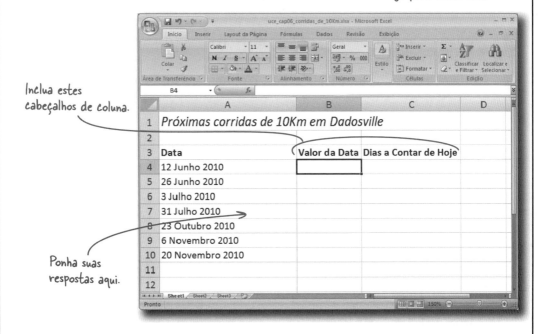

você está aqui ▸ **149**

mexendo com as datas

Exercício
Solução

Você acabou de rodar um monte de operações para tentar calcular o número de dias entre hoje e as corridas de 10Km que você talvez participe depois do treinamento. O que aconteceu?

1 Preencha a coluna B usando a função VALOR() para fazer o Excel retornar a representação inteira das suas datas.

=VALOR(A10)

Use a função VALOR().

Nenhum problema aqui.

2 Reformate as datas na coluna B para **parecerem** com datas, não inteiros.

3 Ordene as datas de forma que as mais recentes fiquem em primeiro.

Novamente, tudo OK.

Estes são inteiros representando datas que agora foram formatados para parecerem com as datas que eles representam.

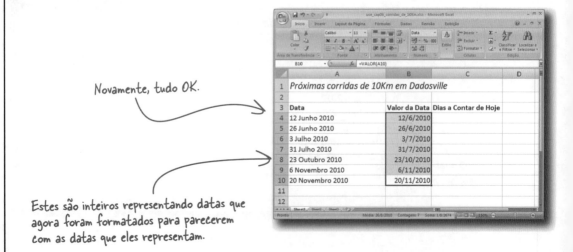

150 *Capítulo 6*

datas e *horários*

④ Na sua coluna **Dias a Contar de Hoje** na célula C4, escreva esta fórmula:

=B4 - DATA.VALOR("5/6/2010")

=B4 - DATA.VALOR("5/6/2010")

Ei, isso é uma data!

⑤ Copie esta fórmula e cole-a nas células C5:C10.

=B10 - DATA.VALOR("5/6/2010")

Precisamos do número de dias.

Os valores na coluna C estão com uma formatação estranha.

Estes valores estão formatados como datas, mas eles deveriam parecer com inteiros normais.

E se as respostas estiverem corretas... mas apenas formatadas de forma errada

Faça isto!

Tente aplicar a formatação Geral nas suas respostas.

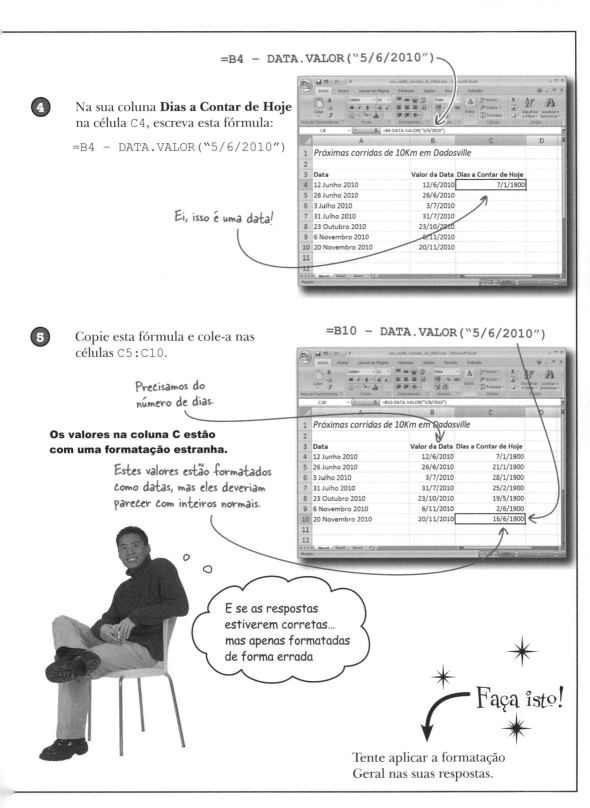

você está aqui ▶ **151**

subtração e *formatação*

Quando estiver subtraindo datas, fique atento a sua formatação

Somente clique aqui para colocar uma seleção em formato geral.

Quando você escreveu sua fórmula de subtração de datas, o Excel baseou o formato do valor de retorno no formato das células que foram os argumentos da fórmula.

Sem problemas, apenas reformate suas fórmulas como **Geral**.

Dentro da sua planilha, estes dois valores estão no formato Data.

12/6/10 − 5/6/10 = 7

Isto é exatamente como você quer que seus resultados do cálculo dos dias se pareçam.

Este valor, por outro lado, deveria estar no formato Geral.

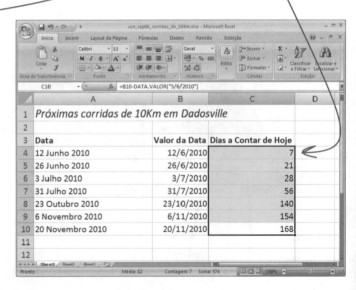

Há sete dias entre hoje e 12 de junho, e 7 é o valor que o Excel retorna. Uma vez que você mude a formatação de Data para Geral, você pode ver suas respostas.

**datas** e horários

Parece que você não tem tempo para completar o treinamento antes de 10Km

Seus cálculos de datas mostraram algumas notícias desencorajadoras. Uma vez que o programa é de 10 semanas, ou 70 dias, a primeira maratona de 10Km que você seria capaz de participar _após_ o programa seria a de 23 de outubro.

Contudo, a maratona de 10Km será daqui a 140 dias, correspondendo a 10 semanas **a mais** após o término de seu programa de treinamento!

O futuro ...

10Km
23 Out 2010

Você quer se qualificar para isto!

Maratona de Massachusetts
6 Nov 2010

A primeira corrida de 10Km após o fim do treinamento é muito distante.

10Km
31 Jul 2010

Fim do treinamento para 10Km
14 Ago 2010

10Km
3 Jul 2010

Idealmente, você faria uma maratona de 10Km por volta deste ponto no tempo.

10Km
26 Jun 2010

10Km
12 Jun 2010

Todas estas são bem antes...

Hoje
5 Jun 2010

você está aqui ▸ **153**

treine para a maratona

A treinadora tem uma ideia melhor

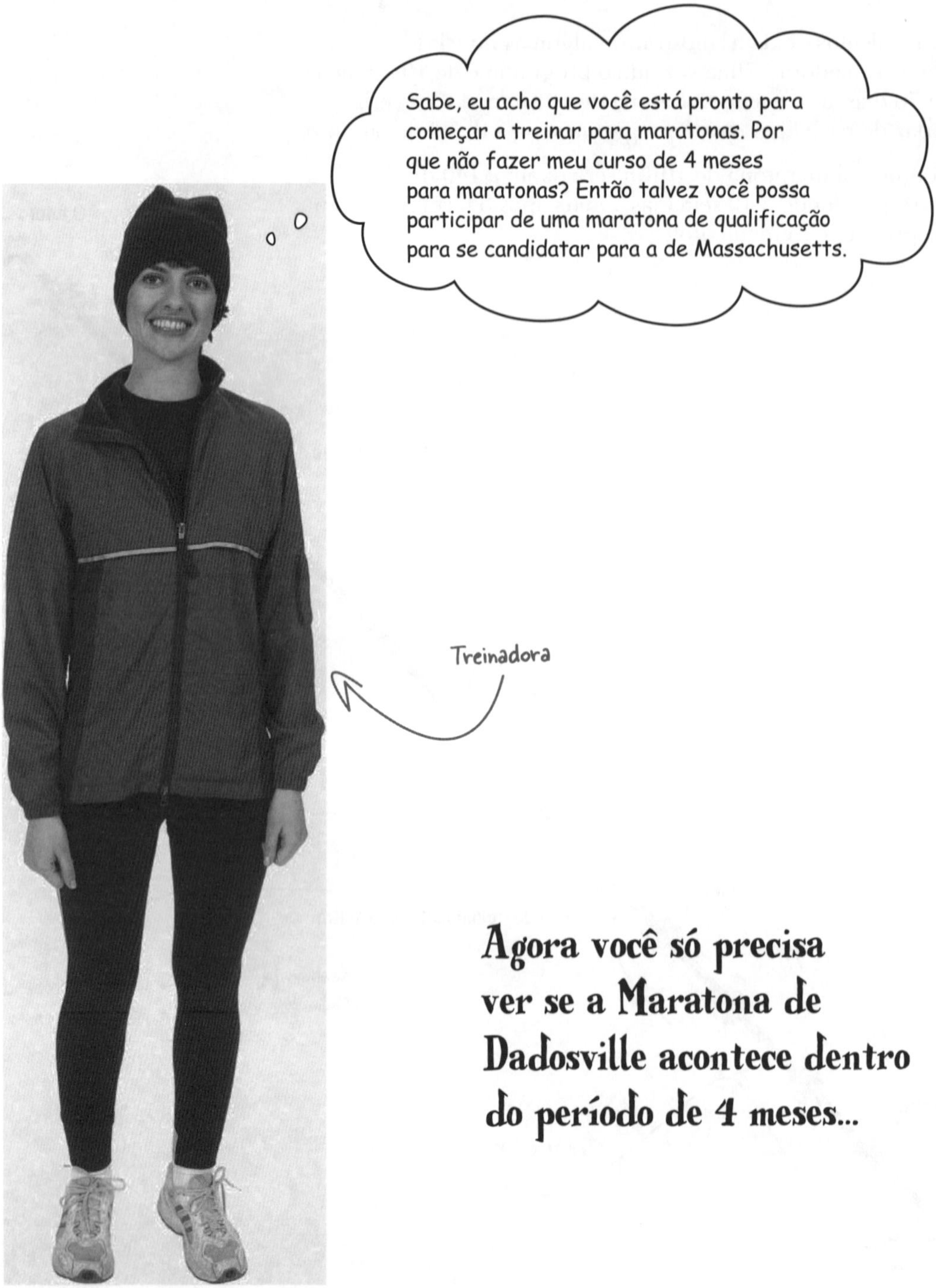

Sabe, eu acho que você está pronto para começar a treinar para maratonas. Por que não fazer meu curso de 4 meses para maratonas? Então talvez você possa participar de uma maratona de qualificação para se candidatar para a de Massachusetts.

Treinadora

Agora você só precisa ver se a Maratona de Dadosville acontece dentro do período de 4 meses...

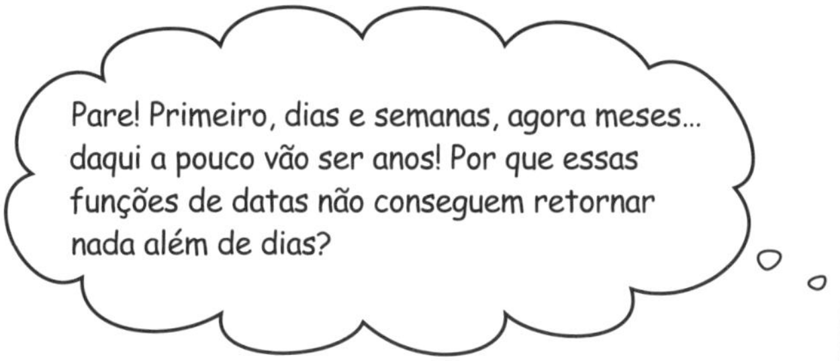

datas e *horários*

> Pare! Primeiro, dias e semanas, agora meses... daqui a pouco vão ser anos! Por que essas funções de datas não conseguem retornar nada além de dias?

Vamos ver se o Excel tem alguma outra coisa.

A maioria das pessoas que precisa de cálculos com datas vai precisar de mais poder do que a contagem de dias que aritmética simples pode fornecer. Faz sentido que o Excel tenha fórmulas mais versáteis…

você está aqui ▸ **155**

conheça DATADIF()

DATADIF() vai calcular o tempo entre datas usando uma variedade de medidas

É uma função antiga, pouco conhecida, estranhamente não documentada, mas muito poderosa. Com a DATADIF(), você especifica uma data de início, uma data de fim e então uma constante que representa a unidade que você quer usar.

Este último argumento é uma constante de texto especial.

Você consegue imaginar como estes dois argumentos funcionam.

=DATADIF(data inicial; data final; intervalo)

Escolha entre uma das seis pré-determinadas strings de texto do Excel para instruir a função a usar a escala que você quiser.

Aqui está um exemplo da DATADIF() em ação. Neste caso, a constante de texto "y" diz ao Excel para retornar o número de anos entre duas datas, e no próximo exercício você vai dar uma olhada nas outras opções.

=DATADIF(B1;B2;"y")

	A	B
1	O primeiro pouso na Lua	20/7/1969
2	Hoje	5/6/2010
3		
4	Anos desde o primeiro pouso lunar	40
5		
6		

Aqui está o DATADIF()

156   *Capítulo 6*

datas e *horários*

Constantes de texto diferentes resultam em diferentes medidas para o DATADIF(). Qual é qual? Desenhe setas para ligar as constantes de texto aos comportamentos corretos.

Constante de texto | **Comportamento do DATADIF()**

m — O número de meses entre as datas ignorando dias e anos.

d — O número de anos inteiros entre as datas.

y — O número de dias entre as datas, ignorando meses e anos.

ym — O número de dias entre as datas, ignorando os anos.

yd — O número de meses inteiros entre as datas.

md — O número de dias entre as datas.

você está aqui ▸ 157

uma variedade de abordagens

QUEM FAZ O QUÊ?
SOLUÇÃO

Constantes de texto diferentes resultam em diferentes medidas para o DATADIF(). Qual é qual?

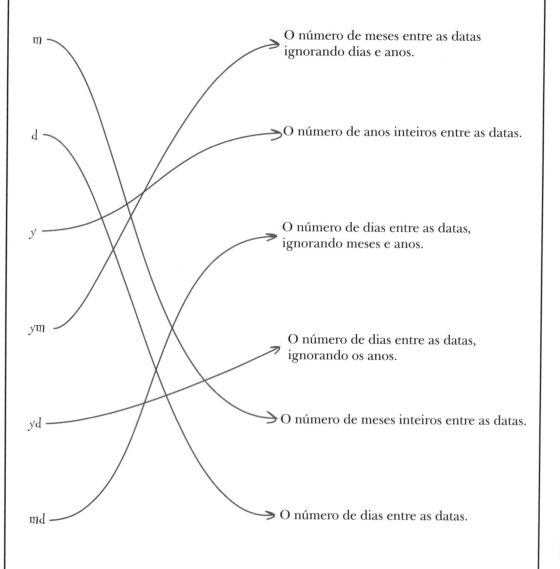

Constante de Texto → **Comportamento do DATADIF()**

- m → O número de meses entre as datas ignorando dias e anos.
- d → O número de anos inteiros entre as datas.
- y → O número de dias entre as datas, ignorando meses e anos.
- ym → O número de dias entre as datas, ignorando os anos.
- yd → O número de meses inteiros entre as datas.
- md → O número de dias entre as datas.

158   Capítulo 6

datas e *horários*

Exercício

Agora escreva uma função DATADIF() para ver se sua aula estará terminada em tempo para as duas maratonas de qualificação para Massachusetts: a Maratona de Bitburg e a Maratona de Dadosville.

Nesta célula, digite a data de hoje, 5/6/2010.

Aqui, digite a data da Maratona de Bitburg, 25/9/2010.

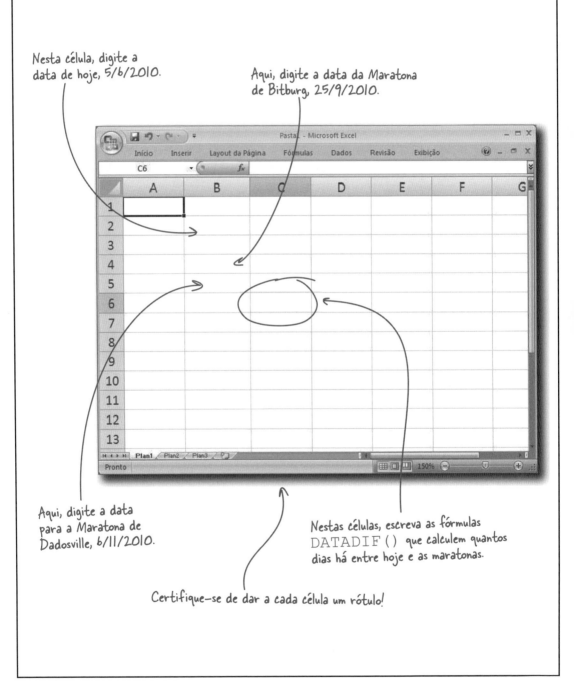

Aqui, digite a data para a Maratona de Dadosville, 6/11/2010.

Nestas células, escreva as fórmulas DATADIF() que calculem quantos dias há entre hoje e as maratonas.

Certifique-se de dar a cada célula um rótulo!

você está aqui ▸ **159**

opções *de maratonas*

Exercício
Solução

Se você começar uma aula de treinamento de 4 meses para maratonas, vai ser capaz de participar das maratonas de Bitburg e Dadosville, que são qualificadoras para a Maratona de Massachusetts?

Use a constante de texto "m" na sua fórmula DATADIF().

Não se esqueça de usar uma referência absoluta para apontar para a data de hoje.

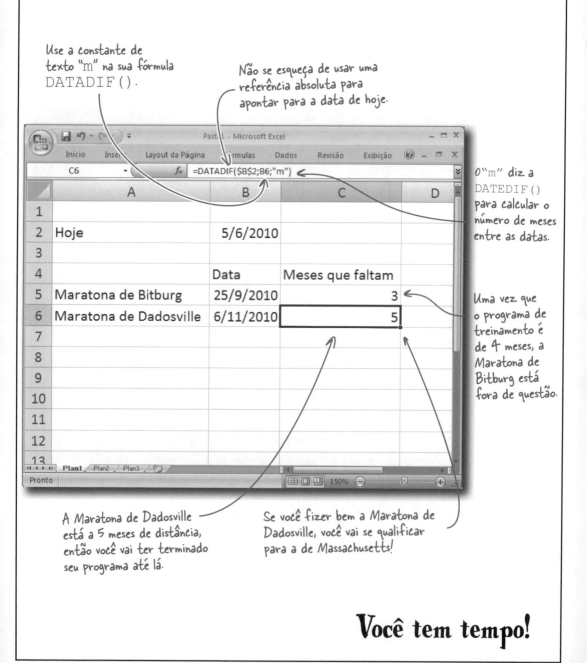

O "m" diz a DATEDIF() para calcular o número de meses entre as datas.

Uma vez que o programa de treinamento é de 4 meses, a Maratona de Bitburg está fora de questão.

A Maratona de Dadosville está a 5 meses de distância, então você vai ter terminado seu programa até lá.

Se você fizer bem a Maratona de Dadosville, você vai se qualificar para a de Massachusetts!

Você tem tempo!

datas e *horários*

A treinadora está feliz por ter você na turma dela

> Ótimo. Você precisa atingir o tempo de 3 horas e 30 minutos da Maratona de Dadosville para se qualificar. Não me lembro de quanto isso dá para cada milha, mas desde que seu ritmo de 5Km não seja maior do que 10% do ritmo de 3h30 da maratona, nós podemos colocar você onde você quer.

Seu ritmo de 5Km é de 8min 30seg – oito minutos e trinta segundos por milha. Qual o ritmo de uma maratona de 3h30min? Se você correr uma maratona em três horas e trinta minutos, quanto você levaria em média para correr cada milha? Você precisa fazer um **cálculo de tempo**.

Se o Excel representa dias como **inteiros**, como você acha que o Excel representa horas, minutos e segundos?

você está aqui ▶ **161**

tempo no Excel

O Excel representa tempo como um número decimal entre 0 e 1

Quando você digita um tempo ou um horário na sua planilha, o Excel exibe esse tempo como um valor, como o que você vê na esquerda.

Entretanto, o que você está realmente olhando é um número decimal entre 0 e 1 *formatado* para parecer tempo.

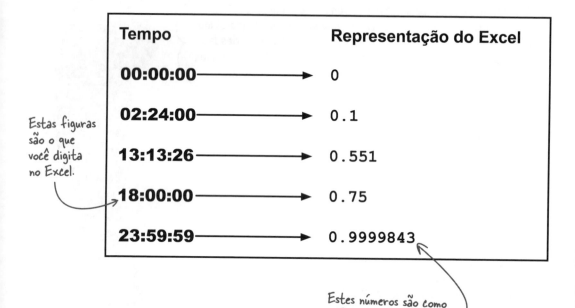

E se você estiver realmente fazendo computações pesadas com tempo, pode ter os números decimais do Excel indo até os **milésimos de segundo** (desculpe, se você quiser contar nanosegundos, vai ter que usar números decimais regulares e se lembrar do que eles significam).

Vamos determinar nosso ritmo usando cálculos de tempo no Excel.

datas e *horários*

Exercício

Sua treinadora quer saber se seu atual ritmo de corrida está onde ele precisa para fazer de você um forte candidato para se qualificar para Massachusetts. Você está dentro dos 10% do ritmo de 8min30seg por milha?

1 No Excel, divida o tempo de objetivo da maratona 3h30min 00seg por 26,2 para obter seu ritmo alvo.

2 Seu ritmo normal de 8min 30seg está dentro de 10% do seu ritmo alvo da maratona? Some 10% ao seu ritmo alvo da maratona para descobrir.

Ponhas suas respostas aqui.

Certifique-se de rotular seus números com textos!

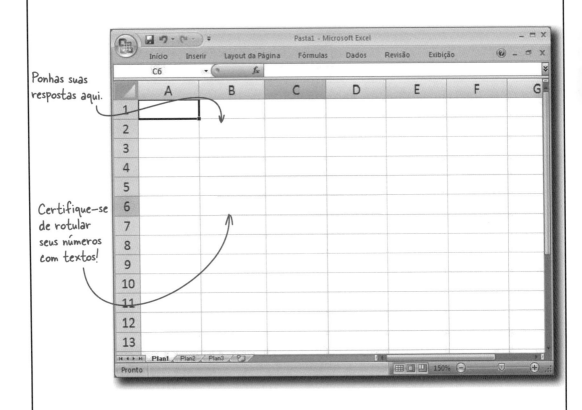

você está aqui ▸ **163**

como está seu ritmo?

Exercício Solução

Você acabou de fazer alguns cálculos para determinar se seu ritmo atual é um ponto de partida adequado para seu treino de maratona. Ele é?

1 No Excel, divida o tempo de objetivo da maratona 3h30min00seg por 26,2 para obter seu ritmo alvo.

=B2/26,2

Quando você digita um valor de tempo, o Excel reconhece automaticamente.

Seu ritmo alvo é 8:01 minutos por milha.

2 Seu ritmo normal de 8min 30seg está dentro de 10% do seu ritmo alvo da maratona? Some 10% ao seu ritmo alvo da maratona para descobrir.

=B3+B3*0,1

Aqui está a fórmula que você precisa.

B3 + B3 * 0,1

Seu ritmo de 8min 30seg está dentro do intervalo de 10%.

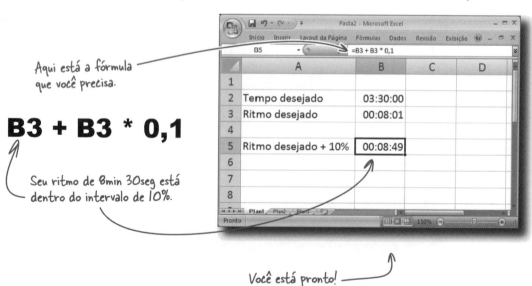

Você está pronto!

datas e *horários*

A treinadora tem um desafio de Excel para você

Sua treinadora lhe enviou um número engraçado. Datas são números à esquerda da vírgula decimal e tempos são números à direita da vírgula decimal, e quanto aos valores com números em *ambos os lados* da vírgula decimal?

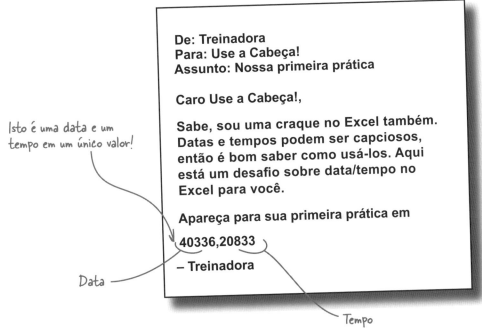

Isto é uma data e um tempo em um único valor!

De: Treinadora
Para: Use a Cabeça!
Assunto: Nossa primeira prática

Caro Use a Cabeça!,

Sabe, sou uma craque no Excel também. Datas e tempos podem ser capciosos, então é bom saber como usá-los. Aqui está um desafio sobre data/tempo no Excel para você.

Apareça para sua primeira prática em

40336,20833

– Treinadora

Data

Tempo

Esse número é uma data e um tempo combinados num **mesmo valor**! Melhor digitá-lo no Excel e reformatá-lo para ver quando você deve aparecer para a primeira prática!

Combine data e tempo num mesmo valor colocando dígitos antes e depois da vírgula.

Exercício

① Abra sua planilha e digite 40336,20833 em uma célula em branco.

② Clique na área Mais Formatos de Número da caixa de seleção de formatação na Faixa de Opções e converta sua célula para o formato d/m/a h:mm.

você está aqui ▸ **165**

se prepare para a prática

A que horas você terá de aparecer para sua primeira prática?

Exercício
Solução

① Abra sua planilha e digite 40336,20833 em uma célula em branco.

② Clique na área Mais Formatos de Número da caixa de seleção de formatação na Faixa de Opções e converta sua célula para o formato d/m/a h:mm.

Digite os números em uma célula.

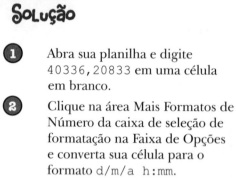

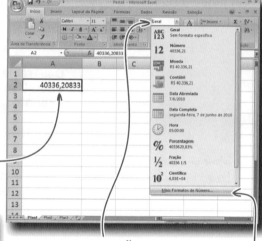

Clique na caixa de seleção para formatação de dados.

Clique neste item.

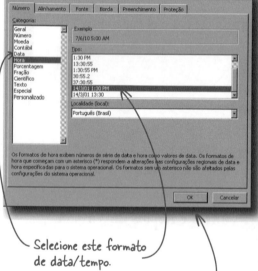

Selecione este formato de data/tempo.

Clique OK.

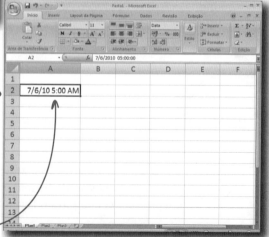

Aqui está a data e hora da sua primeira prática!

É nesta segunda, bem cedinho!

166   Capítulo 6

datas e *horários*

Você se qualificou para a Maratona de Massachusetts

Corrida de elite tem tudo a ver com planejamento efetivo, e com a ajuda da sua treinadora, sem mencionar sua impressionante habilidade com o Excel, você correu a Maratona de Dadosville em 3h00 e se qualificou para a de Massachusetts.

você está aqui ▸ **167**

7 descobrindo funções
Descubra por conta própria as características do Excel

O Excel tem mais funções do que você irá utilizar.
Através dos anos e das muitas versões, o programa foi acumulando funções especializadas que são tremendamente importantes para um pequeno grupo que as usa. Isso não é um problema para você. Mas o que **é** um problema é o grupo de funções **que você não conhece**, porém **são úteis para seu trabalho**. Sobre quais funções estamos falando? Apenas você pode saber com certeza, e está prestes a conhecer algumas dicas e técnicas para encontrar rapidamente as fórmulas que precisa para fazer seu trabalho eficientemente.

problema de **estacionamento**

Você deveria alugar vagas de estacionamento adicionais?

Você está a cargo do programa de estacionamento do Centro de Convenções de Dadosville. Eles fazem um grande negócio de entretenimento em Dadosville, mas estão com um problema. Se estiverem esperando que mais do que 1.000 compradores de ingressos compareçam a um evento, eles precisam alugar mais vagas de estacionamento.

No próximo mês, será que eles estarão esperando mais de 1.000 visitantes para algum dos eventos? Seu desafio é descobrir usando os dados deles sobre vendas de ingressos, e você vai receber assentos grátis nos seus shows favoritos se conseguir definir um fluxo de trabalho.

Aqui estão as vendas de ingressos para o próximo mês, que você vai carregar em alguns instantes.

Cada linha desta planilha representa um único ingresso vendido.

É uma planilha longa: há mais de 7.000 linhas.

Vamos continuar assumindo que hoje é 5/6/2010.

Isto é coisa importante!

Você precisa de fórmulas para contar os ingressos vendidos para cada dia dos fins de semana deste mês.

descobrindo funções

Revisão de Funções

Aqui estão todas as funções que você aprendeu até agora. O que elas fazem?

SOMA — Informa qual é o menor em um intervalo de números.

MÍNIMO — Informa se uma célula tem o tipo de dado texto.

MÉDIA — Converte texto em um inteiro que representa uma data.

VALOR — Dá a média de um intervalo de números.

ÉTEXTO — Retorna o desvio padrão de um intervalo.

DESVPAD — Converte texto em números.

DATA.VALOR — Soma números.

DATADIF — Retorna a diferença entre datas usando a métrica que você especificar.

Escreva aqui sua resposta.

Alguma dessas fórmulas pode ajudar você a resolver seu problema de previsão de estacionamento?

....

....

funções que você aprendeu

QUEM FAZ O QUÊ? SOLUÇÃO
Revisão de Funções

Aqui estão todas as funções que você aprendeu até agora. O que elas fazem?

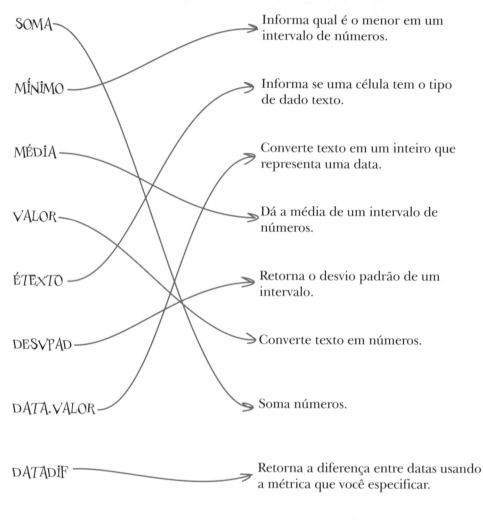

Função	Descrição
SOMA	Soma números.
MÍNIMO	Informa qual é o menor em um intervalo de números.
MÉDIA	Dá a média de um intervalo de números.
VALOR	Converte texto em números.
ÉTEXTO	Informa se uma célula tem o tipo de dado texto.
DESVPAD	Retorna o desvio padrão de um intervalo.
DATA.VALOR	Converte texto em um inteiro que representa uma data.
DATADIF	Retorna a diferença entre datas usando a métrica que você especificar.

Alguma dessas fórmulas pode ajudar você a resolver seu problema de previsão de estacionamento?

Infelizmente não. Nenhuma delas tem a habilidade de contar qualquer coisa, muito menos ingressos nos dados que vamos receber.

172   Capítulo 7

descobrindo funções

Você precisa de um plano para achar mais funções

Encontrar e aprender novas funções no Excel é uma das habilidades centrais que você vai precisar desenvolver. O Excel tem centenas de funções, e você levaria uma eternidade para lê-las toda vez que quisesse aprender uma nova fórmula.

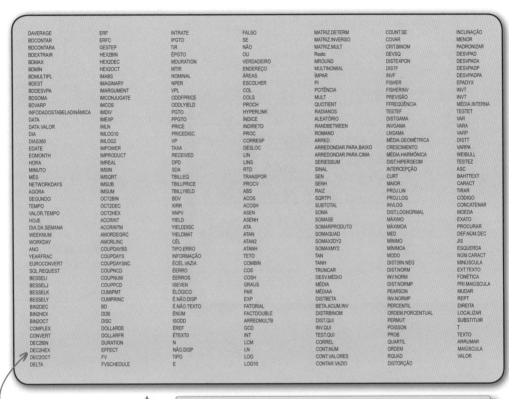

Aqui estão todas elas!

Levaria um longo tempo para aprender todas.

Faça Isto!

Clique no botão azul no canto superior direito para conseguir ajuda para as funções do Excel.

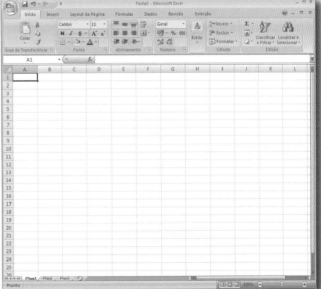

você está aqui ▸ **173**

telas de ajuda

As telas de ajuda do Excel são repletas de dicas e truques

Para conseguir ajuda em qualquer das muitas e muitas funções do Excel, comece por clicar no botão de ajuda no canto superior direito da tela do Excel.

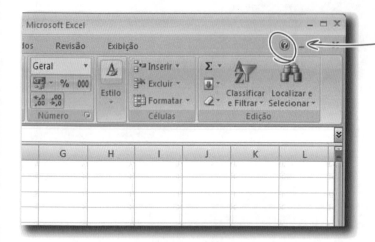

Clique no botão de ajuda aqui.

Esta janela aparece como resultado.

Você não costumava olhar a documentação do Excel ou de qualquer outro programa de computador. Não importava se ela estivesse impressa ou em telas de ajuda, ela era difícil de ler e mal escrita.

Esses dias são passado para o Excel. A atual geração de documentação de ajuda é escrita para ser entendida *por pessoas de verdade* como você. Na verdade, ela está tão útil que você deveria mergulhar na documentação ocasionalmente para explorar as novas características, não apenas quando você estiver procurando por uma fórmula específica.

Antes

Manual enorme e difícil de ler

Manual fino difícil de ler e telas de ajuda difíceis de ler

Telas de ajuda difíceis de ler

Telas de ajuda bem escritas e úteis

descobrindo funções

Aponte seu lápis

Aqui está uma visão mais de perto da principal página de ajuda, a página que você recebe quando clica no botão azul de ajuda. Vamos explorá-la.

① Circule os tópicos com os quais você já está familiarizado.

② Circule o tópico que vai lhe ajudar a encontrar as funções que você precisa.

Versões diferentes do Excel têm listas levemente diferentes, então a sua pode não parecer exatamente com esta.

você está aqui ▶   **175**

explorando a ajuda

Aponte seu lápis
Solução

Em uma visão mais de perto, o que você aprendeu quando olhou a página principal de ajuda?

1) Circule os tópicos com os quais você já está familiarizado.

Provavelmente vale a pena olhar se você já se acostumou com as versões prévias do Excel.

Com sorte você já passou desta parte.

As funções que nós já aprendemos estão aqui.

Há um capítulo sobre isto mais a frente.

Tudo sobre este aqui!

Isto pode ser útil para verificar terminologia

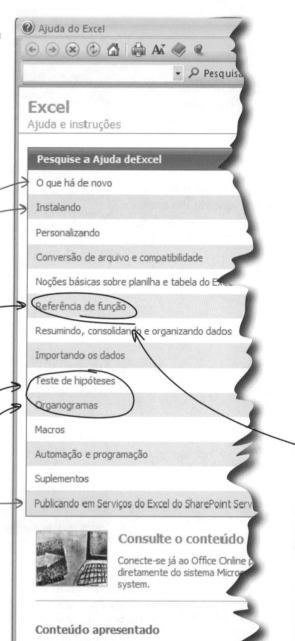

descobrindo funções

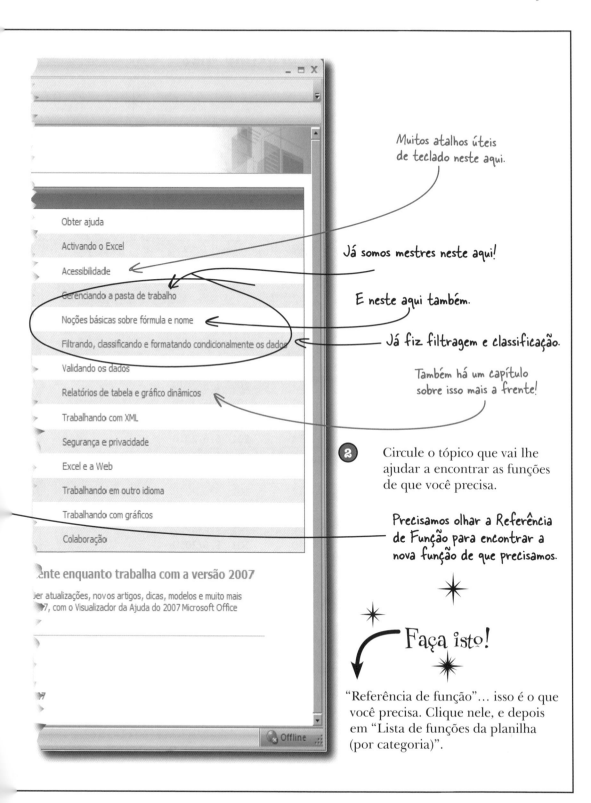

dados dos ingressos

Aqui está o banco de dados de ingressos do centro de convenções para o próximo mês

Cada registro representa um único ingresso vendido para um único evento em uma data única. Sua tarefa é pegar esses dados sobre ingressos e ver quais dias vão ter mais que 1.000 visitantes no Centro de Convenções de Dadosville.

Visite o site!

www.altabooks.com.br
(buscar pelo nome do livro)

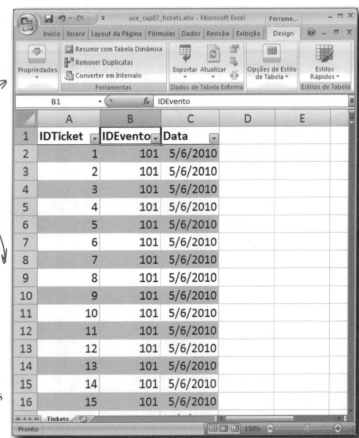

Este conjunto de dados já está configurado em uma tabela, então você pode usar referências estruturadas.

Se você rolar para baixo, vai ver que esta é realmente uma planilha grande.

Esses dados possuem apenas vendas de ingressos para o fim de semana, porque o comparecimento nunca fica perto de exceder 1.000 pessoas nos dias úteis. O que você precisa fazer é criar uma lista de dias de fim de semana para o resto do mês e então contar o número de ingressos vendidos para um desses dias.

descobrindo funções

Exercício

Precisamos sumarizar as vendas de ingressos para shows de fim de semana para o resto do mês. Primeiro vamos criar uma tabela que liste os dias de fim de semana deste mês.

1. Crie uma nova planilha em seu documento clicando na aba "nova folha". Dê um duplo clique na sua nova aba de planilha, e renomeie a folha como Sumário.

2. Gere uma série de números que representem os dias de fim de semana. Siga o exemplo abaixo e as instruções nas anotações.

O número 5 representa hoje, um sábado, o quinto dia de Junho de 2010.

Nesta célula, digite uma fórmula para adicionar 1 dia a hoje, criando o dia de amanhã.

Nesta célula, digite uma fórmula para adicionar 7 dias a hoje, criando o dia do próximo sábado.

Copie e cole as fórmulas que você acabou de criar nestas células para representar o restante dos sábados e domingos do mês.

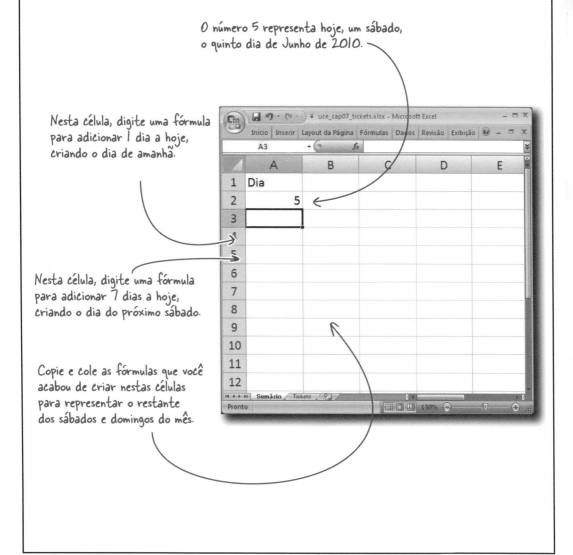

você está aqui ▶ **179**

***trabalhando em direção** ao fim-de-semana*

Exercício Solução

Você acabou de empreender uma lista de números representando os dias de fim de semana restantes do mês. Como foi?

1 Crie uma nova planilha em seu documento clicando na aba "nova folha". Dê um duplo clique na sua nova aba de planilha, e renomeie a folha como Sumário.

2 Gere uma série de números que representem os dias de fim de semana.

Aqui apenas some 1 à célula A2.

=A2+1

Neste caso, some 7 à célula A2.

=A2+7

Quando você copia as fórmulas, as referências se deslocam para lhe dar os dias que você precisa.

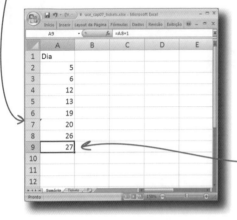

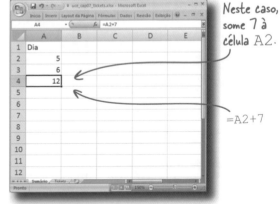

Se o 27° é um domingo, é o último dia de fim de semana do mês.

Agora vamos gerar alguns valores de data apropriados a partir desses números.

descobrindo funções

Exercício

O problema é que ainda não temos a fórmula para fazer isso. Na tela de ajuda, clique em "Referência de função", então em "Lista de funções da planilha (por categoria)" e depois em "Funções de data e hora".

Dê uma olhada nestas funções, e clique em qualquer uma que pareça promissora. Qual você acha que pode usar para construir valores de data apropriados a partir dos inteiros que você criou, e por quê?

....

....

Escreva sua resposta aqui.

....

....

Aqui estão todas as funções de data do Excel.

Você já usou esta.

Há um monte!

você está aqui ▶ **181**

olhando as funções de datas

Exercício Solução

Você acabou de inspecionar todas as funções de data do Excel de uma vez. Você encontrou alguma que você acha que vai lhe possibilitar a criação de datas a partir dos números que inseriu para representar os dias de fim de semana deste mês?

A fórmula DATA é a que queremos. Se você olhar na documentação,

poderá ver que ela recebe três valores numéricos como argumentos,

e nós já temos esses números representando dias. Os números

representando mês e ano são simplesmente 6 e 2010!

Esta é a função que queremos usar.

Há muitas coisas interessantes aqui, mas nenhuma delas é útil agora.

Poderíamos usar DATA.VALOR() se tivéssemos texto, mas já temos um número.

Algumas destas funções são para converter em alguma outra coisa os números em forma de data.

Dê uma olhada mais de perto na documentação da função DATA...

descobrindo funções

Anatomia de uma referência de função

Aqui está a janela de ajuda para a função DATA. A documentação para funções individuais é realmente interessante e útil.

Você não apenas pode usar a documentação para encontrar o que a função faz, mas pode aprender também sobre as excentricidades da função – todos os diferentes tipos de argumentos que ela aceita e todos os tipos de valores que ela retorna, incluindo explicações por que diferentes tipos de erros podem resultar da mesma fórmula.

Isto é uma especificação precisa do que a fórmula faz

Há muito mais coisas específicas sobre como a função funciona se você rolar para baixo.

Exercício

Use a sintaxe para criar uma lista de fins de semana com a função DATA na sua planilha.

você está aqui ▶ **183**

implemente sua função

Exercício Solução

Você foi capaz de implementar a função de data na sua planilha para obter os valores reais das datas a partir dos inteiros que você criou para representar os dias?

Você pode simplesmente digitar o ano, uma vez que ele é o mesmo para todas as fórmulas.

Você também pode simplesmente digitar o mês.

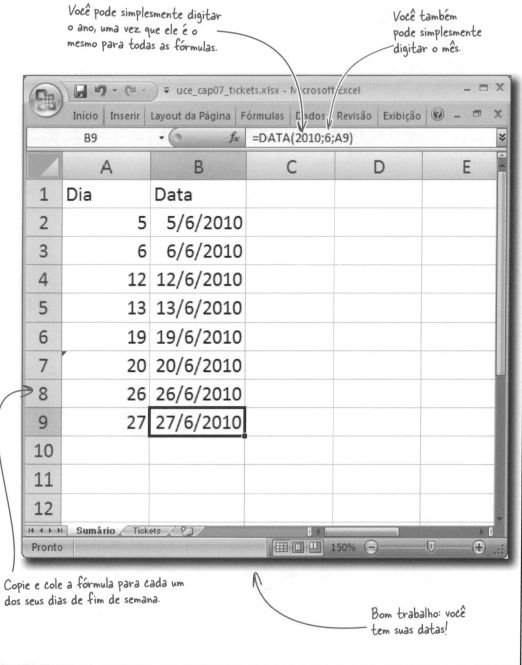

Copie e cole a fórmula para cada um dos seus dias de fim de semana.

Bom trabalho: você tem suas datas!

descobrindo funções

O COO do Centro de Convenções de Dadosville mandou um recado...

De: COO do Centro de Convenções de Dadosville
Para: Use a Cabeça!
Assunto:

Caro Use a Cabeça!,

Espero que seu trabalho esteja fluindo bem.

Lembre-se: o que estamos querendo são as datas para as quais devemos esperar mais de 1.000 pessoas. Você consegue escrever algum tipo de fórmula para me dizer quais datas atendem ao critério?

– COO

Inclua esta coluna.

Melhor preparar sua planilha para esse último número e voltar à referência de funções para encontrar uma fórmula que faça isso.

	A	B	C	D
1	Dia	Data	Contagem de Tickets	
2	5	5/6/2010		
3	6	6/6/2010		
4	12	12/6/2010		
5	13	13/6/2010		
6	19	19/6/2010		
7	20	20/6/2010		
8	26	26/6/2010		
9	27	27/6/2010		
10				
11				
12				

Você precisa colocar as contagens dos ingressos nesta coluna.

você está aqui ▸ **185**

organização das funções

Funções são organizadas por tipos de dado e disciplina

Agora você está de volta à referência de funções, procurando por alguma coisa que possa contar ingressos para cada data. Por onde começar? Era óbvio quando você teve de criar aquelas datas: você apenas procurou na categoria de datas. Mas não há nenhuma categoria "contagem de venda de ingressos".

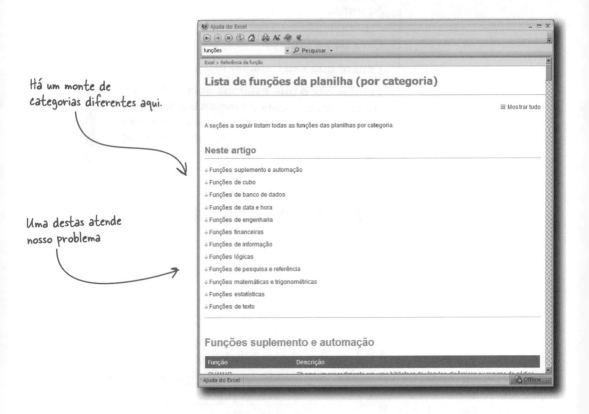

Há um monte de categorias diferentes aqui.

Uma destas atende nosso problema

Aqui está o truque.

Quando estiver procurando por uma função, pegue uma categoria pensando primeiro sobre seu problema e depois inspecione as fórmulas individuais nessa categoria. Dessa maneira, você vai evitar procurar em centenas de fórmulas irrelevantes.

descobrindo funções

Enigma da Piscina

Preencha os espaços em branco com os nomes de categoria na piscina.

1 Eu usei a categoria _____ para calcular quantos pagamentos eu ainda tenho na minha hipoteca.

2 A categoria _____ me ajudaria a extrair o primeiro nome de uma célula que contivesse nomes e sobrenomes.

3 Se eu precisasse calcular seno e cosseno, a categoria _____ é onde eu tenho que ir.

4 Fórmulas que lidam com valores VERDADEIRO/FALSO estão na categoria _____

5 A categoria _____ é o que eu preciso para contar as instâncias de uma data.

Nota: cada coisa da piscina só pode ser usada uma vez!

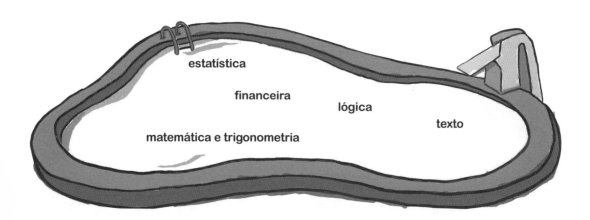

estatística
financeira
lógica
texto
matemática e trigonometria

você está aqui ▶ **187**

funções e *categorias*

Solução do Enigma da Piscina

Preencha os espaços em branco com os nomes de categoria na piscina.

① Eu usei a categoria __financeira__ para calcular quantos pagamentos eu ainda tenho na minha hipoteca.

② A categoria __texto__ me ajudaria a extrair o primeiro nome de uma célula que contivesse nomes e sobrenomes.

③ Se eu precisasse calcular seno e cosseno, a categoria __matemática e trigonometria__ é onde eu tenho que ir.

④ Fórmulas que lidam com valores VERDADEIRO/FALSO estão na categoria __logical__.

⑤ A categoria __estatística__ é o que eu preciso para contar as instâncias de uma data.

Aqui está seu problema de estacionamento.

É melhor dar uma olhada nas funções estatísticas!

Nota: cada coisa da piscina só pode ser usada uma vez!

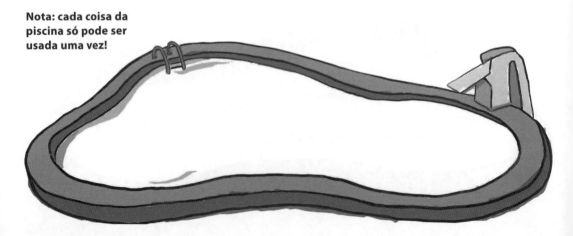

188 Capítulo 7

descobrindo funções

Exercício

① Na categoria estatística, pegue a função que vai contar as instâncias de cada data.

Dê uma olhada nestas funções.

② Implemente a função para dizer quantas vagas de estacionamento você vai precisar para cada data.

Você precisa de uma função que conte instâncias das datas nesta coluna...

... se elas coincidirem com cada célula nesta coluna.

Dica: você pode querer olhar cuidadosamente em todas as funções CONT.

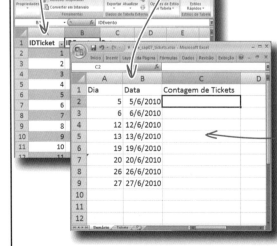

Ponhas suas respostas aqui.

você está aqui ▸ **189**

use cont.se

Exercício Solução

① Na categoria estatística, pegue a função que vai contar as instâncias de cada data.

CONT.SES é diferente, mas funciona de forma similar, então você poderia usá-la também.

CONT.SE é a fórmula que você quer.

Você pode usar o intervalo de datas na venda de ingressos aqui.

Você pode usar uma referência para a data que você quer contar aqui.

O critério é apenas a coisa que você quer contar.

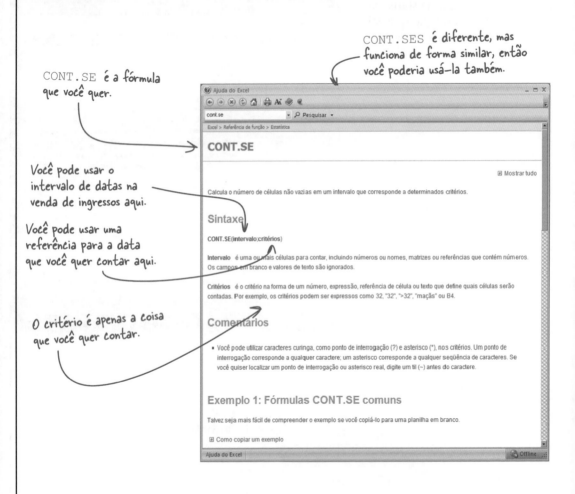

190 Capítulo 7

descobrindo funções

② Implemente a função para dizer quantas vagas de estacionamento você vai precisar para cada data.

Aqui está o primeiro argumento: o intervalo contendo os elementos que você quer contar.

Aqui está o que você quer contar dentro do intervalo.

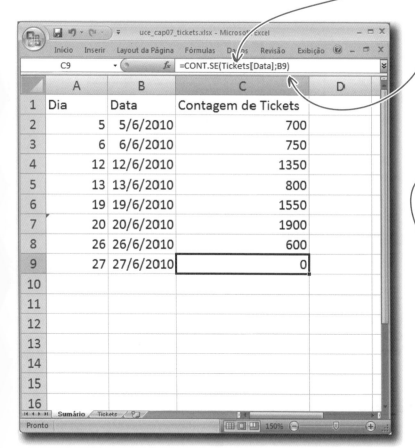

Você pode usar qualquer estilo de referência que quiser para se referir à planilha Tickets.

`=CONT.SE(Tickets[Data];B2)`

`=CONT.SE(Tickets!C:C;Sumário!B2)`

`=CONT.SE(Tickets!$C$2:$C$7651;Sumário!B2)`

Todos estes são iguais.

Agora você tem seus totais para cada data!

cont.se implementado

Sua planilha mostra a contagem de ingressos sumarizada para cada data

A família de fórmulas CONT é realmente uma maneira versátil de analisar elementos repetitivos numa lista. As fórmulas possibilitam que você obtenha o tamanho de uma lista, conte os números em uma lista, conte as células em branco em uma lista e conte baseado em critérios múltiplos.

Você vai, quase que certamente, encontrar uso para uma ou mais destas fórmulas futuramente, e quando usá-las, pode simplesmente revisitar os documentos da ajuda e aplicar o conhecimento que tem deles para avaliar qual fórmula é ideal para seu problema.

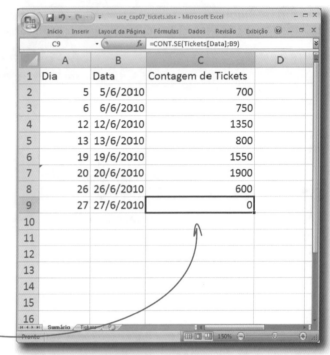

A planilha mostra apenas o que você precisa saber.

De: Centro de Convenções de Dadosville, COO
Para: Use a Cabeça!
Assunto:

Caro Use a Cabeça!,

Bom, mas…

Teria como você me mostrar apenas a lista com as datas que poderão ter mais de 1.000 pessoas?

– COO

descobrindo funções

não existem
Perguntas Idiotas

Q: Agora que você sabe como procurar por funções, significa que eu sei tudo que eu preciso?

A: Você definitivamente está indo bem no seu caminho para se tornar um mestre no Excel. Um forte conhecimento de como usar as fórmulas é o que realmente separa as pessoas que usam o Excel casualmente para manter listas, daquelas que usam o Excel para fazer seus dados cantarem.

Q: Sério: quanto mais sobre o Excel eu ainda tenho de conhecer, se eu já sei usar as telas de ajuda para obter funções?

A: No resto deste livro, há mais dois capítulos que são sobre funções (um sobre dados em texto e um sobre dados Booleanos), os outros capítulos são sobre outras características poderosas do Excel. Mas você já aprendeu a maior parte do que precisa saber para ser bom em fórmulas. O que ainda resta – com relação a funções pelo menos – é principalmente descobrir quais você precisa para seu próprio trabalho, e então as técnicas que você precisa usar para fazê-las funcionarem bem.

Q: Qual a diferença entre saber funções e usar "técnicas" com fórmulas?

A: É aí que a mágica acontece no Excel – quando você usa fórmulas juntas em combinações inteligentes para alcançar seus objetivos analíticos. Uma coisa é entender seu problema, outra é entender as funções do Excel, e outra completamente diferente é ser esperto quando tiver de combinar o problema com as funções do Excel.

Q: Parece algo que apenas precisa de prática e experimentação.

A: É verdade. As pessoas que são boas no Excel, geralmente passaram muito tempo trabalhando e retrabalhando seus dados de um monte de maneiras diferentes com um monte de fórmulas diferentes. É apenas por meio desse processo que elas descobriram as soluções espertas para a análise dos seus próprios problemas.

Q: Então é prática, prática, prática.

A: E estar ciente das características e funções do Excel que você nunca usou antes. Você nunca sabe se alguma coisa vai ser útil para você, a menos que você a teste.

Q: E sobre essas tabelas dinâmicas que eu ouvi falar? Elas são um tipo de função?

A: Boa pergunta. Tabelas dinâmicas são uma das mais poderosas ferramentas do Excel além das funções, e nós ainda nem falamos nelas, apesar de elas estarem vindo aí. Mas, primeiro, precisamos limpar os dados do Centro de Convenções para o COO.

Exercício

Use uma característica do Excel que você já aprendeu para gerar uma lista dos dias em que se espera um público maior que 1.000 pessoas.

você está aqui ▸ **193**

*filtragem **bacana***

Exercício Solução

Qual operação do Excel você precisou para gerar a lista de datas em que se espera um público de 1.000 pessoas ou mais?

Filtros são uma maneira rápida de exibir apenas os dados que você quer ver.

Simplesmente use um filtro!

Nenhum problema aqui...

	A	B	C	D
1	Dia	Data	Contagem de Tickets	
4	12	12/6/2010	1350	
6	19	19/6/2010	1550	
7	20	20/6/2010	1900	

C9 = =CONT.SE(Tickets[Data];B9)

Todas as outras datas ainda estão aqui — só que ocultas.

Estas são as três datas para as quais eles vão precisar providenciar mais estacionamento.

3 de 8 registros localizados.

***descobrindo** funções*

Ingressos para você!

Graças aos seus esforços diligentes, o centro de convenções sabe quando vai precisar providenciar mais vagas de estacionamento. Você salvou o dinheiro do centro de convenções e fez os espectadores ficarem felizes. Agora aproveite sua recompensa...

você está aqui ▸ **195**

8 auditando fórmulas

Visualize suas fórmulas

> Se eu tivesse visto onde esta fórmula estava nos levando – ladeira abaixo – eu poderia ter escolhido um caminho diferente...

As fórmulas do Excel podem ficar realmente complicadas.

E essa é a ideia, certo? Se tudo que você quisesse fazer fosse um cálculo simples, você poderia ter usado papel, caneta e calculadora. Mas essas fórmulas complicadas podem ficar incontroláveis – especialmente aquelas escritas por outras pessoas, que podem ser quase impossíveis de decifrar se você não souber o que elas estavam pensando. Neste capítulo, você vai aprender a usar uma simples, porém poderosa, característica gráfica do Excel, chamada **auditoria de fórmulas**, que vai demonstrar claramente o fluxo de dados através dos modelos na sua planilha.

comprar ou alugar?

Você deveria comprar ou alugar uma casa?

É uma questão que nunca morre. Ambas as opções possuem boas razões a favor, e decidir qual é a melhor para você é um importante projeto analítico.

Você precisa desenvolver um modelo para comparar os custos de ambas as opções. Você e sua **cara metade** querem viver juntos em cinco anos, o que em alguns casos seria tempo suficiente para fazer sentido financeiro em comprar uma casa, mas em alguns casos não.

Você poderia comprar uma dessas...

... ou você poderia alugar um lugar dentro de um destes!

Sua escolha vai ter grandes consequências financeiras na sua vida!

É importante escolher com sabedoria.

*auditando **fórmulas***

Exercício

Vamos usar alguns números básicos para ver que tipo de casa você seria capaz de bancar se fosse comprar uma. Use a função VP (valor presente) para calcular quanto dinheiro você pode pegar emprestado.

1. Dê uma olhada nos arquivos de Ajuda sobre a função VP. Como a função funciona?

2. Usando o que você aprendeu até agora sobre a função VP, implemente-a usando as seguintes suposições sobre o empréstimo hipotético que você quer fazer.

PONTOS DE BALA

- Juros anuais: 5%
- Tempo do empréstimo: 30 anos
- Pagamento mensal: $ 1.500

3. Quais outras informações você precisa para comparar a compra de uma casa com o aluguel de uma.

....

....

....

....

você está aqui ▶ **199**

decodificando vp

Exercício Solução

Você acabou de olhar nos arquivos de Ajuda do Excel para aprender sobre a função VP, e então você a implementou para calcular qual o tamanho da hipoteca que você pode pagar. O que você encontrou?

1. Dê uma olhada nos arquivos de Ajuda sobre a função VP. Como ela funciona?

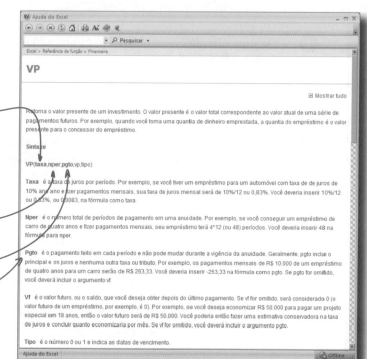

A taxa é os juros do seu empréstimo.

NPER se refere ao tempo do seu empréstimo — seu acordo com o emprestador sobre quanto tempo você vai precisar para pagar.

PGTO se refere ao pagamento periódico esperado.

Neste caso você espera pagar R$ 1.500 por mês.

2. Usando o que você aprendeu sobre a função VP, implemente-a usando as seguintes suposições sobre o empréstimo hipotético que você quer tomar.

PONTOS DE BALA

- Juros anuais: 5%
- Tempo do empréstimo: 30 anos
- Pagamento mensal: $ 1.500

Aqui está sua fórmula VP.

Aqui está o número total de meses em seu empréstimo de 30 anos.

=VP(B3/12;B4*12;B5)

Este argumento é a taxa de juros mensal.

Aqui está seu pagamento mensal

*auditando **fórmulas***

Sua planilha com a função VP...

Sua taxa de juros e o tempo do empréstimo estão em anos, mas seu pagamento é mensal.

Você precisa converter a taxa e o tempo para meses, então você está usando a mesma unidade.

Isto é quanto você pode pegar emprestado, dadas suas suposições.

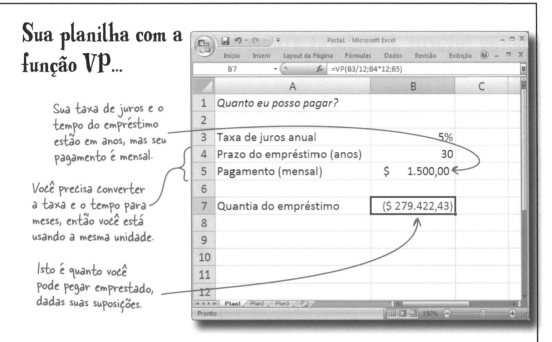

3 Que outras informações você precisa para comparar a compra de uma casa com o aluguel de uma.

Este cálculo do VP é realmente apenas um começo. Uma vez que eu compre uma casa, esta vai aumentar ou diminuir de preço, então eu preciso saber como meu investimento vai ficar quando eu vendê-la. Além disso, eu preciso comparar todas essas figuras com algumas suposições sobre quanto um aluguel vai me custar durante o mesmo período de tempo.

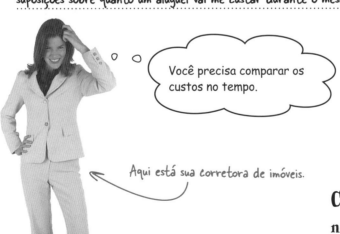

Você precisa comparar os custos no tempo.

Aqui está sua corretora de imóveis.

Como você compararia no tempo os custos de alugar ou comprar?

conheça o valor presente líquido

Use o Valor Presente Líquido para descontar custos futuros de valores atuais

Você pode usar a função VPL para calcular o Valor Presente Líquido dos custos das suas duas opções. O VPL desconta custos futuros de valores atuais, lhe possibilitando fazer comparações válidas entre compra e aluguel.

A opção que custar menos, dadas suas suposições, é a que você deve escolher.

Aqui está a sintaxe do VPL.

=VPL(taxa; valores)

A taxa é a taxa de desconto, que pode ser um grupo de valores diferentes dependendo do que você está modelando.

Os valores são uma série de saídas de caixa que você quer descontar.

Aqui está um exemplo simples. Digamos que alguém lhe paga $ 100 por ano (com um acréscimo anual de 3%) pelos próximos 5 anos. O VPL mostra que **hoje** essa série de pagamentos vale $ 500.

Nota Geek VPL

Não está familiarizado com o VPL? Aqui está a ideia. Digamos que você tem uma conta de poupança com $ 100 este ano e juros de 3%. Então $ 100 **hoje** valem $ 103 ano que vem. E $ 103 **ano que vem** valem $ 100 hoje.

Agora imagine que você é a pessoa pagando os juros e não o seu banco. Pagar $ 103 a alguém ano que vem é a mesma coisa que pagar-lhe $ 100 hoje. Pagar $ 106,90 a alguém em dois anos é também o mesmo que pagar-lhe $ 100 hoje.

Se você somar todos seus futuros custos **descontados** aluguel e compra usando o VPL, você vai ter uma base para comparar os dois.

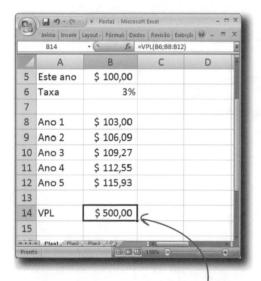

Aqui está um exemplo de VPL.

auditando **fórmulas**

Exercício

Vamos dar uma volta com o VPL. Aqui está um exemplo de como seus fluxos de caixa anuais podem se parecer para alugar um apartamento e pagar uma hipoteca.

Sua tarefa é conseguir o VPL dessas duas séries de custos. Use uma taxa de **desconto de 3,5%** para representar a inflação.

Digite estes valores em uma planilha, e então obtenha o VPL de cada uma destas séries de custos.

Este é o total anual que você gastou no aluguel.

Este número é o pagamento anual da hipoteca.

Ano	Aluguel	Hipoteca
1	$9,000	$14,389
2	$9,090	$14,389
3	$9,181	$14,389
4	$9,273	$14,389
5	$9,365	$14,389

Estes valores são todos anuais, então você não tem de converter para pagamentos mensais aqui.

Esta figura representa uma hipoteca de $ 200.000 que dura 30 anos e tem uma taxa de juros de 4%.

você está aqui ▸ 203

implemente o vpl

Exercício Solução

Você acabou de usar o VPL para comparar o aluguel com a compra em dois exemplos de cenários. Qual cenário é o menos caro?

Aqui está sua fórmula.

=VPL($B$3;C6:C10)

Use uma referência absoluta para se certificar de que sua fórmula fique fixa na célula B3 depois que você copiá-la.

Você pode usar a mesma fórmula para ambas células.

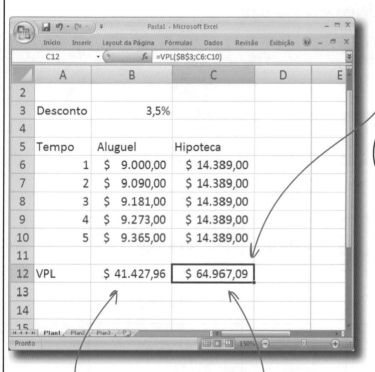

Seu VPL está correto, mas você precisa de um modelo mais complexo. Aqui está um que eu criei...

Parece que o aluguel custa bem menos que a hipoteca...

... pelo menos, custos de aluguel custam menos usando estas suposições.

Sua corretora

204   Capítulo 8

*auditando **fórmulas***

A corretora tem uma planilha para você

A forma de ela dividir o problema alugar vs. comprar é muito mais elaborada do que o exercício que você acabou de completar, mesmo que em última instância ela esteja usando uma comparação de VPL também. Aqui está planilha dela.

www.altabooks.com.br
(buscar pelo nome do livro)

Esta planilha é muito mais complexa.

A planilha contém um conjunto de suposições muito maior sobre como seus cálculos vão funcionar. E isso é promissor, uma vez que o mundo é complexo, e é uma boa ideia pensar em todas as variáveis numa decisão tão importante.

PODER DO CÉREBRO

Como você acha que esta planilha funciona? Dê uma olhada melhor nas fórmulas.

modelos **complexos**

Modelos no Excel podem ficar complicados

Você pode definir **modelos** de uma quantidade de maneiras diferentes, dependendo do que você está tentando fazer, mas no Excel um "modelo" é uma rede de fórmulas projetada para responder uma questão.

Modelos podem ficar bem complicados, e pode ser difícil entendê-los. A menos que você entenda o funcionamento deste modelo em particular, como você vai confiar na corretora de imóveis?

Esta planilha mostra modelos para calcular VPLs de aluguel e compra.

Modelo do aluguel

O modelo do aluguel é como o modelo da hipoteca no fato de que sua representação em planilha se consiste de células cheias de dados que fluem para dentro de fórmulas, que fluem para mais fórmulas.

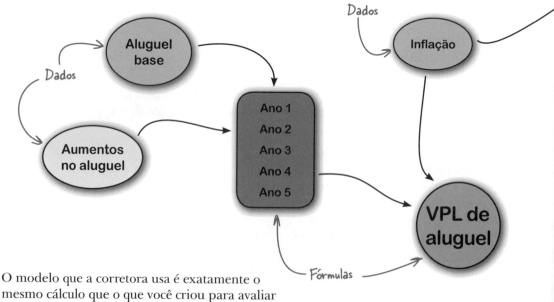

O modelo que a corretora usa é exatamente o mesmo cálculo que o que você criou para avaliar o aluguel, apesar das suposições específicas que ela colocou no modelo dela serem levemente diferentes das que você usou.

206 *Capítulo 8*

*auditando **fórmulas***

Modelo da hipoteca

O modelo da hipoteca é muito mais complicado do que o modelo de aluguel. Dê uma olhada em todas as variáveis que o modelo dela incorpora. Todas elas fluem para um super cálculo de VPL.

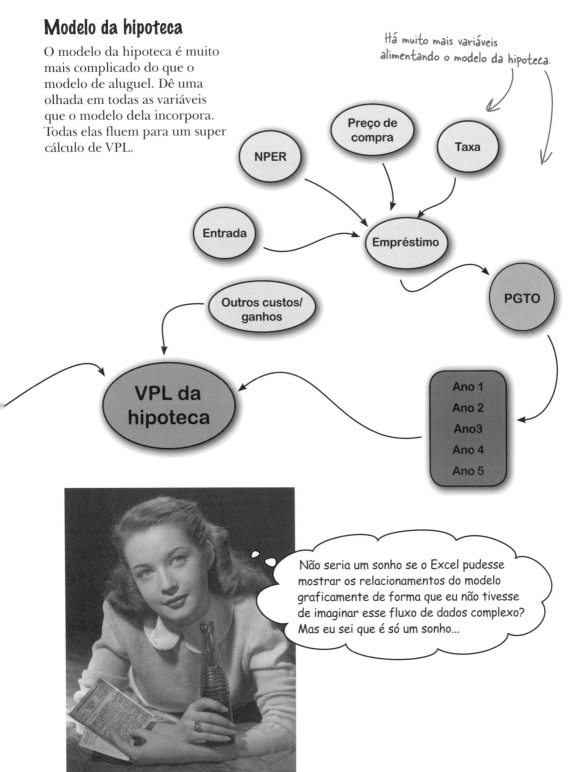

auditoria de fórmula

Auditoria de fórmulas mostra a você a localização dos argumentos da sua função

Auditoria de fórmula é uma característica do Excel que lhe permite traçar o fluxo de dados em fórmulas complexas. Aqui estão os modelos que você viu na página anterior, com setas desenhadas pelo Excel.

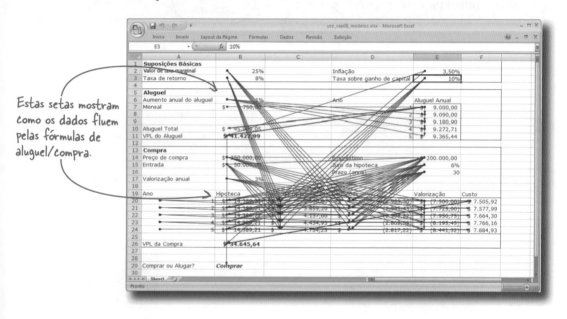

Estas setas mostram como os dados fluem pelas fórmulas de aluguel/compra.

Essa rede de setas parece complicada, e é – o modelo é complicado!

Tente recriar essas setas você mesmo. Ponha o cursor na célula B29, e então clique Rastrear Precedentes até ver essa grade. Você consegue ver como os dados fluem através do seu modelo?

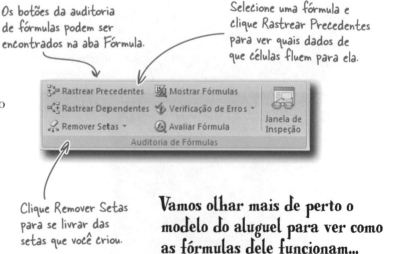

Os botões da auditoria de fórmulas podem ser encontrados na aba Fórmula.

Selecione uma fórmula e clique Rastrear Precedentes para ver quais dados de que células fluem para ela.

Clique Remover Setas para se livrar das setas que você criou.

Vamos olhar mais de perto o modelo do aluguel para ver como as fórmulas dele funcionam...

208   Capítulo 8

auditando **fórmulas**

Exercício

Selecione a fórmula do VPL do aluguel na célula `B11`. Essa fórmula recebe dados de outras fórmulas na caixa sobre aluguel, e você quer usar a auditoria de fórmula para ver como essas fórmulas trabalham juntas.

[Captura de tela do Excel mostrando a planilha uce_cap08_modelos.xlsx com a célula B11 selecionada contendo a fórmula =VPL(E2;E7:E11)]

	A	B	C	D	E	F
1	**Suposições Básicas**					
2	Valor de taxa marginal	25%		Inflação	3,50%	
3	Taxa de retorno	8%		Taxa sobre ganho de capital	10%	
4						
5	**Aluguel**					
6	Aumento anual do aluguel	1%		Ano	Aluguel Anual	
7	Mensal	$ 750,00		1	$ 9.000,00	
8				2	$ 9.090,00	
9				3	$ 9.180,90	
10	Aluguel Total	$ 45.909,05		4	$ 9.272,71	
11	VPL do Aluguel	**$ 41.427,99**		5	$ 9.365,44	

Esta fórmula calcula o valor presente dos cinco anos de custos de aluguel.

Como este dado está envolvido?

Como as fórmulas nestas células são calculadas?

Descreva em palavras como as fórmulas de aluguel fazem a informação fluir pela planilha.

....

....

....

....

analise algumas fórmulas

Exercício Solução

Você foi capaz de usar a auditoria de fórmulas para descobrir como o modelo de aluguel funciona?

Aqui está o botão Rastrear Precedentes.

O VPL do aluguel está selecionado, então a auditoria será a partir desta fórmula.

Descreva em palavras como as fórmulas de aluguel fazem a informação fluir na planilha.

A fórmula do VPL é bem direta. Ela aponta para o fluxo de caixa da coluna Aluguel Anual e usa a Inflação como taxa de desconto. Na fórmula do Aluguel Anual, o Ano 1 é o aluguel mensal (célula B7) vezes 12, e o Ano 2 soma um aumento anual de 1% (da célula B6) ao ano anterior. Do Ano 3 ao 5 faz-se a mesma coisa.

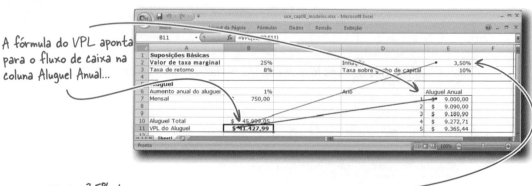

A fórmula do VPL aponta para o fluxo de caixa na coluna Aluguel Anual...

... e para o 3,5% de taxa de desconto para a inflação.

*auditando **fórmulas***

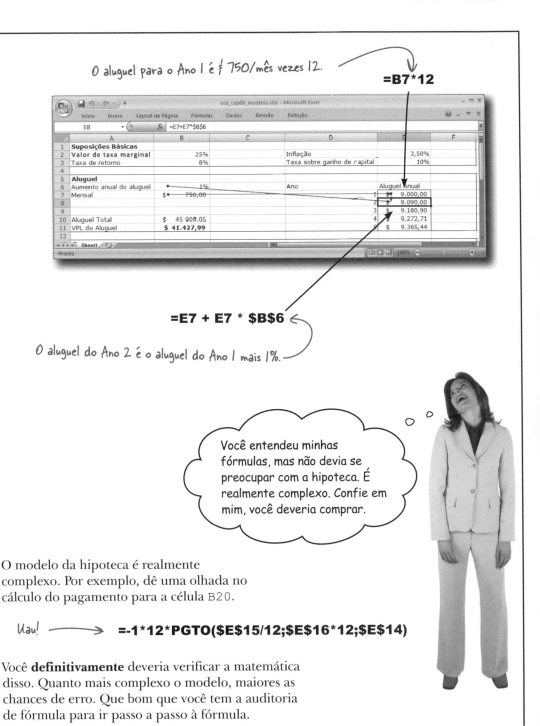

O aluguel para o Ano 1 é $750/mês vezes 12. =B7*12

=E7 + E7 * $B$6

O aluguel do Ano 2 é o aluguel do Ano 1 mais 1%.

> Você entendeu minhas fórmulas, mas não devia se preocupar com a hipoteca. É realmente complexo. Confie em mim, você deveria comprar.

O modelo da hipoteca é realmente complexo. Por exemplo, dê uma olhada no cálculo do pagamento para a célula B20.

Uau! ⟶ **=-1*12*PGTO($E$15/12;$E$16*12;$E$14)**

Você **definitivamente** deveria verificar a matemática disso. Quanto mais complexo o modelo, maiores as chances de erro. Que bom que você tem a auditoria de fórmula para ir passo a passo à fórmula.

Como você acha que a fórmula do PGTO funciona?

funções de empréstimos

As funções de empréstimos do Excel usam os mesmos elementos básicos

O Excel tem um monte de funções financeiras, mas as funções centrais são aquelas que calculam valores de empréstimos, taxas e termos. O bom dessas funções é que elas recebem os mesmos argumentos – uma à outra – então se você souber algumas, geralmente, poderá derivar as outras.

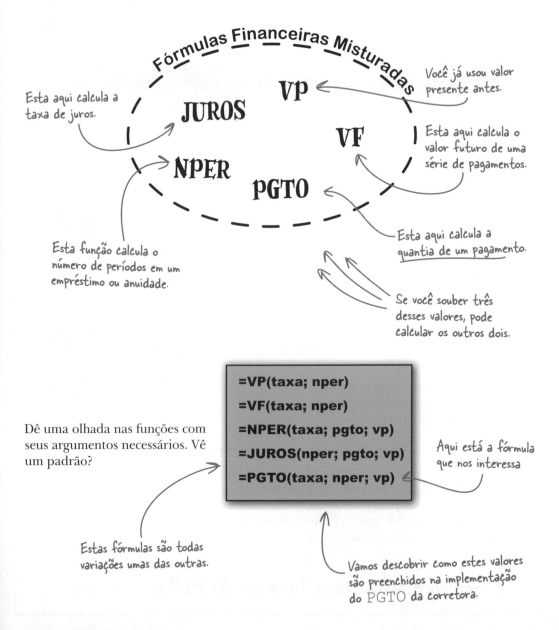

auditando fórmulas

A fórmula PGTO na planilha da corretora calcula seu pagamento mensal

Quando você clica no Rastrear Precedentes no cálculo da hipoteca, pode ver como a fórmula busca em outro lugar na planilha pelas quantias de JUROS, NPER e VP.

Use a auditoria de fórmulas para ver como os argumentos desta fórmula são preenchidos.

=-1*12*PGTO(\$E\$15/12;\$E\$16*12;\$E\$14)

Aqui está a taxa de juros mensal.

Aqui está o prazo (NPER).

Aqui está o valor presente (VP).

	A	B	C	D	E	F
12						
13	**Compra**					
14	Preço de compra	$ 250.000,00		Empréstimo	$ 200.000,00	
15	Entrada	$ 50.000,00		Juro da hipoteca	6%	
16				Prazo (anos)	30	
17	Valorização anual	3%				
18						
19	Ano	Hipoteca	Custo de Oportunidade	Deduções	Valorização	Custo
20		1 $ 14.389,21	$ 3.600,00	$ (2.983,30)	$ (7.500,00)	$ 7.505,92
21		2 $ 14.389,21	$ 3.859,20	$ (2.945,43)	$ (7.725,00)	$ 7.577,99
22		3 $ 14.389,21	$ 4.137,06	$ (2.905,22)	$ (7.956,75)	$ 7.664,30
23		4 $ 14.389,21	$ 4.434,93	$ (2.862,53)	$ (8.195,45)	$ 7.766,16
24		5 $ 14.389,21	$ 4.754,25	$ (2.817,22)	$ (8.441,32)	$ 7.884,93
25						
26	VPL da Compra	$ 34.645,64				
27						
28						

Célula B20 `=-1*12*PGTO($E$15/12;$E$16*12;$E$14)`

Quando a corretora escreveu essa fórmula, ela multiplicou o resultado por 12 para fazer o cálculo mostrar a hipoteca total de um ano, então ela multiplicou por -1 para transformar em um número positivo.

E o resto das fórmulas da corretora?

você está aqui ▸ **213**

decodificando fórmulas difíceis

Exercício Longo

Dê uma olhada mais de perto nas fórmulas que a corretora usa no modelo da hipoteca. Como elas funcionam? Escreva suas respostas nos espaços em branco abaixo.

Você vai precisar usar tanto auditoria de fórmulas quanto telas de ajuda para decodificar essas fórmulas.

1 Use o que você aprendeu até agora para descobrir como a fórmula de "Deduções" funciona.

Deduções

`=PGTOJURACUM($E$15/12;$E$16*12;$E$14;1;A20*12;0)*$B$2`

Esta aqui é enorme!

....

....

....

....

	A	B	C	D	E	F
12						
13	**Compra**					
14	Preço de compra	$ 250.000,00		Empréstimo	$ 200.000,00	
15	Entrada	$ 50.000,00		Juro da hipoteca	6%	
16				Prazo (anos)	30	
17	Valorização anual	3%				
18						
19	Ano	Hipoteca	Custo de Oportunidade	Deduções	Valorização	Custo
20	1	$ 14.389,21	$ 3.600,00	$ (2.983,30)	$ (7.500,00)	$ 7.505,92
21	2	$ 14.389,21	$ 3.859,20	$ (2.945,43)	$ (7.725,00)	$ 7.577,99
22	3	$ 14.389,21	$ 4.137,06	$ (2.905,22)	$ (7.956,75)	$ 7.664,30
23	4	$ 14.389,21	$ 4.434,93	$ (2.862,53)	$ (8.195,45)	$ 7.766,16
24	5	$ 14.389,21	$ 4.754,25	$ (2.817,22)	$ (8.441,32)	$ 7.884,93
25						
26	VPL da Compra	$ 34.645,64				

D20: `=PGTOJURACUM($E$15/12;$E$16*12;$E$14;1;A20*12;0)*$B$2`

214   Capítulo 8

*auditando **fórmulas***

Escreva como você acha que estas fórmulas funcionam aqui no espaço em branco.

2 Faça a mesma coisa para as fórmulas "Custo de oportunidade" e "Valorização".

Custo de oportunidade
=$B$15*$B$3*(1-$E$3)

Valorização
=-1*$B$17*$B$14

....

....

....

....

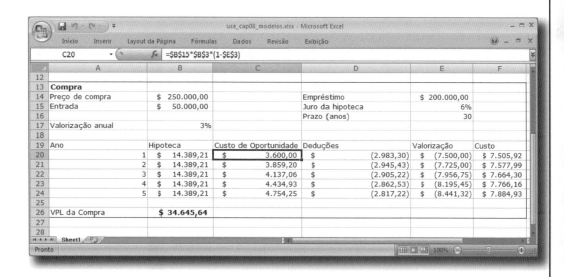

PGTOJURACUM *exposto*

Exercício Longo
Solução

Você foi capaz de usar as ferramentas do Excel para decodificar as fórmulas para Deduções, Custo de oportunidade e Valorização?

① Use o que você aprendeu até agora para descobrir como a fórmula de "Deduções" funciona.

> **Deduções**
> =PGTOJURACUM($E$15/12;$E$16*12;$E$14;1;A20*12;0)*$B$2

A função PGTOJURACUM calcula a quantidade de juros pagos em um empréstimo (ou anuidade) entre pontos no tempo. Nessa fórmula, o PGTOJURACUM olha suposições sobre tamanho, taxa de juros e tempo do empréstimo para calcular os juros pagos a cada ano. Daí a fórmula multiplica a quantidade de juros pagos pela sua taxa de juros, o que retorna quanto dinheiro você economizou em impostos.

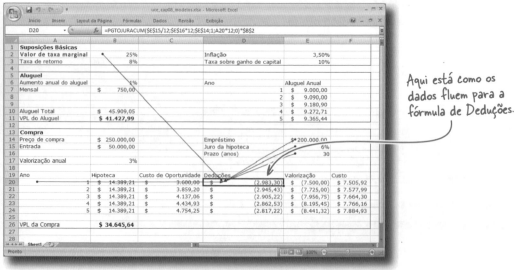

Aqui está como os dados fluem para a fórmula de Deduções.

216 *Capítulo 8*

auditando fórmulas

② Faça a mesma coisa para as fórmulas "Custo de oportunidade" e "Valorização"

> **Custo de oportunidade**
> =$B$15*$B$3*(1-$E$3)

> **Valorização**
> =-1*$B$17*$B$14

A fórmula do Custo de oportunidade soma a entrada que você deu e o pagamento acumulativo da hipoteca e então multiplica a quantia pela sua taxa de retorno pós-impostos. Esse é seu "custo de oportunidade". A fórmula da valorização olha o preço de compra da sua casa e soma uma taxa anual de retorno. A fórmula da Valorização incorpora valorização dos anos anteriores nos cálculos

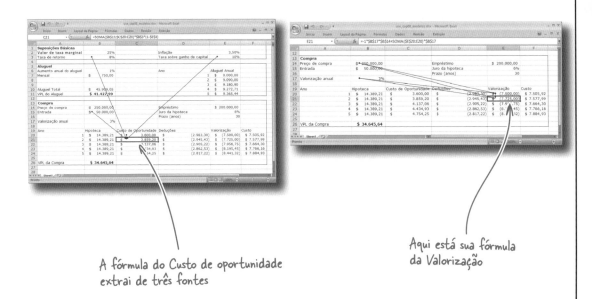

A fórmula do Custo de oportunidade extrai de três fontes

Aqui está sua fórmula da Valorização

você está aqui ▸ **217**

fórmulas e *suposições*

> Tenho de dizer que esses modelos são uma tremenda bobagem. Eles são bonitos e complexos, mas quem vai me garantir que as suposições incorporadas neles são realmente verdadeiras?

Fórmulas têm de estar corretas, e suposições devem ser razoáveis

Modelos podem se tornar bem complicados no Excel, e sempre é válido fazer uma verificação de consistência para se certificar de que as fórmulas estejam escritas corretamente e que os números sejam razoáveis.

Vamos dar uma olhada como o modelo funciona se você brincar um pouco com as suposições da corretora.

Veja bem!

A complexidade do modelo pode esconder um monte de falhas.

É fácil criar uma planilha elaborada que espalhe dados para todos os lugares. É realmente difícil bolar um modelo complexo que ajude você a tomar boas decisões reais. Sempre se certifique de entender os modelos que você usa, especialmente os complexos.

*auditando **fórmulas***

Aponte seu lápis

Aqui estão alguns cenários diferentes projetados para testar o modelo da corretora. O que aconteceria com sua decisão se você mudasse as suposições do modelo?

1. Digamos que o juro do empréstimo foi mudado para 6,5% e a casa se valoriza a 1,5% por ano. Isso afeta sua decisão de comprar?

....
....
....
....

2. Digamos que ele vá para 4% de juros e 5% de valorização. E agora?

....
....
....
....

3. O que você perguntaria à corretora para lhe ajudar a extrair dela as crenças sobre o quanto as suposições dela são plausíveis?

....
....
....
....

você está aqui ▶ **219**

brinque com as suposições

Aponte seu lápis — Solução

Você brincou com algumas das suposições do modelo da sua corretora. O que você aprendeu sobre o modelo?

1) Digamos que o juro do empréstimo foi mudado para 6,5% e a casa se valoriza a 1,5% por ano. Isso afeta sua decisão de comprar?

O custo de comprar uma casa sobe muito nessas circunstâncias, por duas razões: um, o custo dos juros da hipoteca é muito mais alto, e dois, a valorização da casa não é alta o suficiente para compensar o aumento do juros da hipoteca. Dada a suposição do aluguel no topo da planilha, os cálculos do VPL mostram claramente que o aluguel é o vencedor.

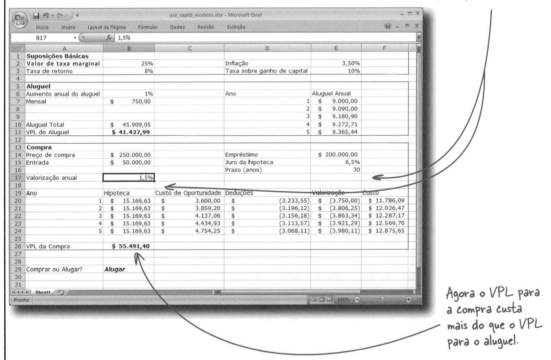

Aqui estão as duas suposições que você mudou.

Agora o VPL para a compra custa mais do que o VPL para o aluguel.

auditando fórmulas

(2) Digamos que ele vá para 4% de juros e 5% de valorização. E agora?

Aqui, os juros caem e a valorização sobe. Nesse caso, comprar uma casa é muito mais atrativo que alugar. Na verdade, você faz dinheiro nesse cenário, o que é o significado do VPL negativo. Se você sabe que esse cenário deve acontecer, comprar seria o ideal. Pena que você não tem uma bola de cristal.

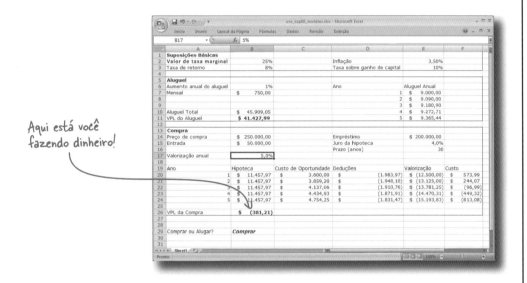

Aqui está você fazendo dinheiro!

(3) O que você perguntaria à corretora para lhe ajudar a extrair as crenças sobre o quanto as suposições dela são plausíveis?

A corretora quer vender a casa (e você não ia querer se você fosse um corretor?), então você deve ficar em guarda contra suposições muito otimistas. Pequenas mudanças nas taxas de juros e valorização fizeram toda a diferença em qual estratégia seria melhor para você. Então a questão para a corretora é simplesmente, "Por que eu deveria acreditar nas suas suposições!?"

você está aqui ▸ **221**

a corretora responde

A corretora entra na discussão...

Ok, são questões boas. É realmente ótimo que você esteja pensando sobre essa decisão tão minuciosamente. Seu cenário de 6,5% de juros/1,5% de valorização é possível, mas eu duvido que vá acontecer. Aqui está o lance: eu posso lhe ajudar com o modelo, mas a decisão e o risco são seus. Se você se sentir conservador ou especulativo na sua decisão, precisa se certificar de colocar as suposições certas para refletir isso.

E por falar nisso, a resposta mais curta é essa... você deveria comprar uma casa!

*auditando **fórmulas***

Exercício

Um e-mail da sua cara metade acabou de chegar sobre as suposições que você dois deveriam usar para escolher. E uma vez que sua compra da casa é uma parceria, você deveria prestar atenção a estas suposições!

De: Cara Metade
Para: Você
Assunto:

Ei, Você,

Eu tenho pensado muito e acho que deveríamos usar estas suposições. Primeiro, vamos pensar numa casa de $ 250.000.

Eu acho que deveríamos tomar o menor empréstimo possível, então vamos dar uma entrada de $ 100.000. Dessa maneira, o valor presente do nosso empréstimo seria de apenas $ 150.000.

O cara do banco ligou e disse que nós estamos qualificados para uma hipoteca de 30 anos e juros de 5%, e essa é a melhor taxa que vimos até agora, então eu acho que deveríamos embarcar nessa.

Sobre o quanto devemos esperar que a casa valorize... essa é difícil. As casas que temos olhado têm sido em boas vizinhanças, e especialistas não tendenciosos têm previsto um crescimento anual de 7% pelos próximos cinco anos. Mas eu acho que deveríamos projetar 3% só para sermos mais conservadores.

Com Amor,

Sua Cara Metade

Pegue esses números e coloque-os na sua planilha. Usando os cálculos de VPL, você deveria alugar ou comprar?

sua decisão final

Exercício Solução

Sua cara metade providenciou alguns parâmetros de modelo para sua decisão alugar vs. comprar. O que a planilha disse a você?

Aqui está a nova entrada.

Mude estas duas células também.

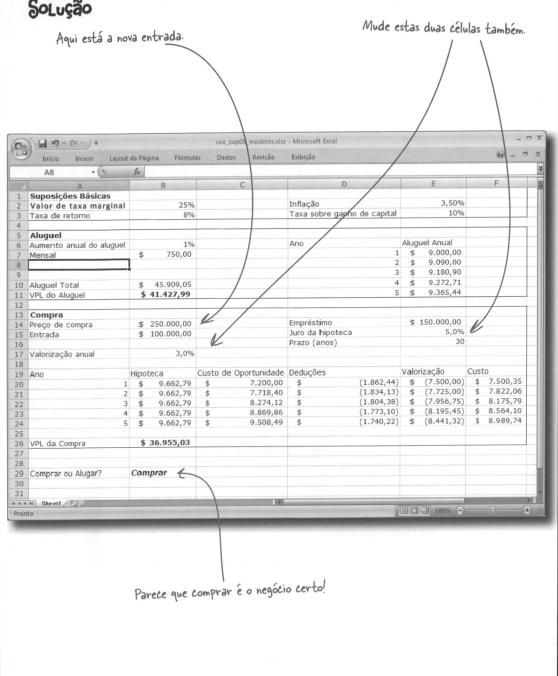

Parece que comprar é o negócio certo!

*auditando **fórmulas***

Sua casa foi um bom investimento!

A compra de uma casa não é de jeito nenhum a maneira garantida de fazer dinheiro, mas por causa da sua diligência na decisão de comprar uma casa, você e sua cara metade fizeram um ótimo negócio.

Comprar a casa definitivamente se provou a melhor estratégia.

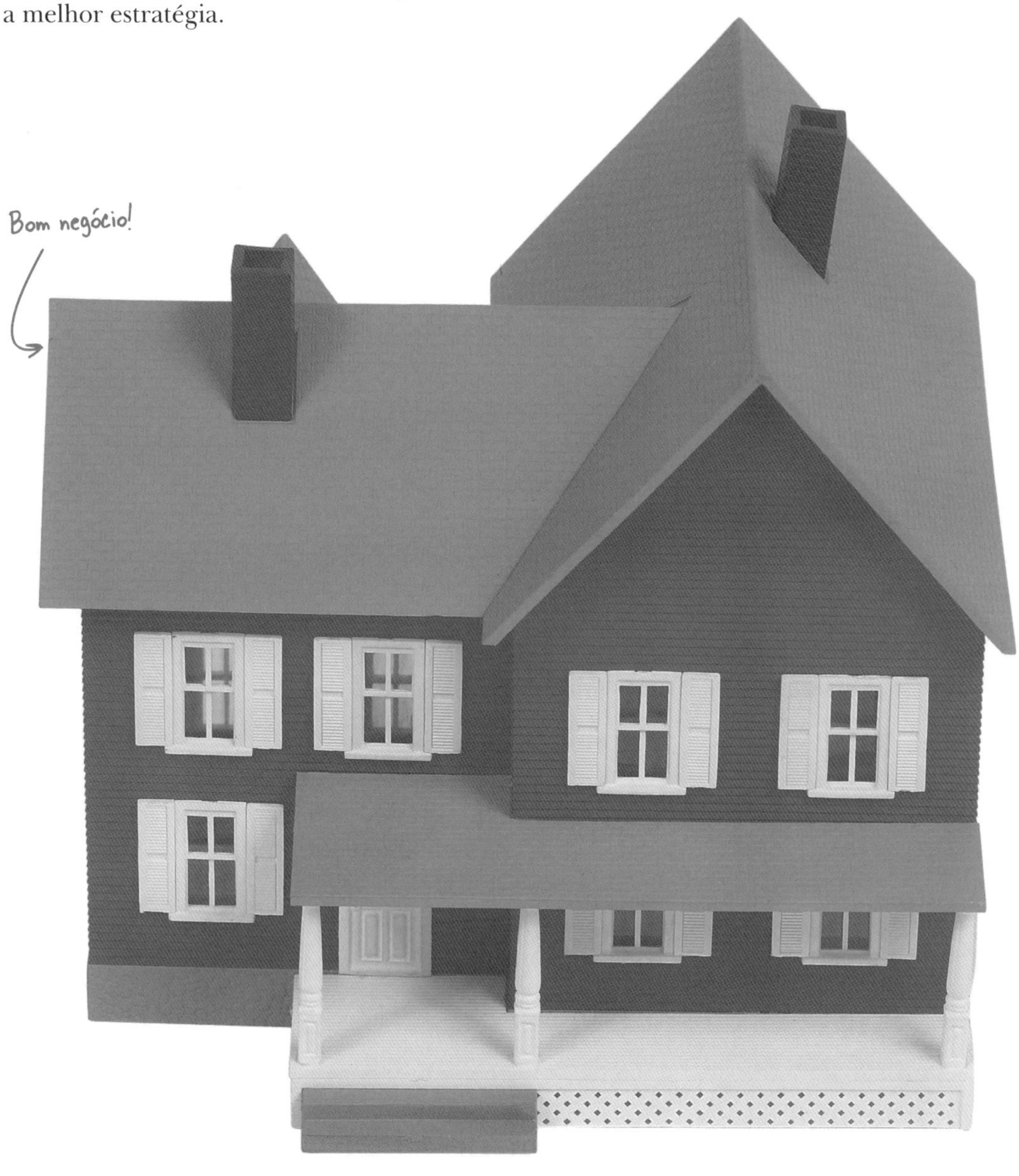

Bom negócio!

você está aqui ▸ **225**

9 gráficos

Faça gráficos dos seus dados

Todo esse código enigmático do Excel que eu tenho de escrever... o que aconteceu com as figuras?

Quem quer olhar para números o tempo todo?

Muito frequentemente, um bom gráfico é uma maneira muito mais envolvente de apresentar dados. E algumas vezes você tem tantos dados que, na verdade, não consegue olhá-los todos sem um bom gráfico. O Excel tem facilidades gráficas extensas, e, se você souber onde clicar, vai liberar o poder de fazer gráficos para exibir seus dados com arte e clareza.

este é um novo capítulo   227

analise seus investimentos

A Use a Cabeça! Investimentos precisa de gráficos para o seu relatório.

Há uma grande apresentação para o **corpo de diretores** da Use a Cabeça! Investimentos vindo por aí. Eles têm todos os dados compilados para mostrar a performance deles no último ano, mas precisam de alguns gráficos para fazer com que os dados fiquem mais fáceis de ler e entender. É você que providencia alguns gráficos atrativos.

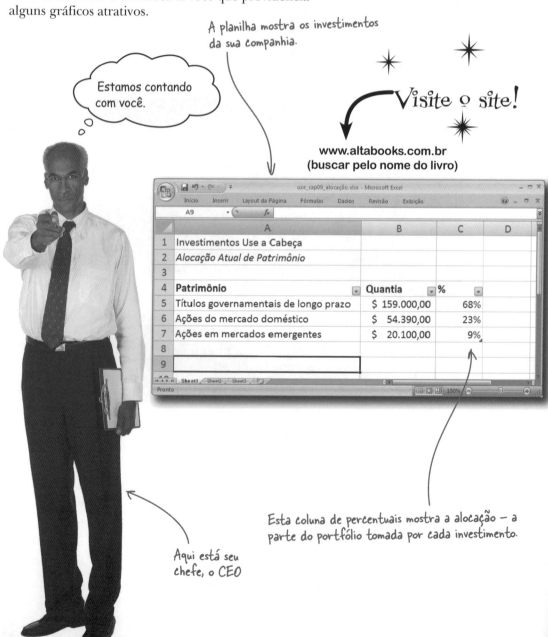

A planilha mostra os investimentos da sua companhia.

Estamos contando com você.

Visite o site!

www.altabooks.com.br
(buscar pelo nome do livro)

Esta coluna de percentuais mostra a alocação — a parte do portfólio tomada por cada investimento.

Aqui está seu chefe, o CEO

gráficos

Aponte seu lápis

Olhe cada tipo de gráfico. Qual o mais apropriado para mostrar a alocação do portfólio?

....

....

....

....

Escreva sobre a adequação de cada tipo gráfico nestas linhas.

....

....

....

....

....

....

....

....

você está aqui ▸ **229**

escolha um gráfico

Aponte seu lápis
Solução

Qual gráfico você concluiu que seria a maneira mais útil de representar visualmente o portfólio da sua companhia?

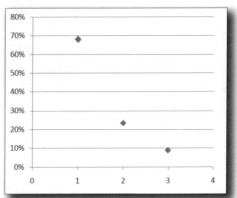

Parece que o 1, 2 e 3 aqui representa os diferentes investimentos, e o ponto representa o percentual de cada. Esse não é um gráfico muito claro.

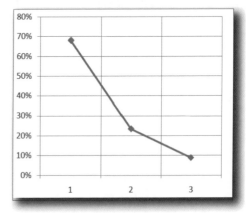

Este gráfico tem linhas conectando os pontos. Isso não parece muito útil também, porque a linha sugere uma tendência nos dados, como você teria se uma coisa mudasse no tempo.

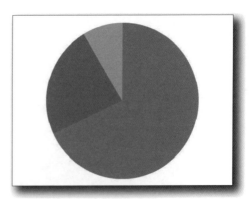

Aqui temos o clássico gráfico de pizza. Aqui definitivamente seria um bom lugar para começar. A pizza em si representa o portfólio, e cada fatia representa um patrimônio.

gráficos

Crie gráficos usando a aba Inserir

Vamos tentar criar um desses gráficos de pizza. Fazer gráficos no Excel é fácil: comece clicando na aba Inserir da Faixa de Opções. Você vai encontrar tudo o que precisa para começar.

Certifique-se de que seus dados não estejam selecionados.

Clique na primeira opção abaixo desta caixa de seleção.

Faça isto!

1 Certifique-se de que seu cursor está fora do intervalo de dados em uma célula em branco. E então insira o gráfico de pizza.

2 Agora, clique no botão Selecionar Dados. Preencha seu intervalo de dados e os rótulos dos seus eixos.

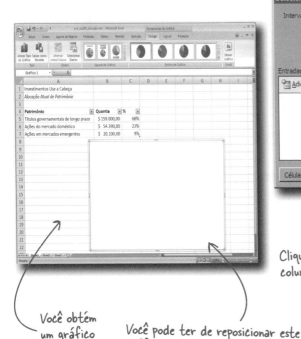

Você obtém um gráfico em branco.

Você pode ter de reposicionar este gráfico para ver melhor seus dados.

Clique aqui para inserir seus dados da coluna Quantia no intervalo de dados.

Clique aqui para dizer ao Excel como nomear suas categorias.

você está aqui ▶ **231**

design e *layout*

Use as abas Design e Layout para retrabalhar seu gráfico

Inserir um gráfico no Excel é só o começo. Uma vez que seu gráfico tenha sido inserido, você vai sempre recorrer às abas Design e Layout sob Ferramentas de Gráfico para mudar elementos no seu gráfico tais como os títulos e a formatação.

Você acabou de clicar no botão **Selecionar Dados** sob a aba Design para selecionar os dados e tabelas.

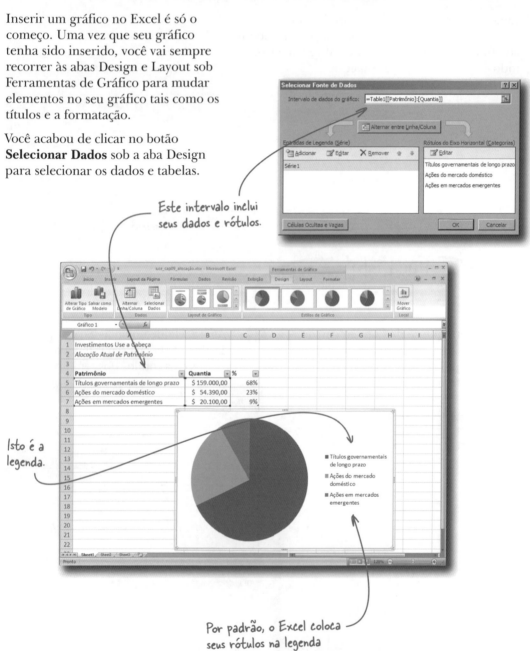

Este intervalo inclui seus dados e rótulos.

Isto é a legenda.

Por padrão, o Excel coloca seus rótulos na legenda

232   Capítulo 9

gráficos

Exercício

Vamos dar uma polida no seu gráfico usando as abas de Design e Layout.

① Usando o botão mais à direita na aba Design, mova o gráfico que você criou para uma planilha em separado. Isso vai limpar a planilha com seus dados.

Use este botão para mover o gráfico para uma planilha em separado.

② Agora vá para a aba Layout. Clique no botão Título de Gráfico para inserir um título.

Insira um título.

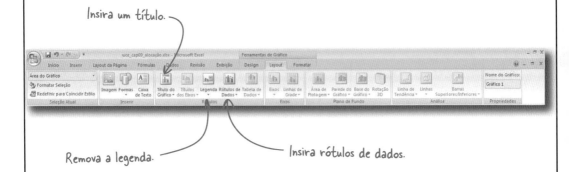

Remova a legenda.   Insira rótulos de dados.

③ Seria legal se seus rótulos estivessem perto da fatia em vez de estarem na legenda, então vamos nos livrar da legenda. Na aba Layout, faça a legenda ir embora.

④ Insira rótulos de dados perto das fatias da pizza. Uma vez que você os tenha inserido, clique com o botão direito e selecione Formatar Rótulos de Dados para se certificar de que eles se refiram ao Nome da Categoria em vez de ao Valor.

⑤ Finalmente, aumente o tamanho da fonte de todos os elementos de texto no gráfico para que fiquem mais legíveis. Você pode mudar o tamanho da fonte usando a aba Início.

você está aqui ▶ **233**

um gráfico mais apresentável

Exercício Solução

Você acabou de executar uma variedade de modificações no layout do seu gráfico de pizza usando as abas Design e Layout. Como ficaram os resultados?

1. Mova o gráfico que você criou para sua própria planilha.

2. Insira um título.

3. Livre-se da legenda.

4. Insira rótulos de dados próximos às fatias de pizza, certificando-se de que elas se refiram ao Nome de Categoria em vez de ao Valor.

5. Aumente o tamanho da fonte de todos os elementos textuais no gráfico.

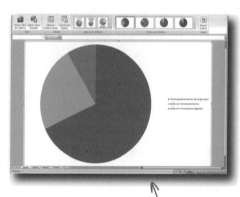

Aqui seu gráfico em sua própria planilha.

Você precisa abrir esta janela para consertar seus rótulos dos eixos.

Agora seus rótulos se moveram da legenda para as fatias da pizza.

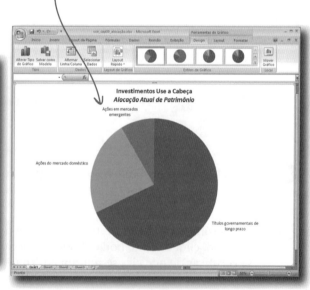

234 Capítulo 9

gráficos

não existem
Perguntas Idiotas

P: Isso faz sentido, mas parece que há um monte de outras opções nos menus dos gráficos. Se você quisesse mudar somente uma coisa, como eu faço para encontrar?

R: Essa é uma ótima questão, e há realmente um truque muito simples. Você pode clicar com o botão direito em qualquer dos componentes do seu gráfico, então se você quiser mudar um elemento no seu gráfico sempre clique com o botão direito nele para procurar o item de menu que vai mudar aquela coisa.

P: Então quando tudo mais falha, se eu quiser mudar alguma coisa no meu gráfico, eu devo clicar com o botão direito e explorar os menus?

R: Exatamente isso.

P: Os gráficos que vêm com o Excel são bem projetados? Quero dizer, se eu apenas usar os valores padrão, será que geralmente vou criar gráficos atraentes e legíveis?

R: Sim e não. A qualidade gráfica da visualização do Excel está maior do que já foi. Se você olhar os Estilos de Gráficos na aba Design, pode ver uma variedade de design que você pode rapidamente aplicar aos seus dados. O Excel nunca esteve melhor.

P: Estou sentindo que há um "porém" a caminho.

R: Sentiu corretamente. O "porém" é que nenhum programa pode tomar suas decisões de design por você, especialmente quando o assunto é gráficos. O fato do seu gráfico vir pré-pronto no Excel não é de muita ajuda se sua visualização não for analiticamente rigorosa e útil.

P: O Excel é a melhor ferramenta de gráficos de planilhas disponível?

R: Depende do que você está tentando conseguir. Se você tem dados e um problema que se encaixa direito nos gráficos pré-prontos, então provavelmente o Excel é a ferramenta para você. Se você precisa fazer visualizações estatísticas pesadas e de alto nível, você pode querer usar um programa como o pacote estatístico de código aberto R.

P: O que você está me dizendo é que eu tenho de aprender outro software?

R: Não necessariamente! Versões recentes do Excel estão mais poderosas e versáteis do que nunca, e as características do Excel são mais do que a maioria das pessoas precisa para gerenciarem seus dados. Mas não dói estar ciente de outras opções de visualização, e se você se encontrar gastando horas e horas forçando as características gráficas do Excel para criar um gráfico que ele não estava projetado para fazer, então você pode querer investigar outros programas de gráficos.

P: As pessoas fazem isso – usam o Excel para fazer gráficos que os projetistas do Excel nunca pensaram em dar suporte?

R: Um monte de pessoas usa o Excel para fazer coisas que os projetistas de planilhas nunca pensaram em dar suporte. E isso é uma das coisas mais bacanas sobre como as pessoas usam o Excel: os usuários sonham com características e então forçam o Excel a implementá-las (mesmo que de maneiras estranhas, algumas vezes), e, mais tarde, a Microsoft as pega e implementa de maneira amigável.

P: Qual é o fundo dessa questão?

R: Aprenda as características do Excel. Tantas quantas você puder. Apareça com maneiras criativas de aplicar essas características aos seus próprios problemas. E se você se encontrar gastando muito tempo forçando o Excel a resolver seus problemas, considere as características de plataformas de programação ou estatística mais desenvolvidas como R ou Python

P: Vamos voltar aos gráficos. Como eu sei qual gráfico usar com meus dados?

R: Você está prestes a descobrir. Seu cliente certamente vai precisar de que você crie mais gráficos para a grande apresentação...

Vamos ver o que seu chefe acha...

você está aqui ▶ **235**

questões sobre pizzas

Seu gráfico pizza não está indo bem com o artista gráfico corporativo

Seu gráfico pizza foi passado por aí, e um cara com quem você nunca lidou está dando uma opinião negativa.

Você não soube? As pessoas julgam comprimentos melhor do que áreas. Gráficos de pizza mostram áreas, então eles são ruins.

O argumento faz sentido para mim, apesar de me irritar estarmos lidando com isso. Conserte!

O artista gráfico corporativo

O artista está correto. Essa é uma crítica comum sobre os gráficos de pizza entre as pessoas que se importam muito com visualizações de dados, então você provavelmente deveria tentar outro gráfico. Mas não se preocupe: mudar o tipo de gráfico é rápido.

Vamos dar uma olhada nos outros tipos de gráficos.

gráficos

Combine cada gráfico do Excel com o quê ele faz. Qual gráfico você acha que seria uma melhoria com relação ao gráfico de pizza?

Deixa você plotar duas variáveis com a opção de ajustar uma curva aos pontos de dados.

Uma maneira de plotar instrumentos financeiros, mostrando preços mais altos, mais baixos e de fechamento.

Comparação básica, usando comprimento e uma ou mais variáveis.

Uma visualização que lhe deixa incluir uma terceira dimensão de área a um gráfico de dispersão.

Gráficos para plotar dados com três variáveis relacionadas.

Mostra a mudança de tendências, geralmente no tempo.

você está aqui ▸ **237**

compare os *tipos*

QUEM FAZ O QUÊ?
SOLUÇÃO

Combine cada gráfico do Excel com o que ele faz. Qual gráfico você acha que seria uma melhoria com relação ao gráfico de pizza?

Deixa você plotar duas variáveis com a opção de ajustar uma curva aos pontos de dados.

Uma maneira de plotar instrumentos financeiros, mostrando preços mais altos, mais baixos e de fechamento.

Comparação básica, usando comprimento e uma ou mais variáveis.

— Esse é o gráfico que devemos usar.

Uma visualização que lhe deixa incluir uma terceira dimensão de área a um gráfico de dispersão.

Gráficos para plotar dados com três variáveis relacionadas.

Mostra a mudança de tendências, geralmente no tempo.

gráficos

Exercício

Agora que você decidiu mudar seu gráfico de pizza para um gráfico de barras, vá em frente e faça essa mudança.

Clique neste botão aqui.

O Excel faz com que seja fácil mudar seu tipo de gráfico.

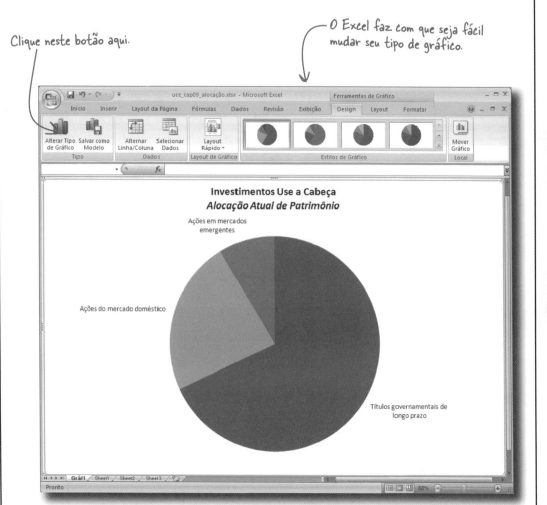

Os rótulos atualizaram corretamente? Talvez você tenha de ajustar as fontes.

um novo gráfico de barras

Exercício Solução

Você acabou de mudar seu gráfico de pizza em um gráfico de barras. Como foi a conversão?

O Excel se lembra do seu intervalo de dados.

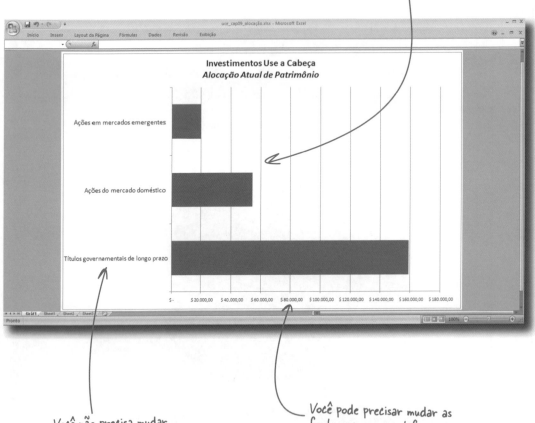

Você não precisa mudar o rótulo dos eixos.

Você pode precisar mudar as fontes para se certificar de que tudo esteja em proporção.

240   Capítulo 9

gráficos

Bom trabalho! Estamos muito satisfeitos com essa visualização. E eu acho que é hora de você fazer um projeto maior. Compare essas duas ações do nosso portfólio usando um gráfico de linha de série temporal.

Exercício

Crie um gráfico de linha para comparar a ação 1 com a ação 2. Ponha seu cursor dentro do intervalo de dados, e o Excel vai tentar descobrir quais colunas representam seus dados.

Qual ação foi melhor este ano?

....

....

....

....

Visite o site!

www.altabooks.com.br
(buscar pelo nome do livro)

você está aqui ▶ **241**

gráficos de séries temporais

Exercício Solução

Você acabou de criar um gráfico temporal para comparar duas ações. O Excel criou uma boa visualização?

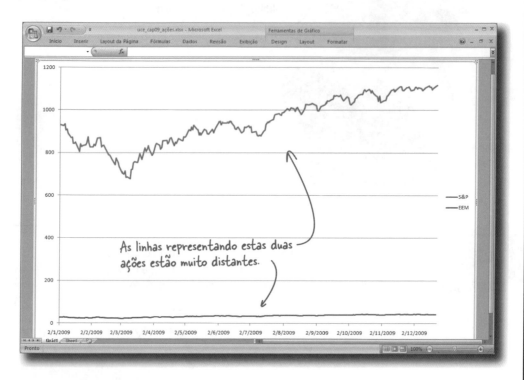

As linhas representando estas duas ações estão muito distantes.

Qual ação foi melhor este ano?

Parece que o Excel criou a visualização corretamente, mas há um problema. É difícil dizer qual ação foi melhor, porque elas têm valores muito diferentes. Os preços inicial e final da ação S&P são muito mais altos que os da ação EEM. As ações iniciaram em preços diferentes, então teremos de fazer alguma coisa com os dados para conseguir uma boa comparação.

gráficos

> Talvez você possa transformar os dados de forma que se iniciem da mesma base. Você poderia criar fórmulas que mostrassem a mudança percentual a partir de uma base.

Algumas vezes você precisa transformar os dados para fazer um gráfico mais efetivo. Criar gráficos efetivos não é apenas usar efetivamente as características de manipulação gráfica do Excel. Também é certificar-se de que seus dados estejam pré-processados corretamente para uma boa visualização.

Exercício

Escreva uma fórmula para mostrar a mudança percentual com relação ao Dia 1 para cada dia.

Defina estas colunas de base zero.

Para o primeiro período, insira zero. Para o segundo período, insira uma fórmula que calcule a mudança percentual do S&P com relação ao primeiro período.

	A	B	C	D	E
1	Data	S&P	EEM	S&P base zero	EEM base zero
2	2/1/2009	931,8	26,16	0,00%	0,00%
3	5/1/2009	927,45	26,5		
4	6/1/2009	934,7	27,1		
5	7/1/2009	906,65	25,5		
6	8/1/2009	909,73	25,43		
7	9/1/2009	890,35	24,88		
8	12/1/2009	870,26	23,83		
9	13/1/2009	871,79	23,9		
10	14/1/2009	842,62	22,74		
11	15/1/2009	843,74	23		
12	16/1/2009	850,12	23,25		
13	20/1/2009	805,22	21,52		
14	21/1/2009	840,24	22,69		
15	22/1/2009	827,5	21,94		
16	23/1/2009	831,95	22,22		

Formate as colunas como percentuais com duas casas decimais.

você está aqui ▸ **243**

transforme seus dados

Exercício
Solução

Você acabou de transformar seus dados para mostrar uma mudança percentual de uma base zero em vez do valor original. O que você encontrou?

Aqui está a fórmula que você quer usar.

=(B3−B2)/B2

	A	B	C	D	E
1	Data	S&P	EEM	S&P base zero	EEM base zero
2	2/1/2009	931,8	26,16	0,00%	0,00%
3	5/1/2009	927,45	26,5	-0,47%	
4	6/1/2009	934,7	27,1		
5	7/1/2009	906,65	25,54		
6	8/1/2009	909,73	25,43		
7	9/1/2009	890,35	24,88		
8	12/1/2009	870,26	23,83		
9	13/1/2009	871,79	23,9		
10	14/1/2009	842,62	22,74		
11	15/1/2009	843,74	23		
12	16/1/2009	850,12	23,25		
13	20/1/2009	805,22	21,52		
14	21/1/2009	840,24	22,69		
15	22/1/2009	827,5	21,94		
16	23/1/2009	831,95	22,22		

A fórmula mostra que o valor da S&P em 5/1 estava 0,47% menor do que em 2/1.

Vamos copiar a fórmula e plotar os dados...

244   *Capítulo 9*

gráficos

Exercício

Agora que você escreveu uma fórmula para mostrar a mudança percentual para uma unidade de tempo. Copie e cole a fórmula para todas as datas. Então plote seus novos dados.

① Copie e cole a fórmula para ambas as ações. Certifique-se de que você tenha inserido uma referência absoluta onde for necessário.

$$=(B3-B2)/B2$$

Você vai precisar incluir referências absolutas para fazer esta fórmula copiar corretamente.

② Crie um novo gráfico de linhas das séries temporais.

Volte para a aba Inserir para selecionar o gráfico que você quer criar.

Pegue um desses.

Dica: você pode ter de voltar ao menu que diz ao Excel quais dados selecionar. Você quer que o Excel selecione apenas seus novos dados, não todas as quatro colunas.

você está aqui ▶ **245**

plote seus novos dados

Exercício
Solução

Você acabou de copiar e colar suas novas funções de transformações de dados, e então você as plotou. Como está o gráfico agora?

Aqui estão suas referências absolutas.

=(C3–C$2)/C$2

Esta referência certifica-se de que você está sempre comparando o valor de patrimônio de qualquer dia com o valor original de 2 de janeiro.

A fórmula copia e cola suavemente para todos os valores.

Você precisa remover estas duas entradas de dados.

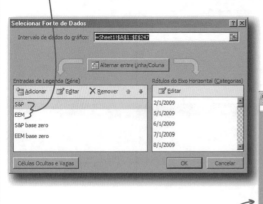

Aqui está seu novo gráfico.

Agora está mais fácil dizer como as ações se comportaram uma em relação a outra.

246 Capítulo 9

gráficos

Você está começando a ficar sem tempo...

> **De:** CEO
> **Para:** Use a Cabeça!
> **Assunto:**
>
> Caro Use a Cabeça!,
>
> Ouvi que o novo gráfico está ficando bom. Você pode se certificar de que ele esteja bem formatado?
>
> O corpo de diretores é um bando de chatos, e precisamos garantir que nossas visualizações exibam o máximo em profissionalismo.
>
> Oh, e só para saber, precisamos do seu gráfico bem rápido. Tipo, para ontem.
>
> Eu sei que você dá conta.
>
> – CEO

É melhor formatar seu gráfico para a grande apresentação...

Exercício

Formate seu gráfico de acordo com estes parâmetros.

1. Garanta que o título é: S&P *versus* EEM.

2. Ponha a legenda, que está à direita, na parte de baixo do gráfico.

3. Os rótulos das datas no eixo X estão meio longos e atrapalhando as linhas. Veja se dá para dar um jeito nisso.

você está aqui ▸ **247**

reformate seu gráfico

Exercício Solução

Você acabou de reformatar seu novo gráfico de linhas. Como ficou?

① Garanta que o título é: S&P *versus* EEM.

② Ponha a legenda, que está à direita, na parte de baixo do gráfico.

③ Os rótulos das datas no eixo X estão meio longos e atrapalhando as linhas. Veja se dá para dar um jeito nisso.

Sua visualização pode estar diferente.

Configure os rótulos de eixo como "Inferior" para colocá-los no fundo.

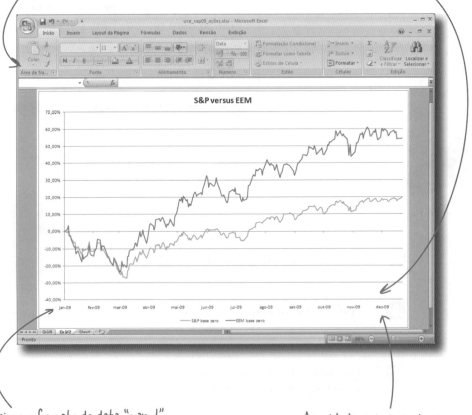

Selecione o formato de data "mar-1", para que os rótulos do eixo X mostrem apenas três letras do mês e o dia.

As unidades principais do eixo X estão fixas em 1 mês

248   Capítulo 9

gráficos

Seu relatório foi um grande sucesso...

Os dois gráficos que você criou fizeram sucesso com o corpo de diretores. Você tornou os dados acessíveis e elegantes através de visualizações gráficas.

você está aqui ▸ 249

10 análise de cenários

Realidades alternativas

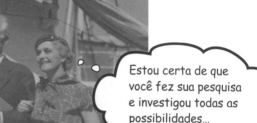

As coisas podem acontecer de várias maneiras diferentes.

Há todo o tipo de **fatores quantitativos** que podem afetar como seu negócio vai funcionar, como suas finanças vão ficar, como sua agenda vai acontecer, e por aí vai. O Excel é excelente em ajudar você modelar e gerenciar todas suas projeções, avaliando como mudanças nesses fatores vão afetar as variáveis que mais lhe importam. Neste capítulo, você vai aprender sobre três características – chave – **Cenários, Atingir Meta** e o **Solver** – que são projetadas para fazer a avaliação de todos seus "e se" ser uma moleza.

este é um novo capítulo ▶ 251

bonança das baguetes

Sua amiga Betty deve fazer anúncios?

Betty vende as melhores baguetes em Dadosville. Mas apesar do renome, ela está interessada em expandir seu negócio através de anúncios.

Ela gostaria de conseguir mais clientes para a sua, já estável, clientela. Entretanto, anúncios podem ser caros. Será que anunciar valeria a pena? Ela chamou você para ajudar, e se suas recomendações forem boas, suas baguetes vão ser por conta da casa.

252   Capítulo 10

análise de cenários

Exercício

Aqui está o fluxo de caixa semanal da Betty. Você vai ter de usar esta planilha como base para suas projeções sobre os custos de anunciar e a renda obtida. Retrabalhe a planilha para acomodar espaços para os custos com propaganda e a renda de **baguetes vendidas para novos clientes**. Onde você deve colocar essas novas informações?

Visite o site!

www.altabooks.com.br
(buscar pelo nome do livro)

Sua célula "Novos clientes" deve ficar em algum lugar por aqui.

Clique com o botão direito no número da linha para inserir uma nova linha.

Crie números fictícios para preencher os espaços em branco. Você pode usar números reais mais tarde.

Você precisa atualizar esta fórmula para acomodar o número de baguetes vendidas para novos clientes.

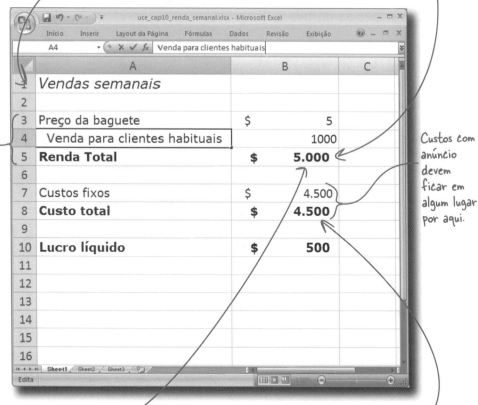

Esta fórmula multiplica o preço pelo número de baguetes vendidas.

Custos com anúncio devem ficar em algum lugar por aqui.

Atualize esta fórmula para incorporar os custos com anúncios.

Você está aqui ▸ **253**

mastigue alguns números

Exercício Solução

Você acabou de modificar a planilha da Betty para incorporar os números para novos clientes e custos com anúncios. Como foi?

Aqui estão os números genéricos.

Por enquanto são apenas números genéricos.

=B3*SOMA(B4:B5)

Esta fórmula agora soma B4:B5 antes de multiplicá-los por B3.

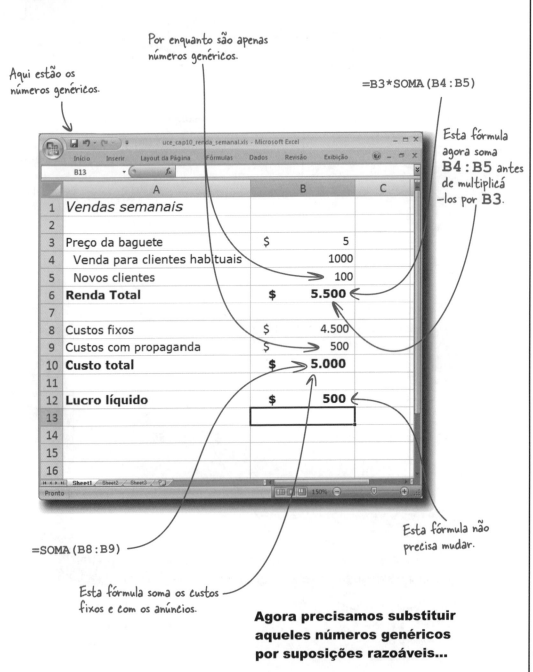

=SOMA(B8:B9)

Esta fórmula soma os custos fixos e com os anúncios.

Esta fórmula não precisa mudar.

Agora precisamos substituir aqueles números genéricos por suposições razoáveis...

análise de cenários

Betty tem projeções de melhor e pior caso para diferentes configurações

Betty já andou pensando sobre os cenários de melhor e pior caso para anúncios em TV e em revistas. Aqui está o que ela acha que são os parâmetros da decisão dela.

Betty projetou cenários de melhor e pior caso para TV e revista.

> OK, custa-me $ 100 para anunciar em uma revista. No melhor caso, vou conseguir 200 novos clientes. No pior caso, estou pensando em 20 novos clientes.

Vamos pegar uma dessas configurações e ver como ela afeta a renda. O que a planilha diz sobre o melhor caso do anúncio na revista?

> TV é um bicho diferente. Custa-me $ 700 para anunciar na TV, e, no melhor caso para TV, consigo 350 novos clientes, enquanto que, no pior caso, não consigo cliente algum.

Exercício

Use seu modelo de planilha para implementar o melhor caso para o anúncio em revista

Coloque as suposições dela nos espaços em branco que você criou.

Esse cenário mostra um aumento na renda líquida?

....

....

Você está aqui ▸ **255**

análise *de cenário*

Exercício
Solução

Você acabou de olhar o cenário do melhor caso para um anúncio em revista. Ele mostra algum tipo de vantagem sobre o que temos agora?

Custos com anúncio são de $ 100.

Betty acha que o melhor caso seria de 200 novos clientes.

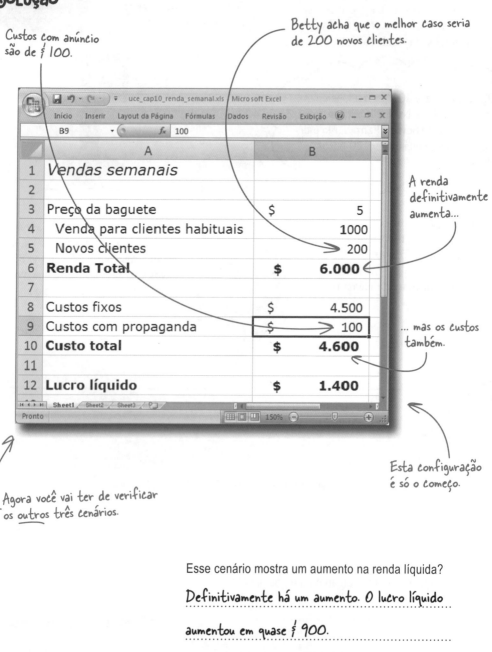

A renda definitivamente aumenta...

... mas os custos também.

Esta configuração é só o começo.

Agora você vai ter de verificar os outros três cenários.

Esse cenário mostra um aumento na renda líquida?

Definitivamente há um aumento. O lucro líquido aumentou em quase $ 900.

256   Capítulo 10

análise de cenários

Você precisa avaliar todos os cenários dela

O cenário de melhor caso para um anúncio em revista parece bom, mas é o melhor? E os cenários de pior caso? Para poder fazer uma recomendação, você vai ter de olhar **todas** as possibilidades projetadas por ela.

Possíveis situações após os anúncios

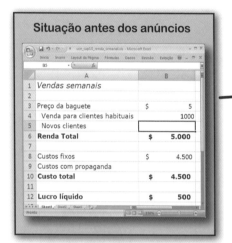

Não seria um sonho se eu pudesse de forma fácil e elegante gerenciar esses cenários dentro do Excel? Mas eu sei que isso é apenas uma fantasia...

Você está aqui ▸ **257**

gerencie cenários

Cenários lhe ajudam a manter registro das diferentes entradas para o mesmo modelo

Quando você refinou o fluxo de caixa da Betty para acomodar uma despesa com anúncio e uma renda resultante do anúncio, você aprimorou o **modelo** que ela estava usando para entender o negócio dela.

Ter um modelo é uma coisa, e conseguir as entradas corretas é outra. Você tentou um conjunto de entradas, mas e as outras três? Cenários são uma característica do Excel que ajuda você a manter registro de todos os seus diferentes conjuntos de entradas para o modelo.

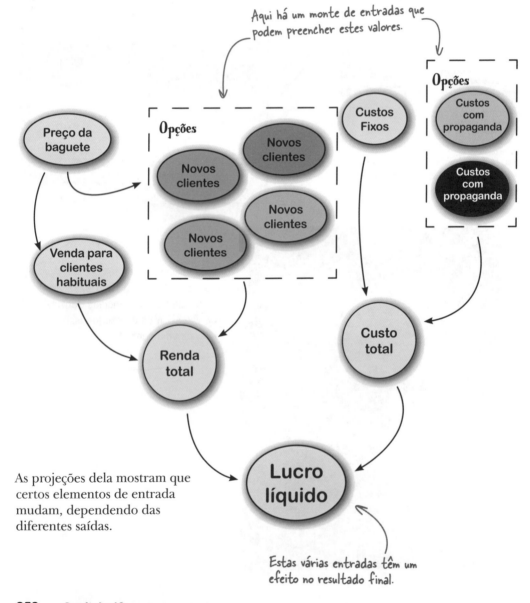

As projeções dela mostram que certos elementos de entrada mudam, dependendo das diferentes saídas.

258   Capítulo 10

análise de cenários

Cenários salvam diferentes configurações dos elementos que mudam.

Para dar uma voltinha com a característica Cenários, primeiro você precisa estar com sua rede de fórmulas (seu modelo) configurado. Depois, vá para o botão Teste de Hipóteses na aba Dados

Comece configurando os cenários aqui.

Aqui está a caixa de diálogo que você vê quando pressiona o botão Adicionar...

Aqui você digitará algo como "Revista Melhor Caso".

Clique no **Gerenciador de Cenários**... o que vai levar você para essa caixa de diálogo. Aqui você pode nomear cada um dos seus cenários e especificar quais células mudam e quais são os valores para essas células em cada cenário.

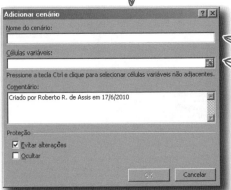

As células que você quer mudar são aquelas que você incluiu no modelo da Betty.

Exercício

Implemente cada uma das configurações da Betty usando a característica Cenário.

Estes são os custos da Betty para anúncio na TV e na Revista.

Aqui está o que ela vê como possíveis novos clientes para cada mídia.

	Custo
Revista	$100
TV	$700

	Melhor	Pior
Revista	200	20
TV	350	0

Você está aqui ▶ **259**

implemente os cenários

Exercício Solução

Você acabou de usar o Cenário para implementar cada uma das projeções da Betty sobre investimento em propaganda. O que você encontrou?

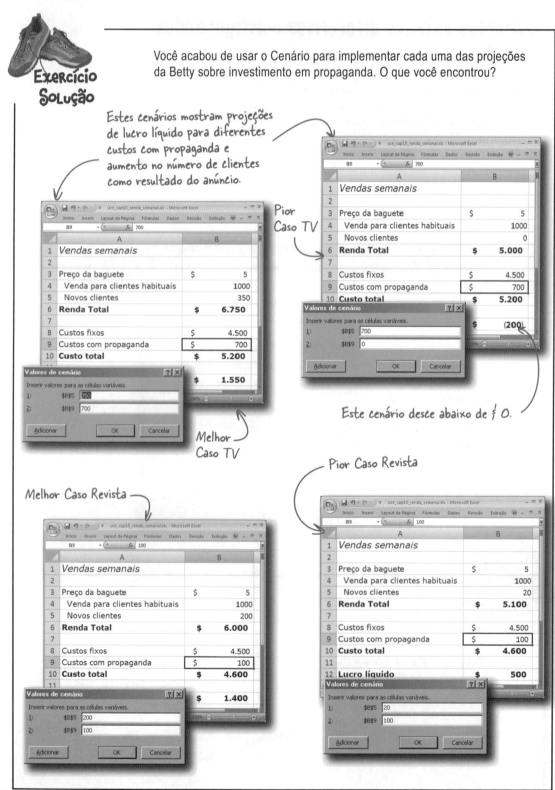

Estes cenários mostram projeções de lucro líquido para diferentes custos com propaganda e aumento no número de clientes como resultado do anúncio.

Pior Caso TV

Melhor Caso TV

Melhor Caso Revista

Pior Caso Revista

Este cenário desce abaixo de $ 0.

análise de cenários

Betty quer saber o ponto de equilibrio dela

Eu lhe dei projeções, mas agora me diga quais são meus pontos de equilíbrio para cada configuração. Em outras palavras, quantas baguetes eu tenho de vender para recuperar meu investimento em anúncios tanto em TV quanto em revista?

Você precisa criar alguns novos cenários.

Entretanto, o que são eles? Com os outros quatro ela lhe deu as entradas. Mas agora você precisa fazer um cálculo para encontrar quantos novos clientes são necessários para recuperar os custos dos anúncios em TV e em revista.

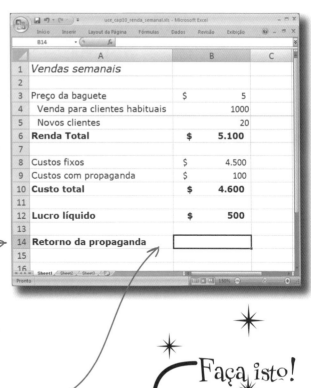

Você precisa incluir esta célula.

Se este valor for igual a zero, você está no ponto de equilíbrio para este tipo de anúncio.

Faça isto!

Crie uma nova célula na sua planilha chamada "**Retorno da propaganda**", e preencha essa célula com uma fórmula que subtraia da renda com os novos clientes o custo com a propaganda.

Você está aqui ▶ **261**

otimização com atingir meta

O Atingir Meta otimiza um valor testando um monte de valores diferentes

Com sua fórmula para calcular a quantidade de lucro que a Betty consegue em cima dos anúncios, você está em posição de descobrir a variável-chave que você não sabe: o número de novos clientes que ela precisa para atingir o ponto de equilíbrio.

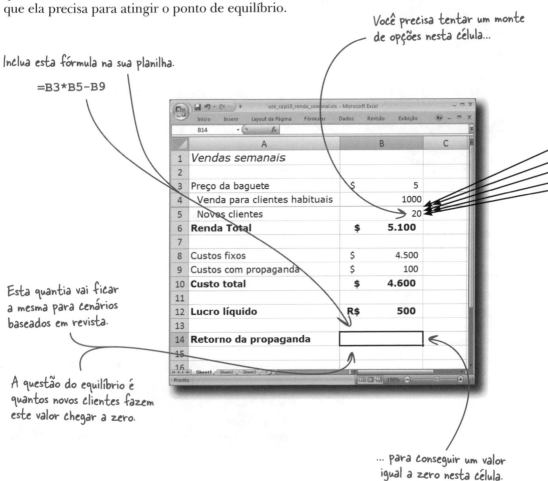

Inclua esta fórmula na sua planilha.

=B3*B5-B9

Você precisa tentar um monte de opções nesta célula...

Esta quantia vai ficar a mesma para cenários baseados em revista.

A questão do equilíbrio é quantos novos clientes fazem este valor chegar a zero.

... para conseguir um valor igual a zero nesta célula.

Atingir Meta é a característica que você precisa para colocar na célula B5 (sua contagem de novos clientes) o valor para fazer a célula B14 (seu retorno) ser igual a zero.

262   Capítulo 10

análise de cenários

O Atingir Meta opera **testanto um monte de valores diferentes em uma célula** de forma a fazer uma fórmula em outra célula ser igual ao valor que você quiser. Neste caso, você precisa que o Atingir Meta teste um monte de valores diferentes na sua célula Novos Clientes para descobrir qual faz seu retorno ser igual a zero.

Aqui está a caixa de diálogo do Atingir Meta

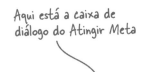

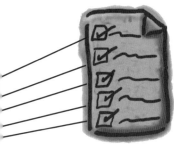

Faça este espaço se referir a sua fórmula de retorno.

O ponto de equilíbrio é onde B14 torna-se zero.

Opções a serem testadas

O Excel envia uma longa lista de valores candidatos.

Esta é a célula Novos Clientes.

Para fazer alguns testes no Atingir Meta, vá até o item de menu abaixo do Gerenciador de Cenários na aba Dados.

Aqui está o Atingir Meta.

Exercício

Encontre a contagem de novos clientes para o ponto de equilíbrio para os anúncios em TV e revista.

① Insira a nova célula da página anterior. A fórmula dela deve ser a quantidade de renda com os novos clientes menos o custo da propaganda.

② Salve em um cenário. Você precisa rodá-lo para o anúncio em revista?

Você está aqui ▸ **263**

o atingir meta fornece as respostas

Exercício
Solução

Você acabou de rodar o Atingir Meta para descobrir os pontos de equilíbrio para anúncios em TV e revista. O que você descobriu?

Este é o cenário de equilíbrio para a revista.

Aqui está como a caixa de diálogo do Atingir Meta deve ficar preenchida.

Isto vai calcular o número certo de novos clientes.

Você precisa de 20 clientes, o pior caso!

Aqui está como o Gerenciador de Cenários deve ficar com seus dois novos cenários.

Este é o cenário de equilíbrio para a TV..

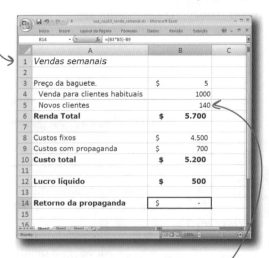

Você precisa de 140 novos clientes para atingir o ponto de equilíbrio

264   Capítulo 10

análise de cenários

não existem
Perguntas idiotas

P: Fico pensando na distinção entre "novos clientes" e "baguetes". E se eu tiver um novo cliente que compre 50 baguetes? E se seus clientes habituais comprarem mais baguetes como resultado do anúncio?

R: Boa observação. O modelo que nós temos assume que cada cliente compra uma baguete. Isso pode não ser verdade.

P: Então por que não mudar o modelo para incorporar esses detalhes?

R: Você poderia fazer isso, e a questão para você como analista é fazer com que seu modelo fique mais complexo e que vai valer o esforço.

P: Não parece que seria muito problemático.

R: Pode não ser tão problemático incorporar os detalhes que você mencionou, mas há muitos outros detalhes da realidade que não estão incorporados no modelo. Se achar que deve fazer com que seu modelo fique mais complexo, você precisa distinguir entre questões que afetam seus objetivos e aquelas que não afetam.

P: Parece então que é muito importante fazer direito o modelo em si.

R: Sim, com certeza. Estamos assumindo que o modelo da Betty e nossas modificações nele são bastante precisas. Quando você cria seus próprios modelos, você vai precisar ser realmente cuidadoso para se certificar de ter incorporado todas as variáveis relevantes, que essas variáveis estejam bem ligadas pelas fórmulas corretas e que os valores que você tem para essas variáveis sejam razoáveis.

P: O Atingir Meta me parece uma característica interessante, mas me parece que há outras maneiras de fazer os mesmos cálculos.

R: Ah, é?

P: Eu acho que provavelmente poderia apenas criar mais fórmulas – talvez um modelo auxiliar – para fazer o cálculo que acabamos de fazer.

R: É verdade. O Atingir Meta não é a mais poderosa ferramenta de otimização do Excel. Você poderia certamente escrever fórmulas para calcular o que acabou de descobrir sobre o ponto de equilíbrio para anúncios de TV e revista.

P: Eu poderia até escrever algumas equações algébricas e descobrir.

R: Sim, você poderia. A razão porque você usou o Atingir Meta, é porque ele é rápido e fácil. Mesmo que você aprenda ferramentas mais poderosas, você ainda vai utilizar o Atingir Meta porque ele é muito simples. A caixa de diálogo tem apenas três lugares para você inserir informações.

P: O Atingir Meta sempre retorna a resposta correta?

R: Se há uma única resposta correta, o Atingir Meta consegue encontrá-la. Mas nem sempre há uma resposta para a questão que você está fazendo, depende das fórmulas do seu modelo.

P: E se eu não quiser definir um valor com um número específico, eu apenas quero que ele seja o maior possível? Como o Retorno, por exemplo. Eu quero o maior retorno que eu conseguir.

R: O Atingir Meta faz uma única fórmula chegar a um único valor mudando uma única célula.

P: Isso me leva a outra questão. E se eu tiver mais de uma variável que eu queira mudar?

R: Se esse é o seu problema, parece que você precisa de uma ferramenta mais poderosa.

P: OK, você disse que o Atingir Meta não é a mais poderosa ferramentas de otimização do Excel. Qual é?

R: Você está prestes a descobrir!

Você está aqui ▸ **265**

mude seu modelo

Betty precisa que você insira mais complexidade no modelo

> O modelo é na verdade muito simples: eu posso mudar o preço da minha baguete, o que tem um efeito nas vendas. Vamos deixar o preço da baguete se mover entre $3 e $6.

Ainda estamos tentando maximizar nosso lucro líquido olhando os cenários de pior e melhor caso para novos consumidores. Mas modelar esses cenários pode ficar difícil, porque…

> Além disso, vamos esquecer a opção da revista. Seu trabalho me convenceu a seguir com os anúncios de TV em vez dos de revista.

Ela precisa que você faça duas coisas que o Atingir Meta não consegue

O Atingir Meta faz o valor de uma fórmula chegar a um valor mudando uma célula. Mas você precisa ser capaz de fazer mais, uma vez que o problema dela precisa que você…

O Atingir Meta não consegue lidar com nenhum deles.

1. **Mude os valores de mais de uma variável.** Agora você tem de levar em conta novos consumidores e o preço da baguete para sua projeção de lucro líquido.

2. **Coloque restrições em uma das variáveis.** Os preços da baguete não podem ser qualquer número: eles têm de estar em algum lugar entre $3 e $6.

Você precisa de um Atingir Meta mais poderoso…

266   Capítulo 10

análise de cenários

O Solver pode lidar com problemas de otimização muito mais complexos

O padrão-ouro para otimização no Excel é o poderoso utilitário suplementar Solver. Ele vem como uma instalação opcional em toda cópia do Excel para Windows.

Em um **problema de otimização** você tem uma célula-alvo que você quer maximizar, minimizar ou fazer chegar a algum valor mudando outras células que podem estar sujeitas a restrições.

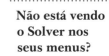

Não está vendo o Solver nos seus menus?

O Solver está lá; apenas não está instalado ainda. Vá até o Apêndice ii para ver como instalar o Solver.

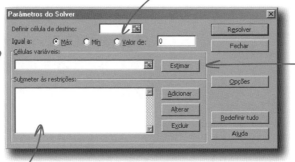

Aqui está a janela do Solver.

Máx e Mín são opções que você não tem dentro do Atingir Meta.

Você quer mudar tanto o número de possíveis novos clientes, quanto o preço da baguete.

Suas restrições afetam os limites das suas variáveis. A Betty tem restrições no preço da baguete, por exemplo.

Para iniciar o Solver, vá para a extrema direita da aba Dados na Faixa de Opções

Clique aqui para abrir o Solver

Exercício

Queremos maximizar nosso lucro líquido para anúncios na televisão. Vamos começar a configurar nossa otimização com o Solver.

① Abra o Solver e defina sua célula alvo. Essa é a célula que contém o valor que você quer maximizar.

② Defina as células que você quer mudar. O Solver vai tentar um número de valores diferentes para essas células de forma a maximizar sua célula-alvo.

implemente o Solver

Exercício Solução

Você acabou de configurar a primeira parte da sua otimização com o Solver. Você inseriu os parâmetros corretos?

1. Abra o Solver e defina sua célula alvo. Essa é a célula que contém o valor que você quer maximizar.

2. Defina as células que você quer mudar. O Solver vai tentar um número de valores diferentes para essas células de forma a maximizar sua célula-alvo.

Sua célula alvo é a B12.

B12 é onde você tem sua fórmula do lucro líquido.

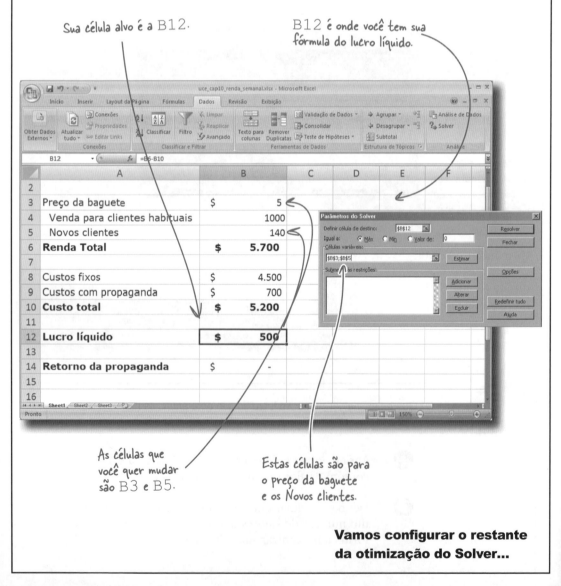

As células que você quer mudar são B3 e B5.

Estas células são para o preço da baguete e os Novos clientes.

Vamos configurar o restante da otimização do Solver...

268 Capítulo 10

análise de cenários

Exercício

Finalize sua otimização do Solver. Quanto lucro líquido a Betty pode esperar se ela usar o anúncio na TV?

1. Finalmente, defina suas restrições. Betty nos disse que o preço da baguete dela pode variar entre $ 3 e $ 6, então isso é uma restrição. Para esse cenário, defina esta aqui também: seu número máximo de novos clientes é igual a 350.

Se você não definisse um limite superior para seus Novos clientes, o Solver levaria isso para o infinito.

2. Clique **Resolver** para rodar o Solver. O que o Solver diz para você? Escreva sua resposta abaixo.

....
....
....
....

Escreva sua resposta aqui.

Você está aqui ▶ **269**

restrições na otimização

Exercício Solução

Você acabou de inserir suas restrições e rodou o Solver. O que aconteceu?

1. Finalmente, defina suas restrições. Betty nos disse que o preço da baguete dela pode variar entre $3 e $6, então isso é uma restrição. Para esse cenário, defina esta aqui também: seu número máximo de novos clientes é igual a 350.

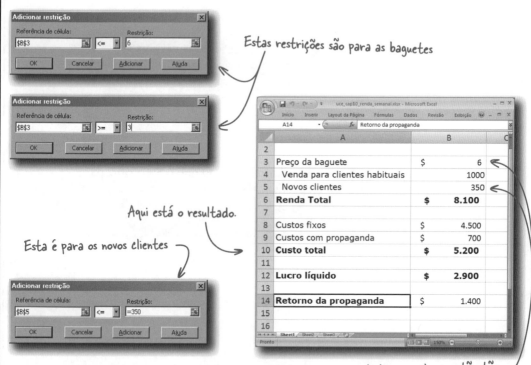

Estas restrições são para as baguetes

Aqui está o resultado.

Esta é para os novos clientes

Ambos os valores estão tão altos quanto podem ser.

2. Clique **Resolver** para rodar o Solver. O que o Solver diz para você? Escreva sua resposta abaixo.

O Solver pega ambas as células que dissemos que podiam ser mudadas e as coloca em seu valor máximo. As baguetes estão em seu valor possível máximo, e o maior número possível de novos é o esperado. O número do lucro líquido resultante é alto: $ 2.900.

análise de cenários

Pare! Esse modelo não faz sentido. Ele assume que mudar o preço não vai afetar mais nada no modelo.

Ela está certa. No mundo real, você não pode aumentar seus preços sem as pessoas notarem. Seus modelos, de alguma forma, têm de reconhecer que outras variáveis podem ser mudadas por uma variação no preço das baquetes.

PODER DO CÉREBRO

Como uma mudança no preço das baguetes afeta as outras variáveis no modelo?

....

....

verifique suas suposições

Faça uma verificação de validade no seu modelo do Solver

O Solver vai lhe dar respostas otimizadas, desde que seu modelo esteja correto. Mas ele não sabe se seu modelo está baseado na realidade.

Você sempre tem de verificar suas fórmulas para garantir que seu modelo corresponde à realidade corretamente.

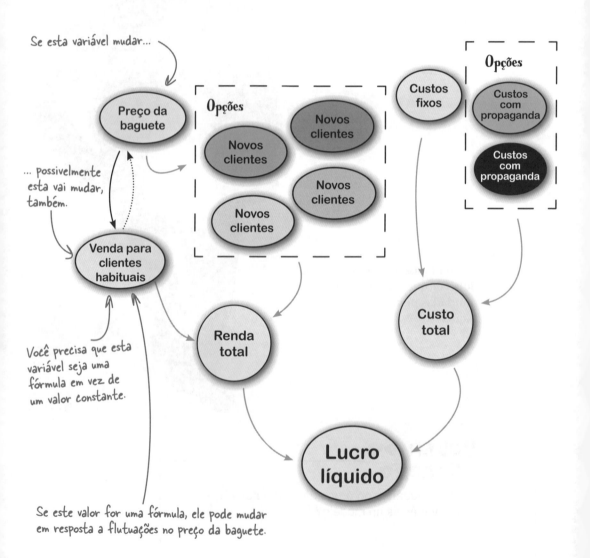

***análise** de cenários*

Eu encomendei um relatório econômico para descobrir o relacionamento entre o preço da baguete e a demanda.

Esta equação descreve a relação entre suas variáveis.

$$y = -300x^2 + 2200x - 2500$$

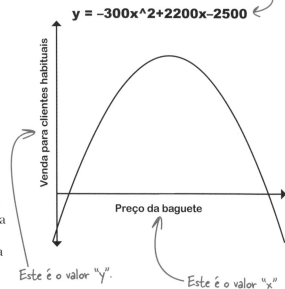

Parece que Betty gastou uma grana e fez um economista criar uma equação para descrever o relacionamento entre o custo das baguetes e a quantidade vendida para os clientes habituais. Esse tipo de coisa praticamente grita para ser transformada em uma fórmula do Excel.

Este é o valor "y".

Este é o valor "x"

Exercício

Escreva a fórmula para incorporar essa equação no seu modelo.

Esta célula deve receber sua fórmula..

Sua fórmula deve representar o "x" como o preço da baguete.

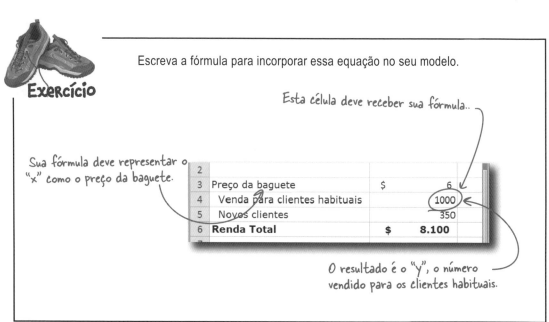

2			
3	Preço da baguete	$	6
4	Venda para clientes habituais		1000
5	Novos clientes		350
6	**Renda Total**	$	8.100

O resultado é o "y", o número vendido para os clientes habituais.

Você está aqui ▶ **273**

modifique seu modelo

Exercício Solução

Você acabou de inserir uma nova fórmula para calcular o número de clientes habituais que vai comprar as baguetes da Betty dado o preço dessas baguetes. Que fórmula você usou?

Aqui está sua nova fórmula.

O "x" na fórmula é substituído por uma referência à célula B3.

`=-300*B3^2+2200*B3-2500`

Deve haver uma queda muito acentuada perto de quando ela atinge $6, porque a equação retorna uma contagem negativa de consumidores aqui.

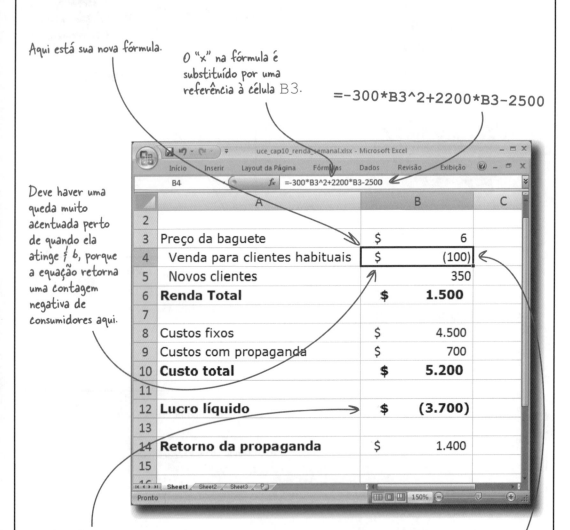

Isso não é um lucro líquido encorajador, mas talvez o Solver possa retornar um cenário que prediga melhores resultados.

Se o Excel mudou para a formatação Contábil quando você escreveu a fórmula, mude a formatação da célula de volta para Geral.

análise de cenários

Agora você apenas tem de rodar de novo o Solver e vai ter suas projeções! Você possivelmente vai obter um número diferente dessa vez.

Faça isto!

Vá em frente e rode o Solver de novo.

Uma vez que você já o configurou, você não tem de fazer nenhum tipo de modificação nas suas células alvo, restrições, ou qualquer outro elemento do problema de otimização. A mudança que você fez é no modelo em si, então o Solver vai apenas tentar maximizar seus lucros novamente, como fez anteriormente, mas dessa vez com um modelo um pouquinho diferente.

projeções no Solver

O Solver calculou suas projeções

Quando você o rodou novamente, ele usou as mesmas suposições que você lhe deu anteriormente, mas, dessa vez, os resultados da fórmula foram todos diferentes, porque você inseriu uma fórmula para providenciar uma melhor predição do número de clientes habituais que iriam comprar baguetes no preço que o Solver achasse que fosse melhor. Aqui está o que aconteceu:

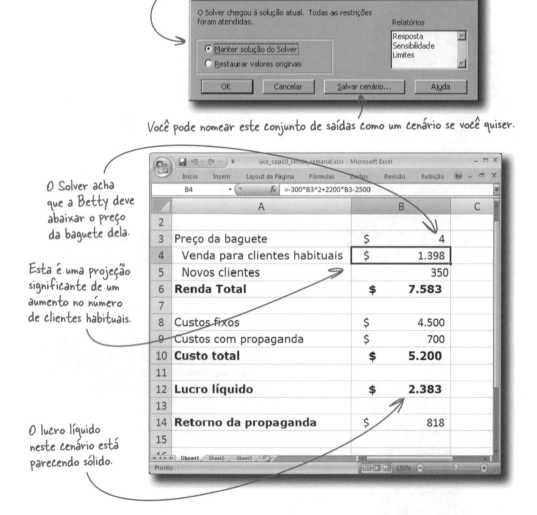

O Solver acha que a Betty deve abaixar o preço da baguete para $4, o que vai otimizar a compra pelos seus clientes habituais; mas não para mais baixo do que isso, o que poderia danificar a renda. Essa configuração representa um cenário de melhor caso para anúncio na TV.

276 Capítulo 10

análise de cenários

O cenário de melhor caso da Betty aconteceu...

... e ela é uma cliente muito, muito feliz. A reação do público ao anúncio dela na TV parece inacreditavelmente positiva.

> Isso é fantástico. Eu realmente senti que olhar todos aqueles cenários – especialmente os criados pelo Solver – me deu um sentido melhor das minhas opções. E quem iria adivinhar? A realidade seguiu o modelo. Baguetes grátis para você.

Todo tipo de novos clientes estão fazendo fila para comer as baguetes da Betty!

11 funções para texto

Letras como dados

O Excel ama seus números, mas consegue lidar também com seu texto.
Ele possui um conjunto de funções projetadas para lhe possibilitar a manipulação de **dados textuais**.
Há muitas aplicações para essas funções, mas uma que todos que trabalham com dados têm de
lidar é o que fazer com dados *bagunçados*. Muitas vezes, você vai receber dados que não estão de
forma alguma no formato que você precisa que eles estejam – eles podem ter vindo de um banco de
dados estranho, por exemplo. Funções textuais brilham ao deixar você puxar elementos dos dados
bagunçados de forma a poder fazer uso analítico deles, como você está prestes a descobrir…

desastre de dados

Seu banco de dados analítico sobre consumidores quebrou!

Um relâmpago atingiu seu escritório e apagou todos os seus HDs, incluindo o **seu banco de dados de consumidores**. Sem problema. É só pegar os discos de backup, certo?

Errado. O cara que cuidava dos backups esqueceu de fazê-los (ele envia desculpas). Felizmente, você tem *algo* que talvez seja capaz de usar. O que se diz é que, um rascunho confuso de um e-mail enviado alguns dias atrás pode ter alguma informação aproveitável sobre seus contatos...

Ah, eu desmontei essa coisa e ainda assim não consegui fazê-la funcionar. Que porcaria! Como vou lidar com nossos clientes se eu não sei quem eles são?

O computador quebrou.

Ele tinha todos os seus dados sobre consumidores nele.

Sua funcionária em pânico

funções *para texto*

Aqui estão os dados

Aquele e-mail tinha sua lista de clientes, tudo bem, mas a lista não está parecendo muito boa. Todos os dados estão misturados. Um dos seus funcionários carregou e salvou a lista em um arquivo do Excel para você...

www.altabooks.com.br
(buscar pelo nome do livro)

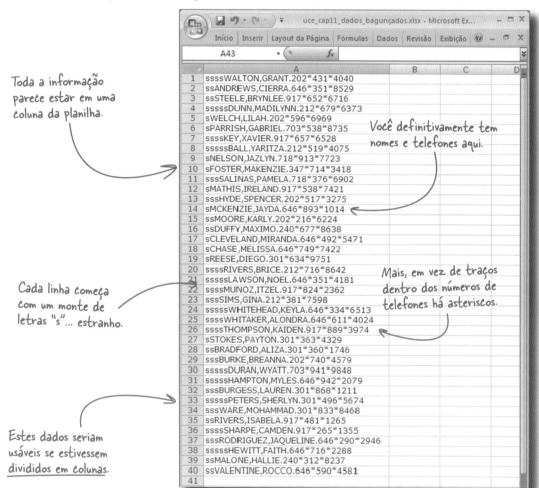

Toda a informação parece estar em uma coluna da planilha.

Você definitivamente tem nomes e telefones aqui.

Cada linha começa com um monte de letras "s"... estranho.

Mais, em vez de traços dentro dos números de telefones há asteriscos.

Estes dados seriam usáveis se estivessem divididos em colunas.

Seus dados bagunçados estão todos misturados na mesma coluna. Como você separa os dados bons do lixo?

PODER DO CÉREBRO

Olhe na barra de ferramentas. Quais características do Excel você acha que poderia quebrar esses dados em múltiplas colunas?

você está aqui ▸ **281**

textos para colunas

Texto para Colunas usa um delimitador para dividir seus dados

Texto para Colunas é uma grande ferramenta que deixa você dividir seus dados em colunas usando um **delimitador**, que é simplesmente um caractere de texto que significa as quebras entre os diferentes pontos de dados. Se seu delimitador é, digamos, um ponto, o Texto para Colunas vai colocar os dados à esquerda do ponto em uma coluna, os dados à direita do ponto em outra coluna e então apagar o ponto.

Nota Geek

CSV é um formato de arquivo realmente popular para dados. As letras significam **C**omma **S**eparated **V**alues (Valores Separados por Vírgula). Para esses arquivos, as vírgulas* agem como delimitadores. O formato é tão comum que quando você carrega um arquivo CSV, o Excel automaticamente divide os dados em colunas usando o delimitador vírgula.

Aqui tudo está misturado em uma coluna.

Texto para Colunas divide seus dados em colunas.

Se você tiver mais de um tipo de delimitador, você pode ter de rodar o Texto para Colunas mais de uma vez. Nesse caso, você tem um ponto como delimitador, assim como uma vírgula, e você pode até tratar aqueles "s" estranhos como delimitadores, o que faria com que o Excel se livrasse deles.

Aqui você diz ao Excel qual caractere age como delimitador, ou quais caracteres.

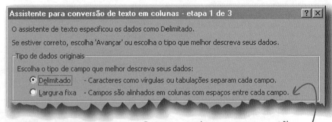

Se seus pontos de dados estão arranjados em colunas com os dados separados por espaços, clique "Largura fixa".

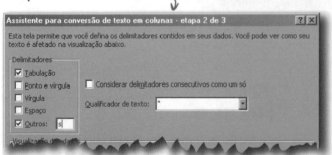

Clique Concluir para pular a etapa 3 do Assistente que é sobre formatação dos dados.

*NRT: Não é raro, em computadores no Brasil, encontrarmos arquivos entitulados CSV na verdade separados por ponto e vírgula. Isto está relacionado com as configurações regionais e de idioma. Faça o teste: salve um arquivo como CSV no Excel e depois abra no Bloco de Notas.

funções para texto

Exercício

Tente usar o Texto para Colunas para consertar esses dados bagunçados. Primeiro certifique-se de que seu cursor esteja dentro dos dados. Você provavelmente vai ter de **rodá-lo uma segunda** vez para pegar o delimitador ponto.

Você vai ter de rodar o Texto para Colunas mais de uma vez para se livrar de todos seus delimitadores.

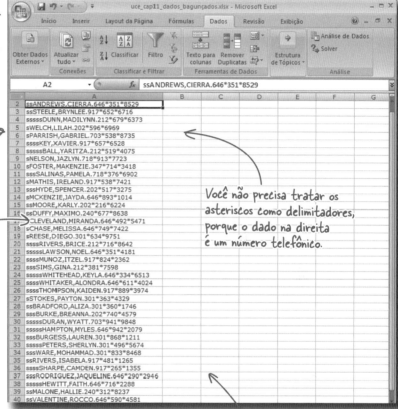

Você não precisa tratar os asteriscos como delimitadores, porque o dado na direita é um número telefônico.

Assegure-se de dizer ao Excel para tratar os delimitadores "s" consecutivos como um só, porque você tem um monte deles.

Quando você especifica que o "s" é um delimitador, o Excel vai colocar uma coluna à esquerda deles a qual você pode apagar.

Uma vez que tenha feito a divisão dos dados, podemos consertar as letras maiúsculas e os asteriscos no telefone.

rodando o *texto para colunas*

Exercício Solução

Você acabou de usar o Texto para Colunas para dividir seus dados em múltiplos pedaços. Como foi?

Aqui estão os sobrenomes.

Aqui estão os nomes.

Estes são os números de telefone.

Isto está com uma aparência muito melhor do que os dados bagunçados que você recebeu.

O Texto para Colunas fez um bom trabalho.

funções para texto

> Ah, nós usávamos as letras "s". Na verdade, elas eram dados! Elas significavam "estrelas", e eram uma classificação da qualidade dos nossos clientes. Precisamos delas, será que há um jeito de você trazê-las de volta?

O Texto para Colunas não funciona para todos os casos

Para os iniciantes, você precisa de um delimitador, ou pelo menos que seus elementos de dados estejam igualmente espaçados. Aqui você não tem nenhum: as letras "s" não estão igualmente espaçadas, não são delimitadores, e não há nada que as separe do próximo elemento dos dados: o sobrenome.

	A
1	ssssWALTON,GRANT.202*431*4040
2	ssANDREWS,CIERRA.646*351*8529
3	ssSTEELE,BRYNLEE.917*652*6716
4	sssssDUNN,MADILYNN.212*679*6373

Não há delimitadores entre estes dois campos de dados.

Faça isto!

Melhor clicar no **Desfazer** algumas vezes para começar do início. Você vai precisar de um pouco mais de poder de fogo para esse problema. Não havia fórmulas para lidar com dados em forma de texto?

Pressione Desfazer algumas vezes para fazer os dados voltarem ao seu formato bagunçado original e, depois, procure por fórmulas para texto nos arquivos de Ajuda.

você está aqui ▸ **285**

as funções de texto do excel

O Excel tem um conjunto de funções para lidar com texto

Anteriormente, você usou a função `VALOR()` para converter dados em forma de texto em números, mas a função `VALOR()` é apenas o início das funções de texto do Excel. O Excel tem um conjunto de funções para lidar com todos os tipos de situações nas quais você tenha de mudar ou consultar dados textuais.

Aqui estão as funções de texto do Excel.

Clique aqui para ver a referência das funções textuais.

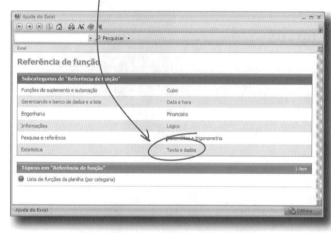

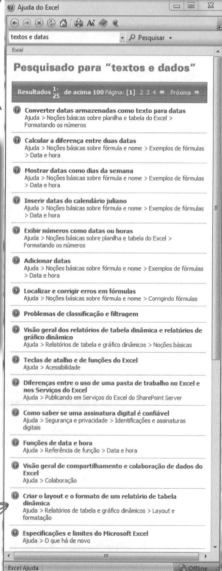

Há um monte delas!

Você vai usar algumas delas para limpar esse banco de dados, e no futuro, quando você tiver problemas de texto que o Texto para Colunas não possa resolver, você deverá verificar nos arquivos de Ajuda em busca de outras soluções baseadas em funções.

funções *para texto*

QUEM FAZ O QUÊ?

Combine cada função de texto do Excel com o que ela faz. Quais funções você usaria para extrair as letras "s" e os números de telefone dos dados bagunçados?

ESQUERDA   Remove espaços duplicados e espaços em cada lado do texto numa célula.

DIREITA   Pega o texto mais à esquerda em uma célula. Você diz quantas letras você quer.

PROCURAR   Retorna o valor de uma ou mais células postas juntas.

ARRUMAR   Retorna um número que representa a posição de um texto procurado em uma célula

CONCATENAR   Pega o texto mais à direita em uma célula.

você está aqui ▸ 287

compare as funções

QUEM FAZ O QUÊ?
SOLUÇÃO

Combine cada função de texto do Excel com o que ela faz. Quais funções você usaria para extrair as letras "s" e os números de telefone dos dados bagunçados?

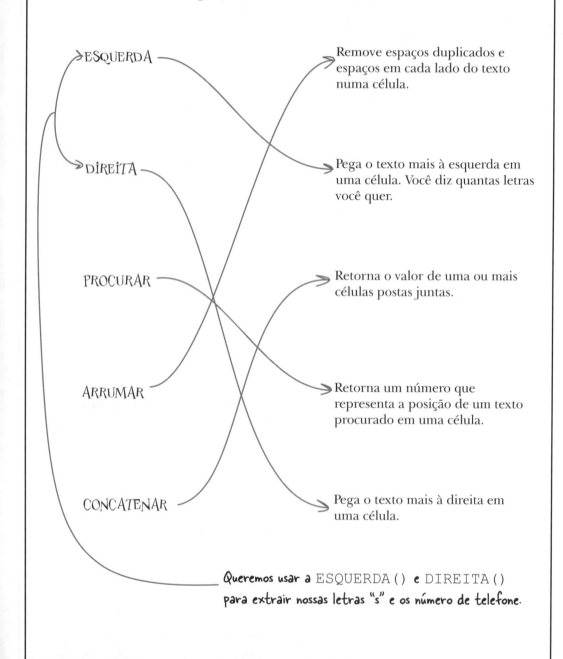

ESQUERDA — Remove espaços duplicados e espaços em cada lado do texto numa célula.

DIREITA — Pega o texto mais à esquerda em uma célula. Você diz quantas letras você quer.

PROCURAR — Retorna o valor de uma ou mais células postas juntas.

ARRUMAR — Retorna um número que representa a posição de um texto procurado em uma célula.

CONCATENAR — Pega o texto mais à direita em uma célula.

Queremos usar a ESQUERDA() e DIREITA() para extrair nossas letras "s" e os número de telefone.

funções *para texto*

ESQUERDA e DIREITA são funções básicas de extração

Você precisa extrair letras do lado esquerdo das suas células (as letras "s") e do lado direito da suas células (os números de telefone). Para fazer isso, você pode usar as funções ESQUERDA() e DIREITA(). Aqui está a sintaxe.

Aqui vai o texto ou a referência da célula onde você quer extrair os caracteres.

=DIREITA(célula alvo; nº de caracteres)

Este é um valor ou uma fórmula indicando quantos caracteres pegar.

Você vai pôr uma fórmula com essa função em uma nova célula, e a fórmula vai apontar para seus dados originais e dizer quantos caracteres pegar.

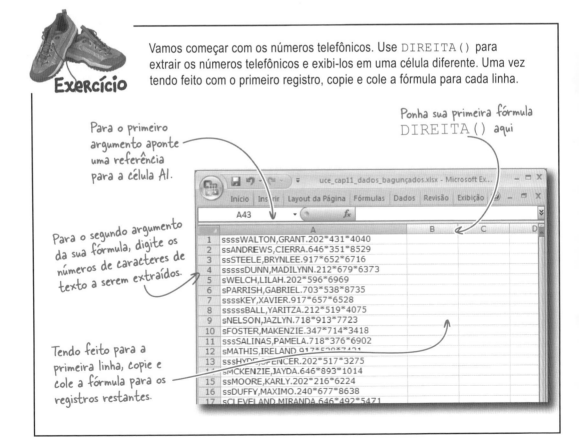

Exercício

Vamos começar com os números telefônicos. Use DIREITA() para extrair os números telefônicos e exibi-los em uma célula diferente. Uma vez tendo feito com o primeiro registro, copie e cole a fórmula para cada linha.

Para o primeiro argumento aponte uma referência para a célula A1.

Para o segundo argumento da sua fórmula, digite os números de caracteres de texto a serem extraídos.

Ponha sua primeira fórmula DIREITA() aqui

Tendo feito para a primeira linha, copie e cole a fórmula para os registros restantes.

você está aqui ▸ **289**

testando a *direita()*

Exercício Solução

Você acabou de usar a função de texto DIREITA() para extrair os números de telefone dos seus dados originais. Você conseguiu pegar o que queria dessa bagunça?

Aqui está a fórmula a ser usada.

=DIREITA(A1;12)

A1 é apenas o primeiro registro dos dados bagunçados.

Você quer extrair 12 caracteres porque o número de telefone em si tem 10 caracteres e há dois asteriscos.

Os dados originais continuam intactos, uma vez que a fórmula está retornando dados limpos em um novo local.

A fórmula copia e cola sem problemas para cada registro.

Você tem todos os seus números de telefone.

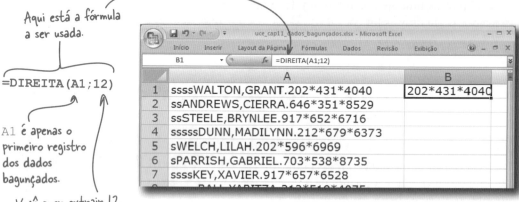

Agora você pode extrair as letras "s"...

290   *Capítulo 11*

funções **para texto**

Você precisa variar os valores que vão para o segundo argumento

Na fórmula DIREITA() que você usou para extrair números telefônicos, você disse ao Excel para extrair 12 caracteres, o que funcionou para os números telefônicos. Mas a contagem de letras "s" varia entre as células – de uma letra a cinco.

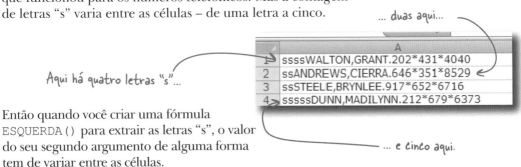

Aqui há quatro letras "s"...

... duas aqui...

Então quando você criar uma fórmula ESQUERDA() para extrair as letras "s", o valor do seu segundo argumento de alguma forma tem de variar entre as células.

... e cinco aqui.

Exercício

① Crie títulos para as colunas, porque você vai ter um monte de colunas. Clique com o botão direito no botão 1 na direita da primeira linha e diga ao Excel para inserir uma linha. Daí digite alguns títulos de coluna.

② Ordene seus dados pela coluna A. Isso vai agrupar registros que tenham um número similar de "s".

③ Na coluna C, digite o número de letras "s" em cada linha. Uma vez que registros similares vão estar agrupados juntos, você deve ser capaz de copiar e colar.

④ Finalmente, na coluna D, crie uma fórmula ESQUERDA() que vá retornar as letras "s". Faça seu segundo argumento se referir ao número que você acabou de criar na coluna C.

Assegure-se de inserir títulos de colunas na sua nova linha.

Ponha sua fórmula ESQUERDA() aqui.

Ordene os dados e digite o número de "s" nesta coluna.

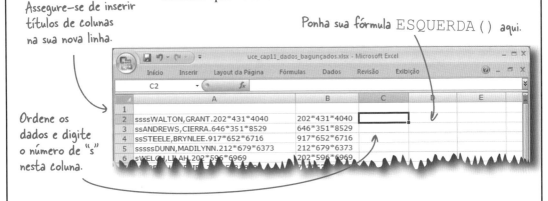

você está aqui ▸ **291**

usando esquerda()

Exercício Solução

Você acabou de criar uma coluna cheia de números representando a contagem das letras "s" em cada célula. Daí você criou uma fórmula ESQUERDA() usando esse número para extrair as letras dos seus dados brutos. Como foi?

Aqui estão seus títulos de colunas.

Estes dados estão ordenados pela sua coluna Original.

É fácil copiar e colar os valores dos Nº de Estrelas quando você as escreve.

Esta coluna mostra o número de estrelas em cada linha dos seus dados.

Aqui está a fórmula que você precisa.

=ESQUERDA(A2;C2)

A fórmula copia e cola sem problemas.

Agora você tem dois elementos extraídos dos seus dados brutos e bagunçados.

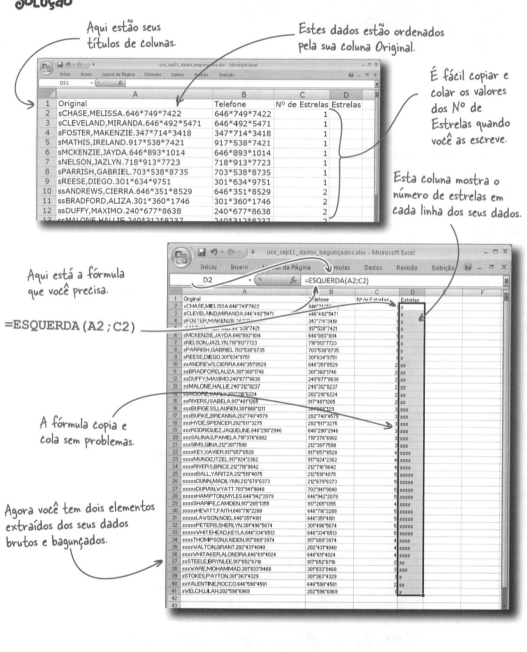

292   *Capítulo 11*

funções *para texto*

O negócio está começando a sofrer por causa da falta dos dados dos clientes

Os dados em que você está trabalhando são realmente importantes, e sem eles seus funcionários estão começando a ter problemas.

> Odeio chateá-lo por causa disso, mas eu preciso dos dados dos nossos clientes! Neste instante, eu não consigo entrar em contato com ninguém, o que está prejudicando seriamente os negócios.

Melhor cuidar dos nomes e sobrenomes rápido!

Sabe, como você já extraiu os valores de ambos os lados dos seus dados brutos, seria bom se você pudesse usar essa informação para pegar os nomes. Seria bom se você pudesse usar os dados que você extraiu para cortar as pontas dos seus dados brutos.

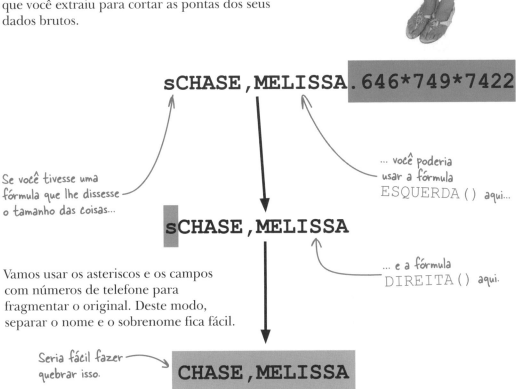

sCHASE,MELISSA.646*749*7422

Se você tivesse uma fórmula que lhe dissesse o tamanho das coisas...

... você poderia usar a fórmula ESQUERDA() aqui...

sCHASE,MELISSA

Vamos usar os asteriscos e os campos com números de telefone para fragmentar o original. Deste modo, separar o nome e o sobrenome fica fácil.

... e a fórmula DIREITA() aqui.

Seria fácil fazer quebrar isso.

CHASE,MELISSA

você está aqui ▶ **293**

aninhando fórmulas textuais

Exercício

A função NÚM.CARACT() retorna o número de caracteres no seu argumento, e ela pode lhe ajudar a extrair os nomes dos seus dados brutos.

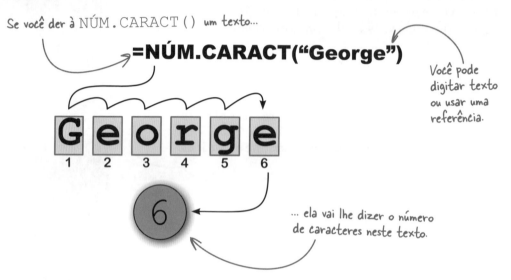

① Crie duas colunas para dados bagunçados de transição. Na primeira coluna, você vai tirar o número de telefone dos dados originais. Na segunda coluna, você vai tirar as estrelas dos dados originais.

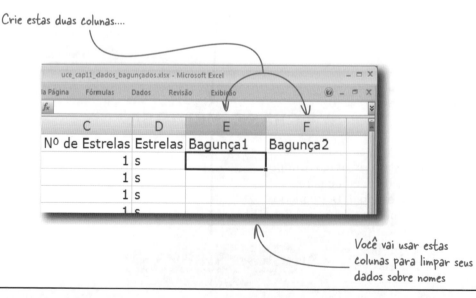

294   Capítulo 11

funções para texto

2 Escreva uma função que tire os caracteres mais à esquerda dos dados originais.

Quantos caracteres? Uma quantidade igual ao **tamanho dos dados originais** menos o **comprimento do número de telefone**. O segundo argumento da sua fórmula ESQUERDA() deve conter outra fórmula que faça esse cálculo.

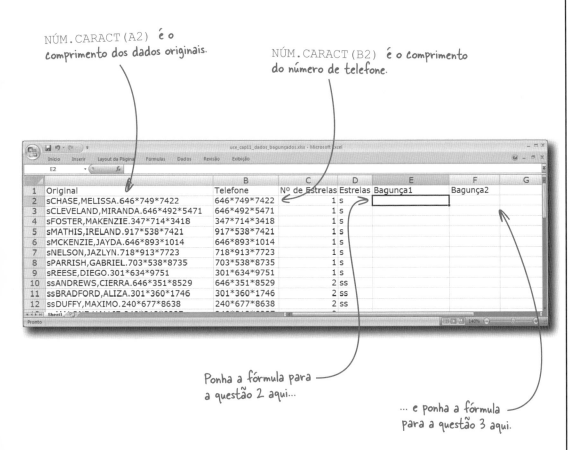

NÚM.CARACT(A2) é o comprimento dos dados originais.

NÚM.CARACT(B2) é o comprimento do número de telefone.

Ponha a fórmula para a questão 2 aqui...

... e ponha a fórmula para a questão 3 aqui.

3 Agora escreva uma função que tire os caracteres mais à direita do seu novo valor. Quantos? Uma quantidade igual ao comprimento do seu novo valor menos o comprimento do seu valor de estrelas.

núm.caract() e *esquerda()*

Exercício Solução

Você acabou de escrever fórmulas para extrair os nomes dos seus dados brutos. Como foi?

Este é o número de caracteres na célula menos o comprimento do número telefone.

Aqui está sua primeira fórmula.

=ESQUERDA(A2; NÚM.CARACT(A2)-NÚM.CARACT(B2))

Aqui está seu dado bruto com o comprimento do número telefônico removido.

Aqui está sua segunda fórmula.

=DIREITA(E2;NÚM.CARACT(E2)-NÚM.CARACT(D2))

Este valor é igual ao número de caracteres na célula E2 menos o comprimento dos caracteres "s".

Agora você tem um valor quase limpo — consistindo no nome do cliente!

296   Capítulo 11

funções *para texto*

A planilha está começando a ficar grande!

A planilha está ficando complexa, mas estamos fazendo muito progresso. Vá em frente e copie/cole as duas fórmulas que você acabou de criar para o resto das linhas na sua planilha.

Estes são valores intermediários que você criou para limpar seus dados.

Aqui estão seus dados limpos até agora.

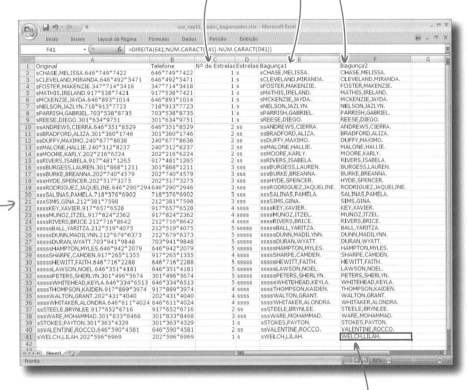

Próximo passo: extrair os últimos nomes.

Você precisa da maneira de extrair o sobrenome dos dados que você criou na coluna D. Parece claro que você pode usar uma fórmula ESQUERDA(), mas você precisa criar um outro argumento baseado em fórmula para especificar o número de caracteres a serem pegos.

Você precisa de uma fórmula que vai dizer a **posição numérica da vírgula**. Quando você usa como argumento, sua fórmula ESQUERDA() vai saber quantos caracteres pegar para retornar o sobrenome.

Que fórmula vai dizer a posição numérica da vírgula?

você está aqui ▶ **297**

introduzindo procurar()

PROCURAR() retorna um número especificando a posição do texto

PROCURAR() é uma função que retorna um número que diz onde uma string desejada pode ser encontrada dentro de um pedaço de texto. Digamos que você esteja procurando pela posição do texto "x" na expressão "Use a Cabeça! Excel".

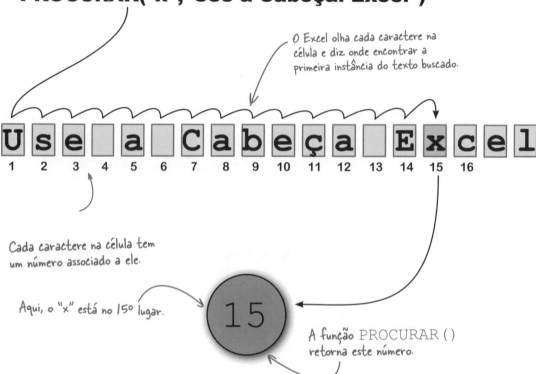

Porque você precisaria de uma função dessas? Bem, para iniciantes, você poderia usá-la junto com as fórmulas ESQUERDA() e DIREITA() para extrair o número de caracteres que varia de fórmula para fórmula.

Vamos usar PROCURAR() para extrair nosso campo Último Nome...

funções *para texto*

Exercício

Use PROCURAR() dentro da fórmula ESQUERDA() para especificar a posição da vírgula, dizendo à ESQUERDA() quantos caracteres pegar para retornar o valor **Último Nome**.

1 Combine ESQUERDA() e PROCURAR() em uma fórmula para extrair os sobrenomes da coluna F2.

2 Copie e cole para cada linha dos dados bagunçados.

PROCURAR() deve procurar pela vírgula na célula F2.

Ponha sua fórmula em uma nova coluna Último Nome.

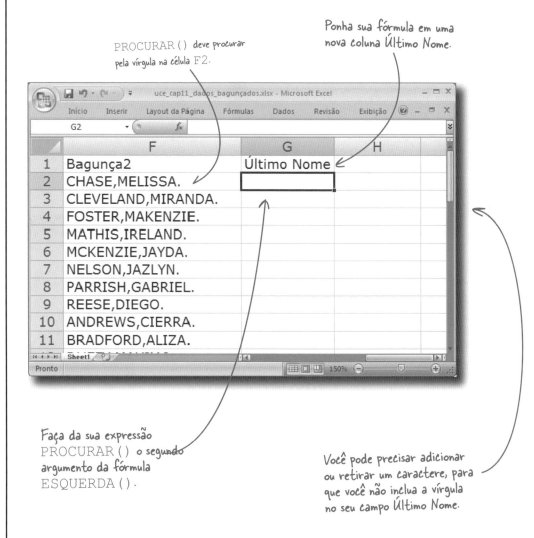

Faça da sua expressão PROCURAR() o segundo argumento da fórmula ESQUERDA().

Você pode precisar adicionar ou retirar um caractere, para que você não inclua a vírgula no seu campo Último Nome.

você está aqui ▶ **299**

mais aninhamento

Exercício Solução

Você acabou de combinar duas fórmulas para obter seu campo Último Nome. O que aconteceu?

Esta fórmula procura pela vírgula, e retorna o último nome...

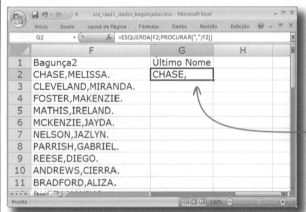

=ESQUERDA(F2;PROCURAR(",";F2))

... mas ela também inclui a vírgula no resultado, então você precisa de uma fórmula que exclua a vírgula.

Tudo que você tem de fazer é subtrair 1 do valor da sua fórmula PROCURAR(), e sua vírgula é excluída.

=ESQUERDA(F2;PROCURAR(",";F2)-1)

Agora seu Último Nome foi extraído!

> Essa fórmula ESQUERDA/PROCURAR é bacana e tudo mais, mas não seria mais fácil neste caso apenas usar o Texto para Colunas? Temos um delimitador simples aqui, por que não usá-lo?

300   Capítulo 11

*funções **para texto***

não existem
Perguntas idiotas

P: O Texto para Colunas não seria a maneira mais fácil de lidar com esse problema?

R: Texto para Colunas é definitivamente rápido e fácil. Você poderia utilizá-lo nesse caso.

P: Então, por que não o fizemos?

R: Se e quando usar o Texto para Colunas em vez de fórmulas é realmente uma preferência pessoal, e não há nada de errado em usar isso aqui. Mas há uma grande razão para usar fórmulas em primeiro.

P: Porque é a maneira mais difícil, então é fácil se exibir?

R: Não mesmo! Você sempre deveria preferir usar fórmulas em situações em que você pensa que pode querer voltar atrás e traçar exatamente como seus dados limpos foram derivados dos dados bagunçados.

P: Por que você se importaria? Desde que os dados limpos estejam funcionando corretamente, não está tudo bem?

R: Se você tiver dados bagunçados que tenham um único e simples padrão neles, você provavelmente não terá de voltar e ver como derivou seus dados limpos. Se cada ponto de dado estiver separado por um delimitador, e você usar o Texto para Colunas, você provavelmente não terá problemas com seus dados limpos não coincidindo com seus dados originais.

P: Mas se os dados originais forem complicados, é uma história diferente.

R: Exatamente. Os dados de clientes que você salvou do e-mail têm diversos padrões em sua bagunça: os dois primeiros campos (estrelas e nomes) não estão separados por um delimitador, o último e o primeiro nome estão separados por vírgula e o primeiro nome e o número de telefone estão separados por um ponto, e não se esqueça dos asteriscos dentro do número telefônico.

P: Os dados estão realmente uma zona.

R: E por estarem uma zona, você tem de fazer um monte de coisas para consertá-los. Ao criar uma planilha grande e cheia de fórmulas, você também definiu uma auditoria para poder revisar se seus dados limpos não coincidirem com seus dados bagunçados perfeitamente mais tarde.

P: Mas há um monte de casos em que eu preciso usar o Texto para Colunas, certo?

R: Claro. Limpar dados bagunçados – o que todos nós temos de fazer num momento ou em outro – é sobre encontrar condições de contorno entre seus pontos de dados individuais. E essas condições são normalmente delimitadores de algum tipo. Se não for uma vírgula ou ponto, podem ser espaços. Então a maior parte do campo de limpeza de dados zoneados envolve identificar essas condições de contorno e fazer o programa dividir os dados utilizando-as.

P: Qual é e o que o Texto para Colunas faz?

R: Certo. E se você rodá-lo de novo e de novo. O Texto para Colunas consegue normalmente fazer algumas divisões bem complicadas. Apenas se lembre de que você sacrificou a habilidade de voltar e ajustar as fórmulas que usou para obter resultados diferentes. Uma vez que você tenha rodado o texto para Colunas nos dados, ele remove os dados originais e lhe deixa com as novas colunas.

P: Eu acho que no primeiro nome, que é o último campo que temos, estamos seguros se formos com o Texto para Colunas. Agora, todo o trabalho com fórmulas que fizemos para quebrar a bagunça original deixou o restante muito simples.

R: Então vá em frente e use o Texto para Colunas!

Você consegue rodar o Texto para Colunas na coluna Bagunça 2? O que acontece quando você tenta?

você está aqui ▸ **301**

limites do texto para colunas

O Texto para Colunas vê suas fórmulas, não seus resultados

Há um pequeno porém em relação a rodar essa operação nos dados que você criou na coluna Bagunça2:

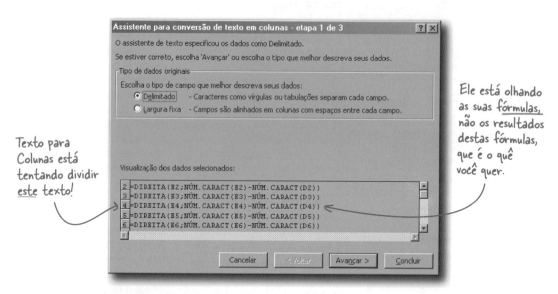

Texto para Colunas faz o que diz que faz: pega **texto** e quebra em colunas. Mas aqui o Excel quer tratar suas fórmulas como texto. Isso não vai funcionar: você precisa pegar as fórmulas e transformá-las em *valores*.

Colar Especial deixa você colar com opções

O Colar Especial é uma operação fantasticamente útil no Excel, que deixa você copiar alguma coisa e então – em vez que colar uma cópia exata do original – colar uma modificação do original.

Você pode usar o Colar Especial para colar os valores de retorno das fórmulas que você copiou em vez das fórmulas em si. E é só isso o que você precisa fazer com os dados das colunas Bagunça 2.

funções *para texto*

Exercício

Para rodar o Texto para Colunas na sua coluna Bagunça 2, você precisa fazer o Colar Especial > Colar Valores nos conteúdos dela para uma nova coluna em primeiro lugar. Faça isso e então rode o Texto para Colunas para quebrar seu primeiro e último nomes enquanto se livra da vírgula e do ponto.

Copie estes dados.

Ponhas seu cursor aqui e escolha Colar Especial → Colar Valores.

Então rode o Texto para Colunas nos seus novos dados.

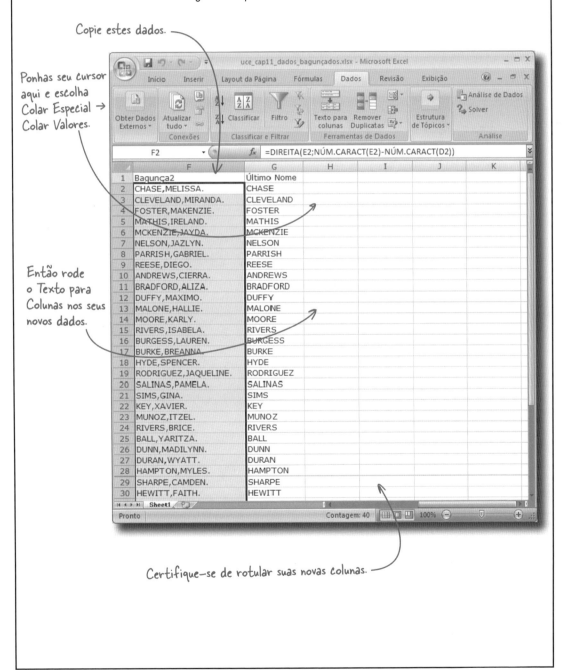

Certifique-se de rotular suas novas colunas.

você está aqui ▸ **303**

colar especial

Exercício Solução

Você acabou de rodar o Colar Especial > Colar Valores para tornar seus dados prontos para a operação Texto para Colunas. O que aconteceu?

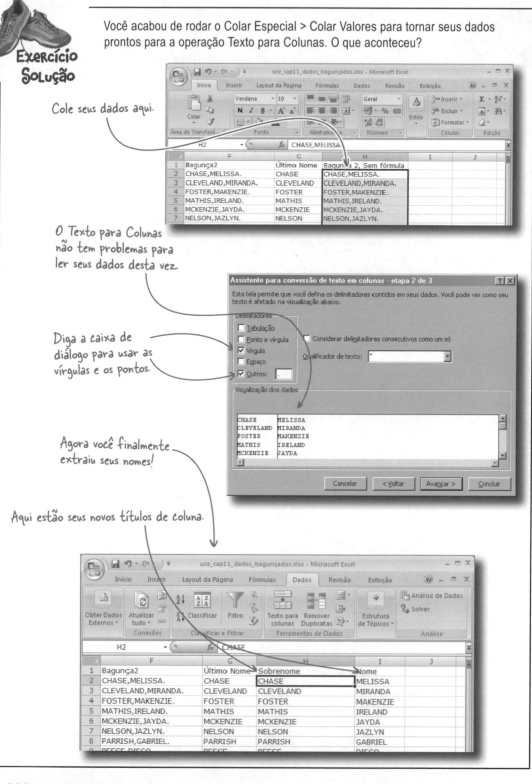

Cole seus dados aqui.

O Texto para Colunas não tem problemas para ler seus dados desta vez.

Diga a caixa de diálogo para usar as vírgulas e os pontos.

Agora você finalmente extraiu seus nomes!

Aqui estão seus novos títulos de coluna.

*funções **para texto***

Parece que o tempo está acabando...

> **De:** Funcionária
> **Para:** Use a Cabeça!
> **Assunto:** O banco de dados...
>
> **Caro Use a Cabeça!,**
>
> **Dá para me mandar os dados? Sei que consertar é difícil, mas estou começando a receber telefonemas raivosos dos clientes que estão imaginando se nós os esquecemos. Está ficando sinistro.**
>
> **Ainda há tempo de remendar as coisas, mas não muito. Dá para me mandar os dados?**
>
> **— Sua Funcionária**

Uau... ela está começando a ficar nervosa!

Melhor dar conta disso.

Exercício

Você extraiu com sucesso todos seus dados da zona original, mas para que sua funcionária possa usar seu trabalho, você precisa de uma versão perfeitamente limpa.

Estes passos vão fazer seu trabalho ficar perfeito.

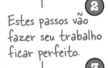

① **Conserte a caixa dos seus nomes.** Use a função PRI.MAIÚSCULA() para fazer com seus nomes se pareçam com Isto em vez DISTO. Procure essa função na Ajuda se você precisar aprender como usá-la.

② **Troque os asteriscos nos números de telefone por traços.** Use a função SUBSTITUIR(), procurando na Ajuda se você precisar.

③ **Copie tudo para uma nova planilha com Colar Especial > Colar Valores.**

④ **Remova as colunas que você não precisa mais da sua nova planilha.**

você está aqui ▸

novas funções de texto

Exercício Solução

Você acabou de passar pelos passos finais do conserto dos seus dados para que sua funcionária possa usá-lo. Como foi?

1. Conserte a caixa dos seus nomes. Use a função PRI.MAIÚSCULA() para fazer com seus nomes se pareçam com ISTO em vez DISTO. Procure essa função na Ajuda se você precisar aprender como usá-la.

Esta fórmula é bem simples — ela só leva um argumento.

=PRI.MAIÚSCULA(H2)

Você pode copiar e colar esta fórmula para todos os valores de nome.

	H	I	J	K
1	Sobrenome	Nome	Sobrenome	Nome
2	CHASE	MELISSA	Chase	Melissa
3	CLEVELAND	MIRANDA	Cleveland	Miranda
4	FOSTER	MAKENZIE	Foster	Makenzie
5	MATHIS	IRELAND	Mathis	Ireland
6	MCKENZIE	JAYDA	Mckenzie	Jayda
7	NELSON	JAZLYN	Nelson	Jazlyn
8	PARRISH	GABRIEL	Parrish	Gabriel

2. Troque os asteriscos nos números de telefone por traços. Use a função SUBSTITUIR(), procurando na Ajuda se você precisar.

O segundo e o terceiro argumentos são o que você quer encontrar e pelo que quer substituir.

=SUBSTITUIR(B2;"*";"-")

Aqui está a SUBSTITUIR() em ação.

	G	H	I	J	K	L
1	Último Nome	Sobrenome	Nome	Sobrenome	Nome	Telefone
2	CHASE	CHASE	MELISSA	Chase	Melissa	646-749-7422
3	CLEVELAND	CLEVELAND	MIRANDA	Cleveland	Miranda	646-492-5471
4	FOSTER	FOSTER	MAKENZIE	Foster	Makenzie	347-714-3418
5	MATHIS	MATHIS	IRELAND	Mathis	Ireland	917-538-7421
6	MCKENZIE	MCKENZIE	JAYDA	Mckenzie	Jayda	646-893-1014
7	NELSON	NELSON	JAZLYN	Nelson	Jazlyn	718-913-7723

funções para texto

3 Copie tudo para uma nova planilha com Colar Especial > Colar Valores.

Estas tarefas são bem simples.

4 Remova as colunas que você não mais precisa da sua nova planilha.

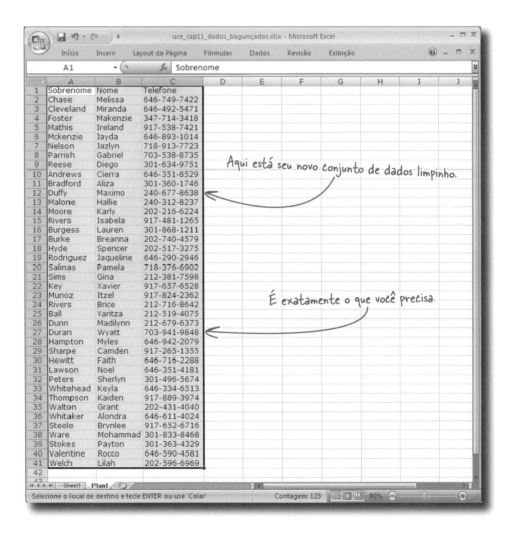

Aqui está seu novo conjunto de dados limpinho.

É exatamente o que você precisa.

*o triunfo das **fórmulas de texto***

Sua crise de dados está resolvida!

Este capítulo começou com uma verdadeira bagunça: você recebeu uma pilha de dados zoneados, que era tudo o que restou do seu banco de dados de clientes. Mas com a ajuda das poderosas fórmulas de texto do Excel, você consertou aquela bagunça.

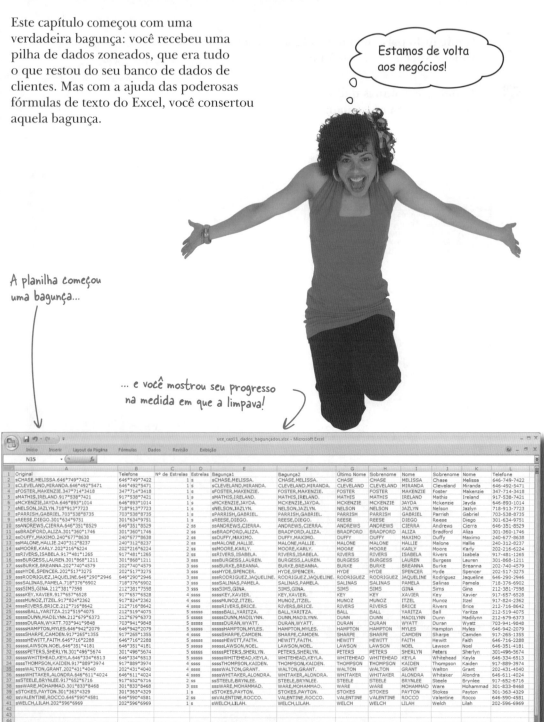

Estamos de volta aos negócios!

A planilha começou uma bagunça...

... e você mostrou seu progresso na medida em que a limpava!

12 tabelas dinâmicas

Agrupamento barra-pesada

Tabelas dinâmicas estão entre as mais poderosas ferramentas do Excel.
Mas o que são elas? E por que deveríamos nos importar? Para os novatos no Excel, as tabelas dinâmicas estão entre as características mais *intimidantes* do Excel. Porém a proposta dela é bem simples: **agrupar dados rapidamente** para que você possa analisá-los. Como você vai ver, agrupar e resumir dados usando tabelas dinâmicas é ***muito mais rápido*** do que agrupamentos usando fórmulas. Quando você terminar este capítulo, estará virando e revirando seus dados no Excel mais rápido do que você achava que era possível.

este é um novo capítulo   **309**

uma nova análise é necessária

O Semanário Automotivo Use a Cabeça! precisa de uma análise para a edição anual de resenhas dos carros.

O Semanário Automotivo Use a Cabeça! - SAUC - chamou você para ajudá-los a criar algumas **visualizações de tabelas** a partir dos dados anuais de testes dos carros.

Os leitores da revista são fanáticos por dados; eles amam olhar as estatísticas de todos os carros disponíveis. Por um lado, é bom ter leitores tão apaixonados, mas por outro, é um atraso que você tenha de virar e revirar os dados dos carros de tantas maneiras para poder satisfazê-los.

Visite o site

www.altabooks.com.br
(buscar pelo nome do livro)

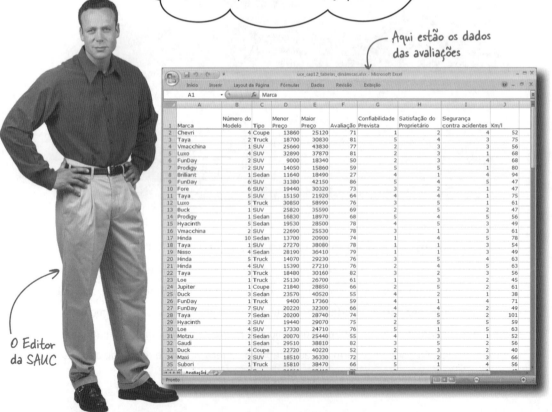

Este vai ser um grande projeto, então é melhor providenciar um copão de café. Eu preciso que você sumarize, vire e revire os dados dos carros de toda a maneira que puder. Especialmente o consumo dos veículos. Por que você não começa por ali?

O Editor da SAUC

Aqui estão os dados das avaliações

*tabelas **dinâmicas***

Aponte seu lápis

O editor lhe fez um pedido bem amplo. Usando os campos nos seus dados, imagine quatro maneiras de agrupar e resumir a informação Km/L (kilômetros por litro). Uma está fornecida para você.

1 A média de Km/L agrupada por Marca e Tipo

Aqui está um exemplo

2

3

4

5

Ponhas suas respostas aqui.

Descreva alguns dos passos que você teria de dar para implementar esses resumos usando fórmulas. Quanto tempo você acha que demoraria para fazer tudo isso?

você está aqui ▸　**311**

fazendo brainstorm dos resumos

**Aponte seu lápis
Solução**

Você acabou de fazer um brainstorm para arranjar um bando de maneiras de resumir os dados com base no Km/L. O que você encontrou?

① A média de Km/L agrupada por Marca e Tipo.

② O Km/L mínimo para cada Marca.

③ O Km/L máximo para cada tipo de carro.

④ O Km/L médio agrupado por confiabilidade e Marca.

⑤ O Km/L médio das SUVs abaixo de R$ 40.000.

Descreva alguns dos passos que você teria de dar para implementar esses resumos usando fórmulas. Quanto tempo você acha que demoraria para fazer tudo isso?

Levaria um bocado de tempo. Para cada um desses, eu teria de escrever fórmulas para agrupar os dados de uma ou mais maneiras, e teria de escrever fórmulas tipo MÉDIA ou MÁXIMO que realmente calculariam os resumos.

*tabelas **dinâmicas***

Pediram para você fazer um monte de operações repetitivas

Há **complexidade** nesses resumos de dados que você imaginou. Você pode virar e revirar os dados de um milhão de maneiras diferentes, e isso levaria uma eternidade.

Contudo, há **simplicidade** também. Esses resumos fazem você realizar basicamente o mesmo tipo de operação de novo e de novo: aplicar fórmulas a vários grupos e subgrupos de dados.

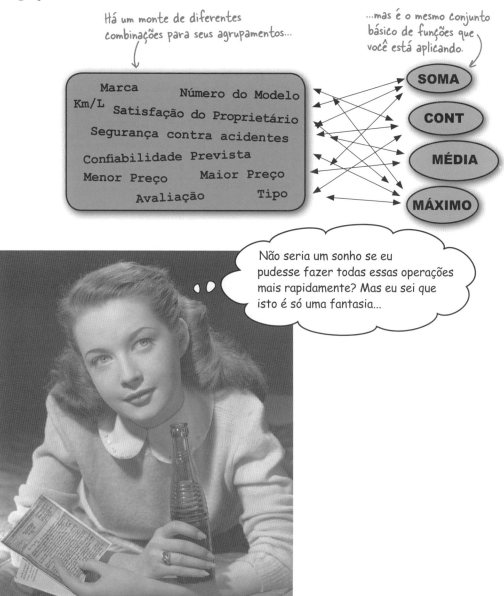

você está aqui ▶ 313

conheça **as tabelas dinâmicas**

Tabelas dinâmicas são uma ferramenta incrivelmente poderosa para resumir dados

Como você agrupa dados de um bando de maneiras diferentes e resume os agrupamentos com fórmulas? A melhor abordagem é usar as tabelas dinâmicas do Excel. Tabelas dinâmicas são uma característica extraordinariamente poderosa do Excel que deixa você, rapidamente e visualmente, rodar essas operações. Aqui está a ideia básica por trás de como fazê-las.

O que você quer fazer é pegar seus dados e pôr os diferentes campos juntos em uma nova tabela de resumo.

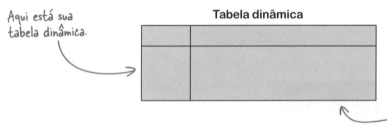

Arraste um dos seus campos para o espaço em branco das linhas. Isso vai mostrar valores únicos para esse campo como linhas. Esse é o tipo de agrupamento que acontece em tabelas dinâmicas.

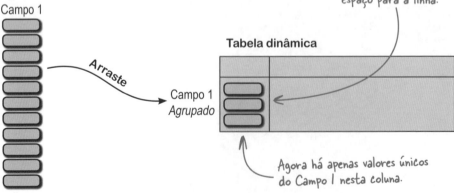

314   Capítulo 12

*tabelas **dinâmicas***

Depois, você faz a mesma coisa para o elemento que quer representar em sua coluna. Arraste o nome do campo no seu espaço para colunas na tabela dinâmica.

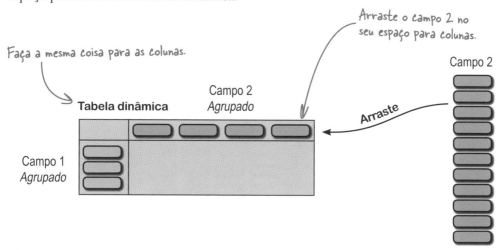

Finalmente, pegue o campo quantitativo que você quer resumir e escolha a função que deseja usar. Geralmente (mas nem sempre), suas linhas e colunas vão ser categorias, e seus dados serão coisas numéricas que você quer agrupar pelas categorias da linha e da coluna.

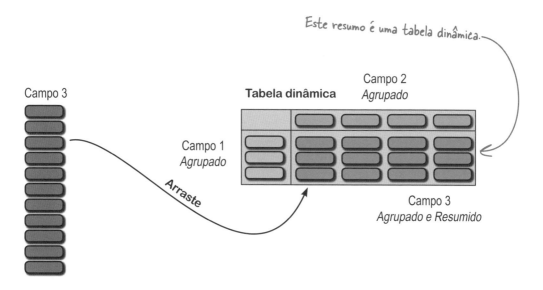

você está aqui ▸ **315**

construindo pré-visualizando

Construção de tabelas dinâmicas é pré-visualizar onde seus campos devem ficar

Tabelas dinâmicas são seu próprio pequeno universo dentro do Excel, e as pessoas ficam intimidadas de início por suas opções. O que você precisa se lembrar é disso: mantenha-se focado nos seus objetivos analíticos, e tente criar tabelas que lhe ajudem a entender melhor seus dados.

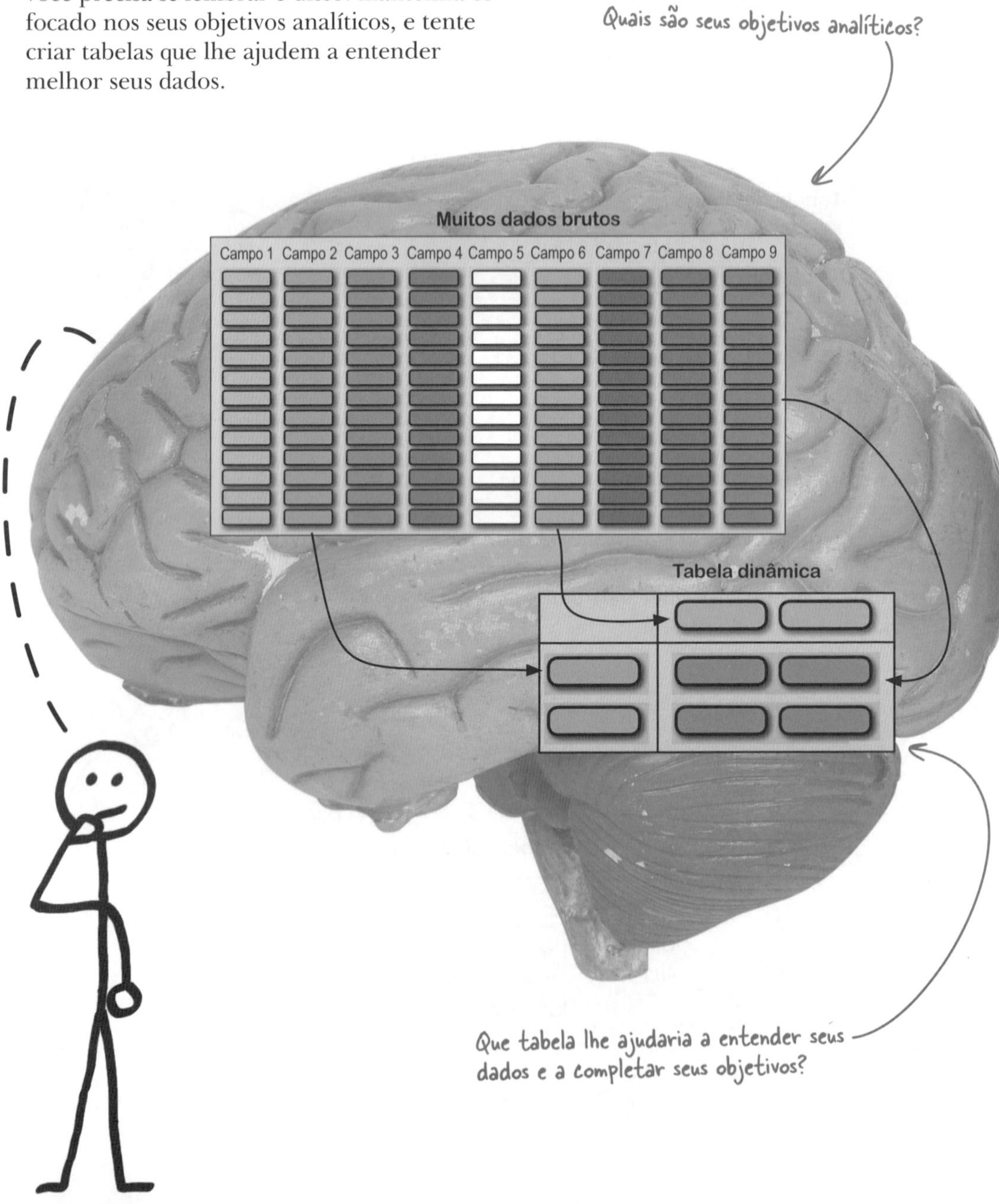

Quais são seus objetivos analíticos?

Muitos dados brutos

| Campo 1 | Campo 2 | Campo 3 | Campo 4 | Campo 5 | Campo 6 | Campo 7 | Campo 8 | Campo 9 |

Tabela dinâmica

Que tabela lhe ajudaria a entender seus dados e a completar seus objetivos?

316   *Capítulo 12*

*tabelas **dinâmicas***

Exercício

Tente criar sua primeira tabela dinâmica para o resumo que você idealizou no primeiro exercício deste capítulo.

Aponte seu lápis

O editor lhe fez um pedido bem amplo. Usando os campos nos seus dados, imagine quatro maneiras de agrupar e resumir a informação Km/L (kilômetros por litro). Uma está fornecida para você.

① A média de Km/L agrupada por marca e tipo.

Vamos fazer uma tabela dinâmica desta ideia.

Sua tabela deve se parecer com isto.

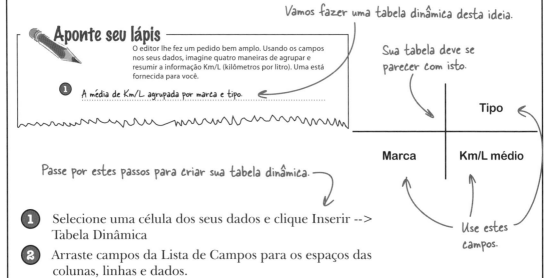

Tipo

Marca | Km/L médio

Use estes campos.

Passe por estes passos para criar sua tabela dinâmica.

① Selecione uma célula dos seus dados e clique Inserir --> Tabela Dinâmica

② Arraste campos da Lista de Campos para os espaços das colunas, linhas e dados.

③ Clique na caixa de diálogo "Soma de Km/L" e mude a Configurações do Campo de Valor de forma a fazer a **Média**. Além disso, ajuste o Formato do Número para que você não acabe com um monte de zeros decimais.

Aqui estão seus dados

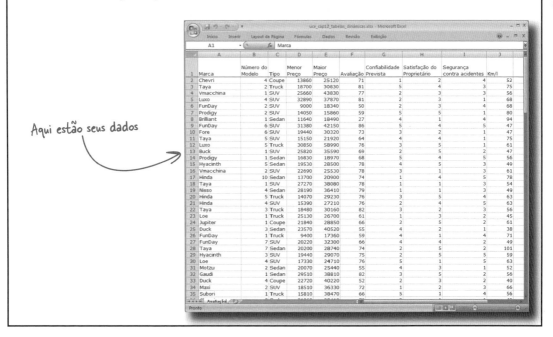

você está aqui ▸ **317**

sua primeira tabela dinâmica

Exercício Solução

Você acabou de criar sua primeira tabela dinâmica, resumindo a média de Km/L por Marca e Tipo. Como foi?

① Selecione uma célula dos seus dados e clique Inserir > Tabela Dinâmica

Aqui está a janela que você usa para garantir que tenha os dados corretos.

② Arraste campos da Lista de Campos para os espaços das colunas, linhas e dados.

Arraste os nomes dos campos para as caixas que você quer que eles sejam.

Use uma fórmula diferente aqui, porque a soma dos valores de Km/L não faz sentido.

③ Clique na caixa de diálogo "Soma de Km/L" e mude a Configurações do Campo de Valor de forma a fazer a **Média**. Além disso, ajuste o Formato do Número para que você não acabe com um monte de zeros decimais.

Diga ao Excel para pegar a Média do seu campo Km/L.

Clique neste botão para mudar o formato do número.

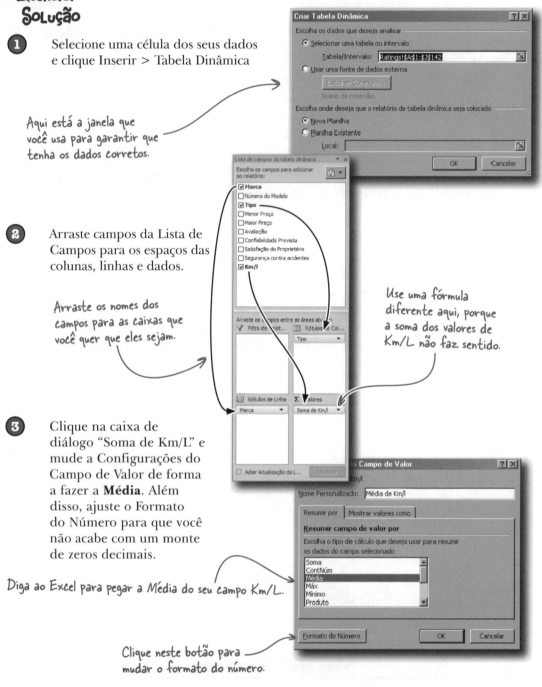

318 *Capítulo 12*

*tabelas **dinâmicas***

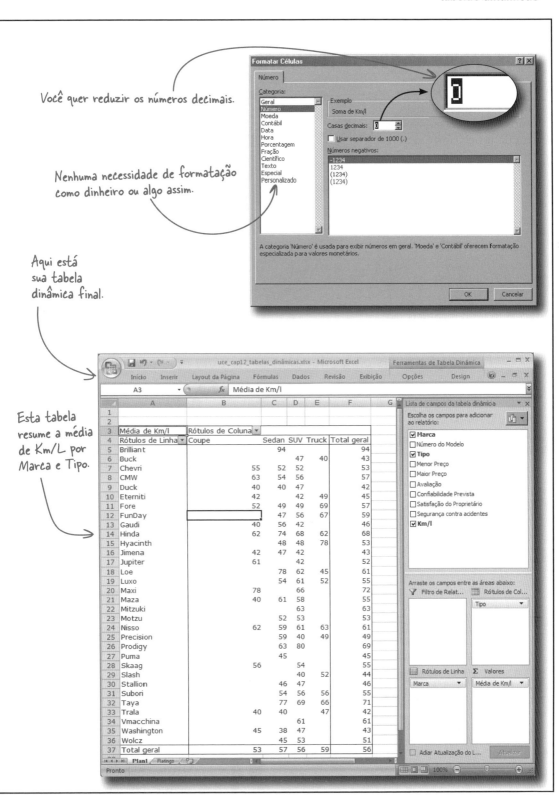

as tabelas dinâmicas batem as fórmula

A tabela dinâmica resumiu seus dados muito mais rápido do que as fórmulas teriam feito

Os passos para criar uma tabela dinâmica são bem simples. Apenas selecione seus dados e arraste seus campos para onde você quer que eles estejam.

Arraste e solte, camarada.

Os passos para criar essa tabela usando fórmulas são mais **complicados**.

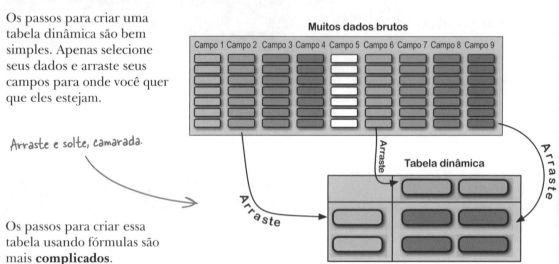

Usando fórmulas para criar algo como uma tabela dinâmica

1 Crie listas únicas dos seus títulos de linha. Você pode copiar e colar os títulos das colunas e remover as duplicatas.

2 Depois, faça a mesma coisa para os títulos das colunas. Mas, desta vez, depois de você remover as duplicatas, precisa copiar e Colar Especial > Transpor para que você tenha esses valores em uma linha.

3 Finalmente, você está pronto para seus dados. Você vai ter de criar uma longa fórmula para se assegurar que seus resultados estejam agrupados corretamente. Pense em SOMASE(), CONT.SE(), MÉDIASE() ou MÁXIMOSE().

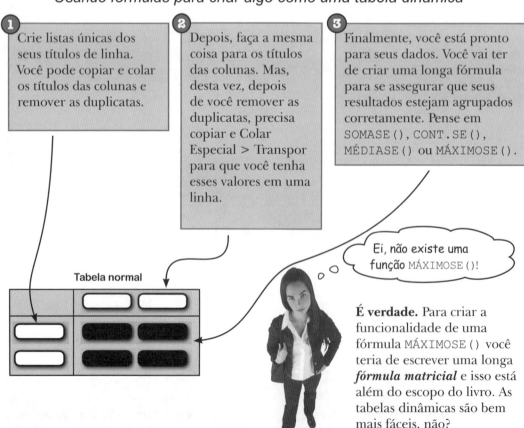

Ei, não existe uma função MÁXIMOSE()!

É verdade. Para criar a funcionalidade de uma fórmula MÁXIMOSE() você teria de escrever uma longa *fórmula matricial* e isso está além do escopo do livro. As tabelas dinâmicas são bem mais fáceis, não?

não existem
Perguntas idiotas

*tabelas **dinâmicas***

P: Onde entra a palavra "dinâmica"? Já dinamizamos os dados de alguma maneira?

R: Você "dinamiza" os dados quando olha para eles de diferentes ângulos. Uma das coisas que as tabelas dinâmicas lhe permitem fazer é trocar muito rapidamente seus sumários de dados, então, se você quer literalmente "dinamizar" linhas e colunas, será capaz de fazer isso facilmente.

P: Mas e se eu quiser agrupar e sumarizar meus dados, mas não dinamizá-los de fato?

R: Não fique tão preso a palavra "dinâmica". Se você acha que tabelas dinâmicas são maneiras eficientes de agrupar e sumarizar dados, entendeu a funcionalidade total delas.

P: Como eu uso tabelas dinâmicas em um fluxo de trabalho para análise de dados?

R: Elas são ótimas para fazer análise exploratória de dados, onde você está olhando os dados de um monte de ângulos diferentes para preparar suas ideias para usar em técnicas de análise mais avançadas.

P: Então se há algo nos dados que eu quero otimizar com o Solver, por exemplo, eu posso passear por dentro dos dados com as tabelas dinâmicas para desenvolver minhas ideias sobre o que eu quero otimizar?

R: Exatamente. E a razão porque as tabelas dinâmicas são tão boas para lidar com dados dessa maneira é porque elas são muito rápidas. Com o tempo que você levaria para criar fórmulas para criar uma única tabela de resumo, você pode fazer uma monte de tabelas dinâmicas.

P: Falando sobre fórmulas, e se eu quiser a velocidade e flexibilidade das tabelas dinâmicas, mas apenas um rascunho de dados resumidos em vez de uma tabela completa? Há algo para mim?

R: Há um monte de maneiras de fazer isso. Primeiro, mesmo que você queira um pedaço ou dois de dados, você ainda assim pode criar uma tabela dinâmica para isso. Apenas seja ponderado no seu uso de agrupamento e filtragem, e você pode obter as respostas que precisa rapidamente.

P: Eu estava pensando em algo na linha fórmula dinâmica.

R: Dê uma olhada na função `INFODADOSTABELADINÂMICA()`. Você vai precisar criar uma tabela dinâmica, mas uma vez que a tenha, pode chamá-la de dentro de outra planilha usando essa função.

P: O que mais?

R: Você também pode replicar muitas das funcionalidades das tabelas dinâmicas usando referências estruturadas. A sintaxe mais avançada das referências estruturadas possibilita que você agrupe dados de maneira que você não pode usar referências convencionais. E essa é outra razão para aprofundar suas habilidades como mestre das fórmulas.

P: Bom. Outra questão: gostei do fato de que eu posso usar diferentes funções para calcular a porção "Dados" da tabela dinâmica. Mas e se eu quiser algo realmente especial – digamos, usar uma função que compara meu campo de dados com algum outro campo de dados?

R: Sem problemas. Nas configurações do seu campo, clique "Mostrar valores como" para algumas opções sobre comparar os dados com outros campos

P: Impressionante. Aqui vai outra questão: digamos que eu quero usar tabelas dinâmicas que não estão necessariamente no meu documento. Tipo, que estejam dentro de um banco de dados corporativo.

R: De novo, não há problema. O Excel usa uma tecnologia chamada OLAP (Online Analytical Processing – Processamento Analítico On-line), que possibilita que ele se ligue a bancos de dados (potencialmente enormes). Esse uso das tabelas dinâmicas está além do escopo deste livro, mas usar tabelas dinâmicas para acessar e avaliar dados externos é um dos mais poderosos usos do Excel.

P: Hmmm

R: Sabe, você está fazendo um monte de perguntas sobre tabelas dinâmicas e me parece estar tendo dificuldade em lidar com essa característica.

P: Sim, tabelas dinâmicas me parecem bem poderosas.

R: É uma boa ideia usá-las sempre que puder, e ficar buscando oportunidades para usá-la. Há chances de que, se for possível fazer uma tarefa com tabelas dinâmicas, fazer com elas é mais rápido do que as alternativas.

P: Saquei. OK, mais uma questão. Como essa coisa de filtrar funciona? Com todo o poder das tabelas dinâmicas, o que a filtragem me traz?

R: Vamos dar uma olhada...

você está aqui ▶ **321**

cliente feliz

Seu editor está impressionado!

Boa tabela! Estamos definitivamente fazendo progresso. Agora, será que você poderia me mostrar a tabela apenas para veículos com confiabilidade igual a 5?

Você precisa filtrar.

Tabelas dinâmicas têm ainda outra dimensão: filtragem. Filtros permitem que você pegue os elementos que atribuiu a sua caixa Valores e calcule apenas aqueles que coincidam com seu critério. Nesse caso, você olhar o Km/L médio apenas para carros com confiabilidade de 5. Vamos dar uma olhadinha nos filtros...

*tabelas **dinâmicas***

Exercício

Volte a sua tabela dinâmica e lhe diga para mostrar o resumo apenas para os carros de mais alta confiabilidade. Qual caixa você vai usar?

Use a opção filtro da sua tabela dinâmica.

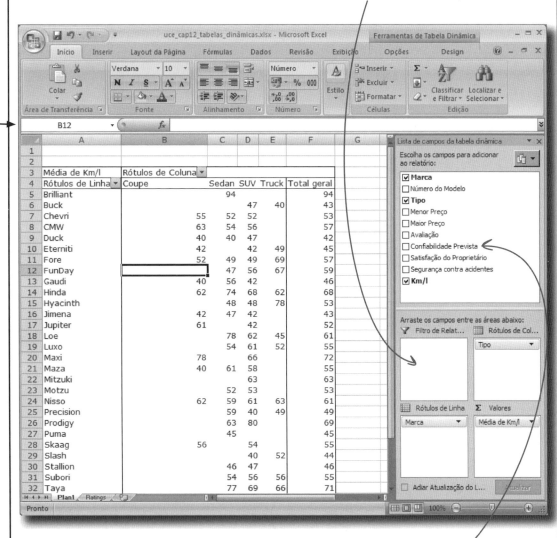

Arraste seu campo Confiabilidade prevista para os filtros e acesse a caixa de seleção na célula B2 para especificar que você quer o valor igual a 5.

*filtragem de **tabelas dinâmicas***

Exercício Solução

Você acabou de criar sua primeira tabela dinâmica filtrada. O que encontrou?

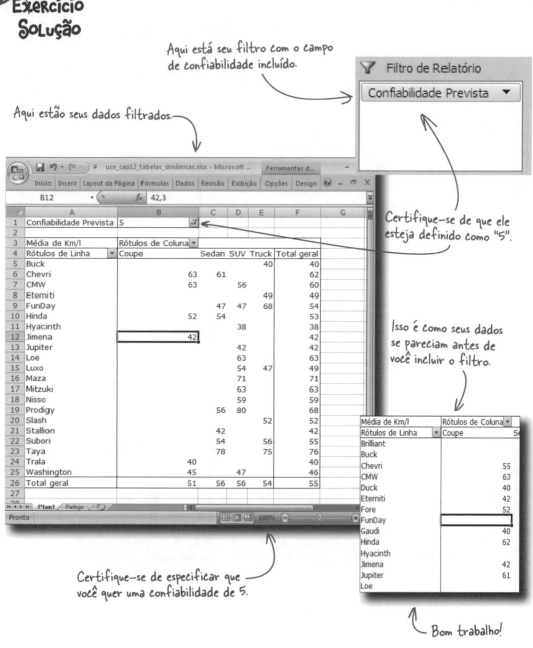

Aqui está seu filtro com o campo de confiabilidade incluído.

Aqui estão seus dados filtrados.

Certifique-se de que ele esteja definido como "5".

Isso é como seus dados se pareciam antes de você incluir o filtro.

Certifique-se de especificar que você quer uma confiabilidade de 5.

Bom trabalho!

324 Capítulo 12

*tabelas **dinâmicas***

Tabelas Dinâmicas Expostas
Entrevista da semana: Elas são realmente tudo isso?

Tabela Dinâmica: Devo dizer que estou encantada de estar aqui. É sempre um grande prazer falar sobre mim e sobre o que eu faço. As pessoas precisam reconhecer que não há nada dentro do Excel que bata meu **poder analítico bruto**.

Use a Cabeça!: Bem, estamos felizes que você esteja aqui, e você é bem-vinda a qualquer hora. Mas eu tenho de perguntar, é verdade que não há *nada* no Excel que bata *seu poder analítico*? Deixe-me refazer a questão. O poder analítico não é algo que o analista traz para o jogo em vez de ser algo que você faça?

Tabela Dinâmica: OK, me pegou. O usuário precisa ser um bom analista para poder me usar para conseguir bons resultados analíticos. Mas eu sou grande coisa, sim.

Use a Cabeça!: Só para bancar o advogado do diabo aqui, será que você é mesmo? Parece-me que tudo o que você pode fazer é agrupar dados em duas dimensões e rodar um cálculo.

Tabela Dinâmica: Duas dimensões? Você deveria pensar maior. Tente arrastar mais de um campo para meus espaços de linhas, colunas, dados e filtros. Você pode inserir quantos níveis de dimensionalidade quiser na sua análise de tabela dinâmica.

Use a Cabeça!: Bem, isso é bem poderoso.

Tabela Dinâmica: Eu disse.

Use a Cabeça!: Mas ter quatro ou cinco ou dez dimensões de resumo não entulharia a planilha?

Tabela Dinâmica: Eu lembraria você da sua observação anterior. É preciso um bom analista para se fazer uma boa análise baseada em tabelas dinâmicas. Sim, arrastar um monte de campos para uma tabela dinâmica faz com que a tabela resultante fique cheia de campos, mas se o usuário tem a habilidade analítica para isso, então criar uma tabela dessas talvez, seja exatamente o que ele quer.

Use a Cabeça!: Mas deve haver algo a ser dito com relação a manter as coisas simples.

Tabela Dinâmica: E há realmente. Mesmo o mais brilhante analista vai ter de apresentar resultados para alguém que não é um analista brilhante, então manter as coisas simples pelo bem da audiência é uma boa ideia.

Use a Cabeça!: Bem, suponha que um analista brilhante quisesse fazer um gráfico em vez de uma tabela. Ele teria de fazer um gráfico a partir de uma tabela dinâmica – não dá para fazer um *gráfico* dinâmico.

Tabela Dinâmica: *Au contraire, mon frère*. Eu posso fazer gráficos dinâmicos. A característica é chamada Gráficos Dinâmicos e estão embaixo do botão Tabela Dinâmica na aba Inserir. Gráficos não são problema.

Use a Cabeça!: E se quisermos fazer uma formatação mais sutil da nossa tabela dinâmica? Podemos formatar a tabela dinâmica diretamente como se fosse uma planilha normal?

Tabela Dinâmica: Você pode, mas um monte de pessoas vai copiar e fazer Colar Especial > Colar Valores com os resultados de uma tabela dinâmica em outra planilha e então formatar os resultados colados. O lado ruim dessa abordagem é que você perde suas fórmulas, o lado bom dessa abordagem é que sua formatação não é bagunçada se você quiser mudar sua tabela dinâmica para olhar outro conjunto de resumos.

Use a Cabeça!: Última questão. Essa possivelmente vai ser estranha. Você tem usado uma terminologia interessante: *touché e au contraire*, por exemplo. Você é francesa?

Tabela Dinâmica: Vamos apenas dizer que minha versatilidade em processar diferentes tipos de dados me possibilitou cultivar certa aura cosmopolita. Mas não, não sou francesa. Sou uma característica de um programa de computador, seu bobo.

crie um bando de tabelas dinâmicas

Você está pronto para terminar as tabelas de dados da revista

Está um trabalho bacana. Posso ver que isso vai ficar muito bom! Aqui estão as tabelas que eu gostaria que publicássemos na nossa revista para a edição especial sobre a resenha dos carros. Faça esses resumos, e vamos estar prontos para imprimir!

As tabelas dinâmicas que você precisa criar.

Satisfação do proprietário e confiabilidades médias por marca.

Avaliação por marca e número do modelo.

O maior preço para cada marca.

É hora de aprontar essas análises e executar as tabelas dinâmicas que seu cliente precisa.

*tabelas **dinâmicas***

Exercício Longo

Crie os resumos de dados que seu cliente precisa usando as tabelas dinâmicas do Excel.

1 Implemente as tabelas que o editor descreveu na página anterior. Você pode precisar ser um pouco criativo...

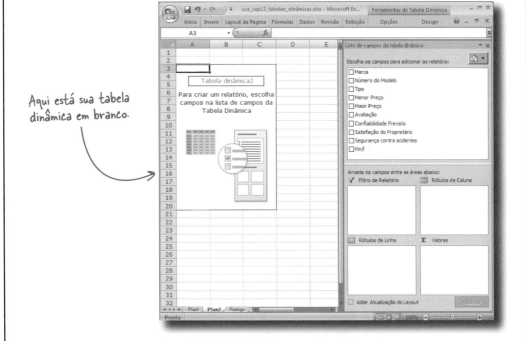

Aqui está sua tabela dinâmica em branco.

2 Para criar a apresentação, copie e faça o Colar Especial > Colar Valores de cada uma para uma nova planilha. Formate os resultados como achar melhor.

você está aqui ▸ **327**

resultados finais

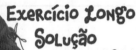

Exercício Longo
Solução

Com seu novo conhecimento sobre tabelas dinâmicas, você criou as tabelas que o Semanário Automotivo Use a Cabeça! precisava para a edição de resenha. Como foi?

1. Implemente as tabelas que o editor descreveu na página anterior. Você pode precisar ser um pouco criativo...

2. Para criar a apresentação, copie e faça o Colar Especial > Colar Valores de cada uma para uma nova planilha. Formate os resultados como achar melhor.

Defina seu formato de número para tirar os dois zeros decimais.

Aqui está sua primeira tabela dinâmica.

☑ Satisfação do proprietário e confiabilidade média por marca.

Você pode colocar ambas satisfação e confiabilidade na caixa Valores.

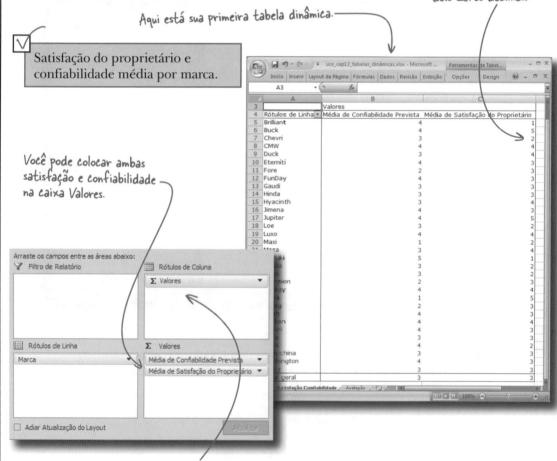

"Valores" automaticamente aparecem aqui quando você preenche a caixa Valores.

tabelas *dinâmicas*

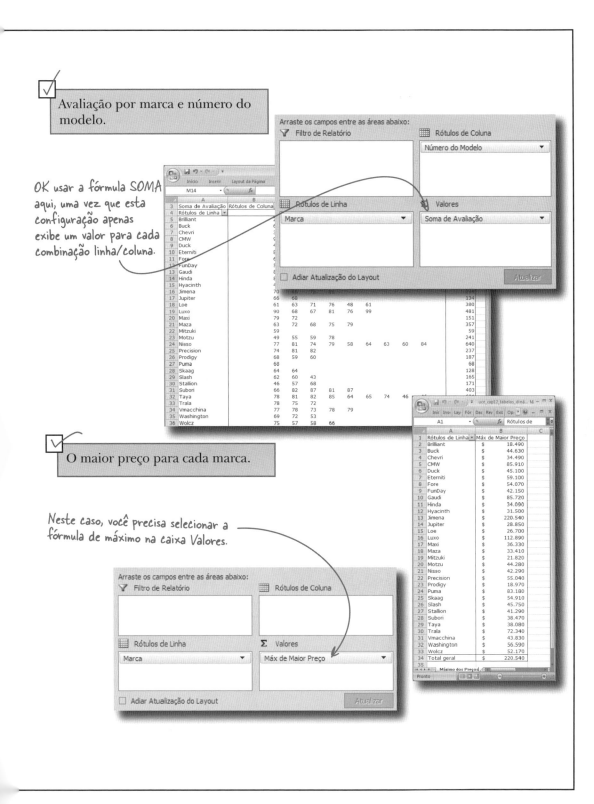

Avaliação por marca e número do modelo.

OK usar a fórmula SOMA aqui, uma vez que esta configuração apenas exibe um valor para cada combinação linha/coluna.

O maior preço para cada marca.

Neste caso, você precisa selecionar a fórmula de máximo na caixa Valores.

você está aqui ▶ **329**

tabelas dinâmicas são demais

Suas tabelas dinâmicas são um sucesso!

O Semanário Automotivo Use a Cabeça! lançou uma resenha de automóveis particularmente esclarecedora este ano, e tudo graças as suas bem preparadas tabelas dinâmicas. A resposta dos leitores tem sido incrivelmente positiva.

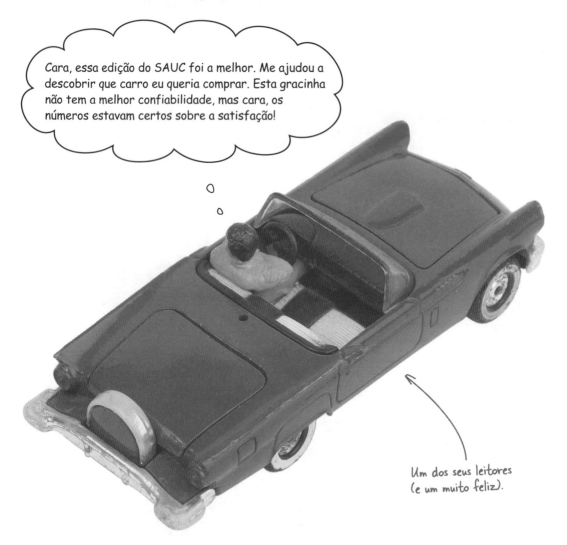

Cara, essa edição do SAUC foi a melhor. Me ajudou a descobrir que carro eu queria comprar. Esta gracinha não tem a melhor confiabilidade, mas cara, os números estavam certos sobre a satisfação!

Um dos seus leitores (e um muito feliz).

13 booleanos

VERDADEIRO ou FALSO

Os valores estão bons demais para serem VERDADEIROS...

Há um tipo de dado enganadoramente simples no Excel.

Eles são chamados **valores Booleanos**, e eles são simplesmente VERDADEIRO ou FALSO. Você pode pensar que são muito básicos e elementares para serem úteis numa análise de dados séria, mas nada poderia estar mais longe da verdade. Neste capítulo, você vai inserir valores Booleanos em **fórmulas lógicas** para realizar uma variedade de tarefas, de limpar dados a criar pontos de dados inteiramente novos.

registros de pesca

Será que os pescadores estão se comportando no Lago Dadosville?

O Lago Dadosville tem tantos pescadores entusiásticos que o governo de lá teve de impor limites aos pescadores para garantir que eles não pegassem todos os peixes!

A maioria dos pescadores gosta de regras, porque ela garante o suprimento de peixe. Mas sempre há um punhado de maçãs podres, e o governo precisa da sua ajuda para examinar cuidadosamente os registros de pesca para encontrá-los.

Este é um dos barcos pesqueiros de Dadosville.

Preciso da sua ajuda para achar os infratores!

Aqui está a regulação que define quantos peixes os diferentes tipos de barco podem pescar.

Você precisa ajudar a preencher estes espaços em branco.

Visite o site!

www.altabooks.com.br
(buscar pelo nome do livro)

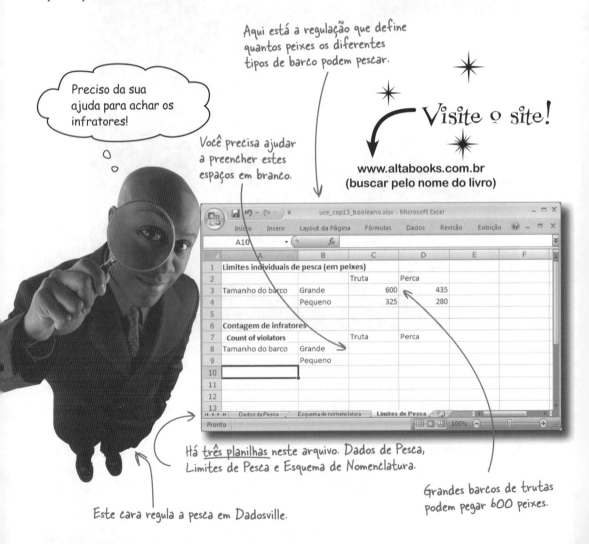

Há três planilhas neste arquivo. Dados de Pesca, Limites de Pesca e Esquema de Nomenclatura.

Este cara regula a pesca em Dadosville.

Grandes barcos de trutas podem pegar 600 peixes.

332   Capítulo 13

booleanos

Você tem dados sobre a quantidade pescada para cada barco

Há um sistema complexo para cada ID de Barco. Cada ID lhe diz se o barco é pequeno ou grande e que tipo de peixe ele pesca. Isso determina a regulação de pesca para cada barco.

O problema em lidar com esses dados é que você não tem células para lhe dizer o tipo e tamanho de cada barco. Essa informação está toda misturada dentro das células com os IDs.

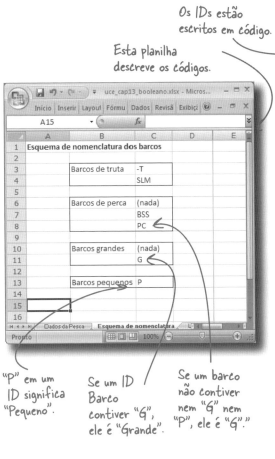

Se essa informação não for extraída da célula com o ID, você nunca será capaz de fazer uma referência cruzada de cada barco com o limite de pesca.

Você precisa de uma fórmula que possa marcar cada barco como pequeno ou grande, e como truta ou perca. Seria bom ter um campo para cada barco dizendo se ele é "Pequeno" ou "Grande" e um dizendo se ele é de "Truta" ou "Perca".

você está aqui ▸ **333**

conheça as *expressões booleanas*

Expressões booleanas retornam um resultado VERDADEIRO ou FALSO

Uma expressão booleana é uma fórmula ou argumento que retorna um valor VERDADEIRO ou FALSO. É frequentemente utilizada para comparar dois valores.

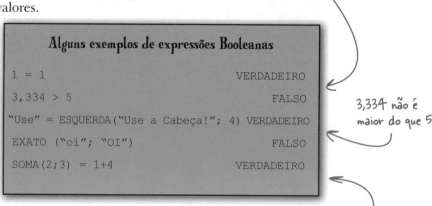

Um é igual a um.

Aqui está uma fórmula de texto que procura por substrings (trechos) de texto... consegue pensar em algum uso para ela?

3,334 não é maior do que 5

Esta fórmula compara duas strings de texto.

SE dá resultados baseado em uma expressão Booleana

Se você colocar uma expressão Booleana dentro de uma fórmula SE, pode fazer sua fórmula retornar qualquer valor em vez de retornar VERDADEIRO ou FALSO.

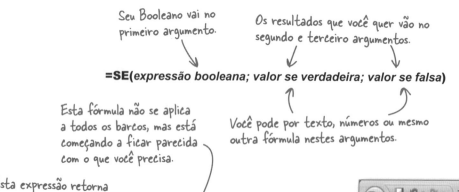

Seu Booleano vai no primeiro argumento.

Os resultados que você quer vão no segundo e terceiro argumentos.

=SE(expressão booleana; valor se verdadeira; valor se falsa)

Esta fórmula não se aplica a todos os barcos, mas está começando a ficar parecida com o que você precisa.

Você pode por texto, números ou mesmo outra fórmula nestes argumentos.

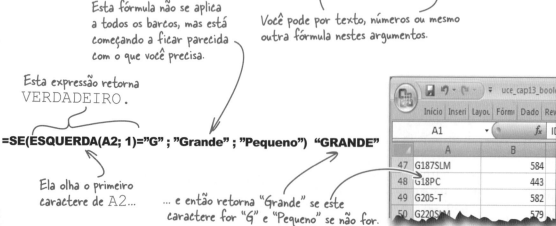

Esta expressão retorna VERDADEIRO.

=SE(ESQUERDA(A2; 1)="G" ; "Grande" ; "Pequeno")   "GRANDE"

Ela olha o primeiro caractere de A2...

... e então retorna "Grande" se este caractere for "G" e "Pequeno" se não for.

334   Capítulo 13

Booleanos Expostos

Entrevista da Semana:
O quê nós temos executado sobre os Booleanos é VERDADEIRO **ou** FALSO**?**

booleanos

Use a Cabeça!: Tenho de dizer que, por mais simples que os valores VERDADEIRO e FALSO sejam, você, definitivamente, está parecendo uma ferramenta útil para ajudar em análises de dados no Excel.

Booleano: Pode apostar! E você só viu o início do que eu posso fazer. Eu vou deixar você surpreso.

Use a Cabeça!: OK, relaxe e vamos falar das características devagar.

Booleano: Manda ver.

Use a Cabeça!: Há outras fórmulas além da SE que aceita expressões Booleanas?

Booleano: Você está brincando? Estou em todos os lugares. O local mais óbvio para me achar é a categoria de funções lógicas, e SE é uma delas. Há também E, OU, NÃO e uma porção de outras.

Use a Cabeça!: Estas três funções trabalham de maneira similar a SE?

Booleano: Sim. Aposto que você consegue adivinhar o que elas fazem. Mas mesmo se não puder, não se preocupe, porque você vai precisar delas daqui a pouco. Dei uma olhada nesse seu problema dos barcos de pesca, e você vai ter de usar muito mais Booleanos nele para conseguir o que você quer.

Use a Cabeça!: Vamos chegar lá num momento. Então você aparece em funções lógicas... que mais?

Booleano: Eu estou em funções lógicas, mas estou também em todos os tipos de funções pelo Excel. Muitas vezes, o terceiro ou quarto argumentos de uma função totalmente não relacionada com funções lógicas vai ser uma expressão Booleana.

Use a Cabeça!: Por que isso?

Booleano: As funções para trabalho pesado no Excel frequentemente possuem muitas permutações sutis entre como elas podem rodar. Então é uma boa ideia colocar um Booleano ou dois de forma que você diga ao Excel as especificidades do que você quer. Não se preocupe, se você passar tempo suficiente nos arquivos de Ajuda, vai me notar em todo lugar.

Use a Cabeça!: E sobre os sinais de igual e maior que?

Booleano: Claro. Você também pode usar o menor que (<), o maior que (>), o maior ou igual a (>=) e o menor ou igual a (<=).

Use a Cabeça!: E se eu quisesse saber se alguma coisa é diferente de outra, tal como se 1 é diferente de 3?

Booleano: Você digitaria esta fórmula =1<>3. Essa expressão Booleana pergunta se o 1 é *diferente* de 3, e uma vez que ele é, a expressão retorna VERDADEIRO.

Use a Cabeça!: Legal. Então você pode usar Booleanos de um monte de maneiras para comparar valores. E você pode usar SE para retornar valores diferentes de VERDADEIRO ou FALSO.

Booleano: Oh, você só está começando com o SE. Ela é uma das mais poderosas funções do Excel.

Use a Cabeça!: Sim, eu queria perguntar. E se eu quisesse comparar três valores em vez de dois usando uma fórmula SE?

Booleano: Agora estamos falando sério. Esse é o tipo de questão que faz de você um usuário avançado de Excel. Esse tipo de coisa faz seus amigos olharem boquiabertos para a profundidade do seu conhecimento sobre planilhas...

Use a Cabeça!: Dá apenas para responder a questão?

Booleano: Para comparar três coisas, você precisa aninhar fórmulas SE uma dentro da outra. Tipo assim:

=SE(exp1;valor2;SE(exp2;valor3;valor4))

Se você quer comparar x, y e z, você compara x e y na exp1 e depois y e z na exp2.

Use a Cabeça!: Sinistro!

Booleano: Por que você não testa?

você está aqui ▸ **335**

fórmulas se

Suas fórmulas SE precisam acomodar o esquema de nomenclatura completo

Os barcos são codificados usando uma lógica complexa. A presença de um dentre cinco códigos especiais é o que determina se um barco é de Truta ou de Perca.

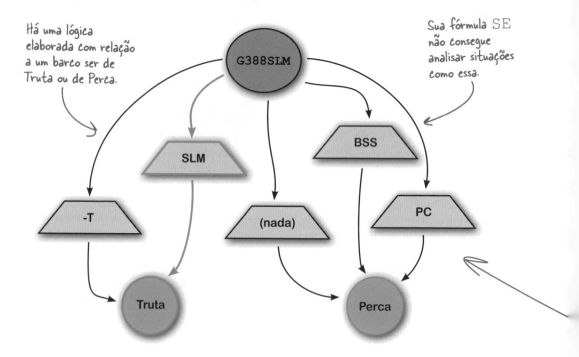

Há uma lógica elaborada com relação a um barco ser de Truta ou de Perca.

Sua fórmula SE não consegue analisar situações como essa.

O problema é que SE não avalia cinco opções para retornar uma ou duas respostas. Ela olha apenas uma expressão Booleana por vez. Então você precisa pegar a complexa lógica das atribuições dos IDs aos barcos e convertê-la em uma série de decisões **lineares**. Dessa maneira, você será capaz de escrever a fórmula SE que lhe dará a resposta correta.

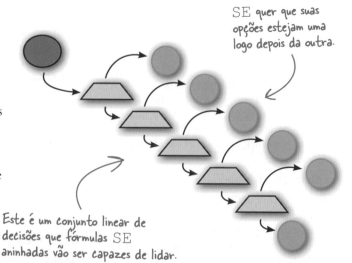

SE quer que suas opções estejam uma logo depois da outra.

Este é um conjunto linear de decisões que fórmulas SE aninhadas vão ser capazes de lidar.

booleanos

Enigma da Piscina

Seu **trabalho** é pegar as strings de texto dentro da piscina e colocá-las nos espaços em branco na estrutura lógica. Você **não** pode usar a mesma palavra mais de uma vez. Seu **objetivo** é criar uma estrutura lógica e que seja capaz de representar em fórmulas SE aninhadas.

Preencha esta estrutura lógica.

SE ele tiver ___ o tipo de peixe é ___,

caso contrário, se ele tiver ___ o tipo de peixe é ___,

caso contrário, se ele tiver ___ o tipo de peixe é ___,

caso contrário, se ele tiver ___ o tipo de peixe é ___,

caso contrário, o tipo de peixe é ___.

Use o diagrama da página anterior.

Não, o "(nada)" não está aqui... você não vai precisar dele!

Nota: cada coisa na piscina só pode ser usada uma vez!

Piscina: Truta, Perca, Perca, BSS, -T, Truta, PCC, SLM, Perca

defina sua lógica

Solução do Enigma da Piscina

Você acabou de criar um diagrama lógico para descrever a maneira **linear**, na qual você quer aninhar as fórmulas SE para decidir o valor a ser atribuído a cada barco. Como foi?

Aqui está como a lógica funciona.

O Excel vai ser capaz de entender isso.

SE ele tiver __-T__ o tipo de peixe é __Truta__,

caso contrário, se ele tiver __SLM__ o tipo de peixe é __Truta__,

caso contrário, se ele tiver __BSS__ o tipo de peixe é __Perca__,

caso contrário, se ele tiver __PCC__ o tipo de peixe é __Perca__,

caso contrário, o tipo de peixe é __Perca__.

Agora vamos escrever a fórmula...

Nota: cada coisa na piscina só pode ser usada uma vez!

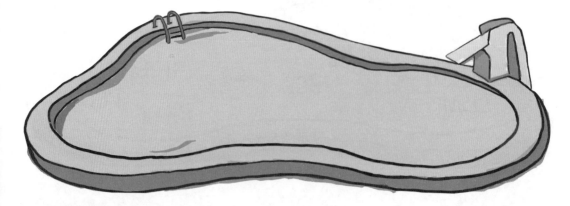

338   Capítulo 13

booleanos

Ímãs de SE aninhados

Use o diagrama lógico para completar sua fórmula SE aninhada.

E então, **implemente essa fórmula em sua planilha**.

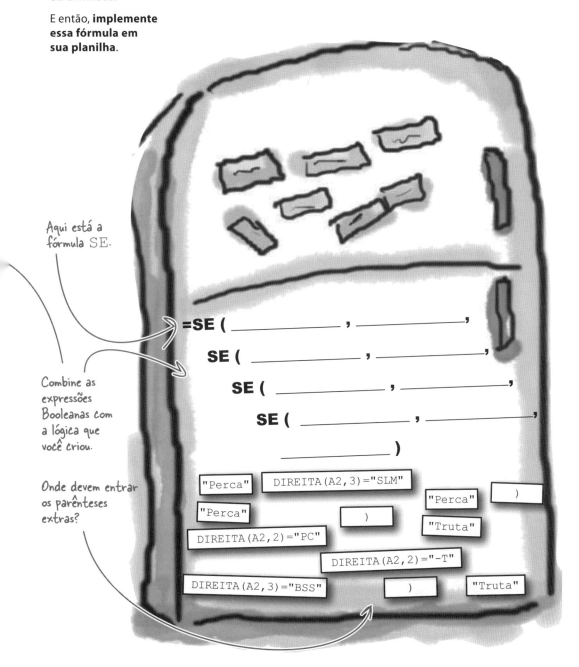

Aqui está a fórmula SE.

Combine as expressões Booleanas com a lógica que você criou.

Onde devem entrar os parênteses extras?

aninhe suas fórmulas SE

Ímãs de SE aninhados

Você foi capaz de criar a fórmula
que marca cada barco como
sendo Truta ou Perca?

```
=IF ( DIREITA(A2;2)="-T"  ,  "Truta"  ,
    IF ( DIREITA(A2;3)="SLM"  ,  "Truta"  ,
       IF ( DIREITA(A2;3)="BSS"  ,  "Perca"  ,
          IF ( DIREITA(A2;2)="PC"  ,  "Perca"  ,
             "Bass"  )  )  )  )
```

Como você
fez no último
exercício!

Os elementos aninhados terminam, então,
você põe os parênteses no fim da fórmula.

booleanos

Exercício

Agora você criou a fórmula para marcar cada barco como sendo Truta ou Perca. É hora de escrever outra fórmula que marque cada barco como sendo Grande ou Pequeno.

Aqui está o esquema de nomenclatura — um pouco mais simples para o tamanho que para o tipo.

Crie um campo Tamanho do Barco.

Aqui está seu campo Tipo de Barco.

Aqui está a fórmula que você usou para atribuir Perca ou Truta.

```
=SE( DIREITA(A2;2)="-T" ; "Truta";
SE( DIREITA(A2;3)="SLM" ; "Truta";
SE( DIREITA(A2;3)="BSS" ; "Perca";
SE( DIREITA(A2;2)="PC" ; "Perca";
"Perca" ) ) ) )
```

você está aqui ▸   **341**

implemente o se

Exercício Solução

Você acabou de criar uma fórmula para atribuir um tamanho a cada barco. Como ela se parece?

Se você aninhou fórmulas SE neste exercício como você fez no último, sua fórmula deve se parecer com isso.

```
=SE(ESQUERDA(A2; 1)="P"; "Pequeno";
SE(ESQUERDA(A2; 1)="G"; "Grande";
"Grande"))
```

Aqui está ela em ação.

	A	B	C	D
1	ID Barco	Pesca	Tipo de Barco	Tamanho do Barco
2	104-T	595	Truta	Grande
3	108-T	569	Truta	Grande
4	117BSS	412	Perca	Grande
5	137BSS	406	Perca	Grande
6	144-T	588	Truta	Grande
7	147SLM	566	Truta	Grande
8	152-T	570	Truta	Grande
9	163-T	590	Truta	Grande
10	178	423	Perca	Grande
11	194-T	574	Truta	Grande
12	201PC	410	Perca	Grande
13	204	411	Perca	Grande
14	212SLM	576	Truta	Grande
15	216SLM	571	Truta	Grande
16	21BSS	425	Perca	Grande
17	226SLM	567	Truta	Grande
18	228PC	409	Perca	Grande
19	233SLM	572	Truta	Grande
20	234PC	412	Perca	Grande
21	236-T	568	Truta	Grande
22	240-T	591	Truta	Grande
23	242	417	Perca	Grande

Mas você também poderia ter escrito uma fórmula mais simples que se pareceria com essa.

Uma vez que todos os barcos pequenos são marcados com "P", você sabe que todos os barcos não marcados com "P" são "Grandes".

```
=SE(ESQUERDA(A2; 1)="P"; "Pequeno"; "Grande")
```

booleanos

Resuma quantos barcos estão em cada categoria.

Bom trabalho! Agora você vai usar esses dados para nos ajudar a preencher nossa planilha? Nós primeiro precisamos contar os barcos que caem e cada categoria: Truta Grande, Truta Pequeno, Perca Grande e Perca Pequeno.

Ele está pedindo que você preencha estas células na sua planilha.

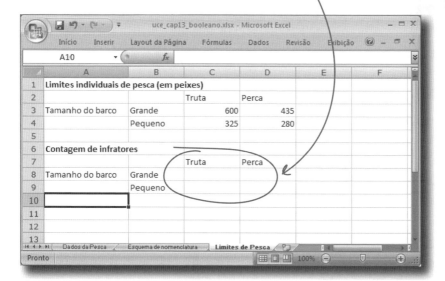

Você não vai poder usar o SE para esse problema. O SE apenas retorna um ou dois valores dependendo dos seus cálculos. Você vai precisar de uma fórmula que **conta** com base em uma expressão Booleana. Ou melhor, uma fórmula que conte baseado em *duas* expressões, porque cada barco é parte de duas **categorias**, tipo e tamanho...

você está aqui ▶ **343**

considere a tabela dinâmica

Outra fórmula? Isso me parece um atraso. Por que não usar uma tabela dinâmica? Parece-me que seria mais rápido e fácil.

Uma tabela dinâmica funcionaria.

Você poderia, mas seria mais fácil usar uma fórmula. O documento já está montado e formatado, de forma que você só precisa preencher os espaços em branco. Se você criasse uma tabela dinâmica, você teria de fazer Colar Especial > Colar Valores dos resultados na tabela do fiscal de qualquer maneira. Se você criar uma fórmula nessas células, seria capaz de verificar seus valores também.

Você está tentando preencher apenas estas quatro células.

booleanos

Aponte seu lápis

Nos arquivos de Ajuda, encontre a fórmula CONT.NÚM que vai contar os registros baseado no tipo e tamanho do barco.

As funções CONT estão na categoria funções Estatísticas.

Você precisa de uma fórmula que conte baseado em duas condições: tamanho e tipo.

Você já usou CONT.NÚM, que conta baseado em <u>uma</u> condição.

Você tem de contar barcos que tenham, por exemplo, Grande e Truta entre seus valores.

você está aqui ▶ **345**

conheça o cont.ses

Aponte seu lápis
Solução

Você encontrou a função que conta baseado em múltiplas condições?

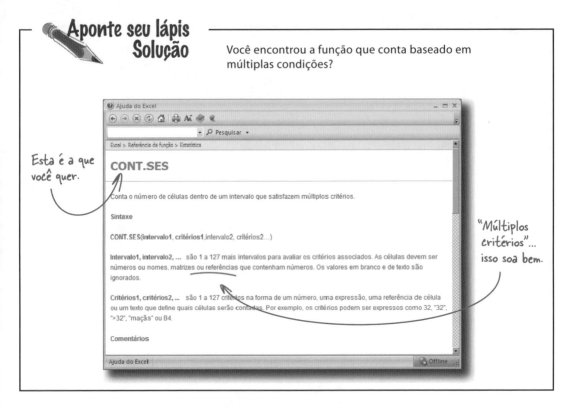

Esta é a que você quer.

"Múltiplos critérios"... isso soa bem.

CONT.SES é como a CONT.SE, só que muito mais poderosa

A CONT.SES é uma nova fórmula no Excel 2007 que pode contar elementos baseada em um ou mais critérios. Digamos que você queira contar o número de barcos que tem "Grande" e "Truta" em sua linha. CONT.SES é a função que você procura.

Ela também pode contar baseada em critério único, logo, possui toda a funcionalidade da CONT.SE e mais. Um monte de usuários do Excel parou completamente de usar a CONT.SE porque a CONT.SES é muito poderosa.

CONT.SES vai lidar com a lista inteira para cada barco.

Aqui estão quatro barcos Truta Grande.

346   Capítulo 13

booleanos

Exercício

CONT.SES é uma fórmula bem direta, mas implementá-la aqui pode ser meio capcioso. Seu desafio é criar uma fórmula que você possa copiar para os outros três espaços em branco na sua tabela de contagem de barcos. Você vai precisar usar referências absolutas.

Seus valores de critério vão ser estas células.

Use referências dentro da fórmula CONT.SES para apontar para estes valores de critério.

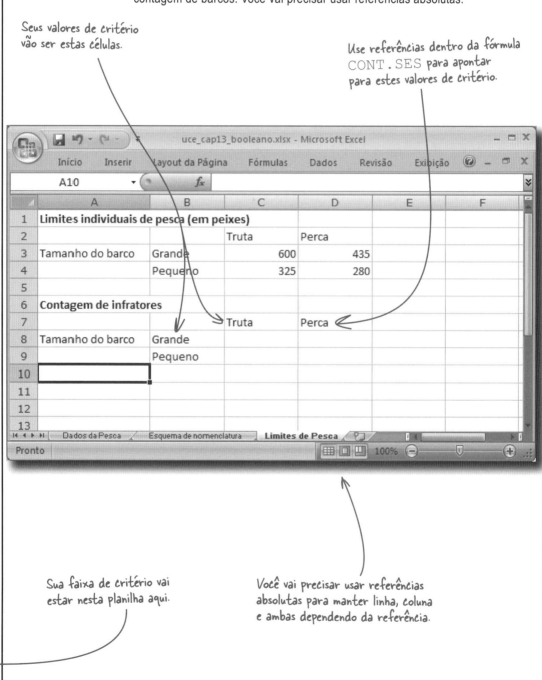

Sua faixa de critério vai estar nesta planilha aqui.

Você vai precisar usar referências absolutas para manter linha, coluna e ambas dependendo da referência.

você está aqui ▸ **347**

implemente o cont.ses

Exercício Solução

Você acabou de implementar uma fórmula CONT.SES para contar o número de barcos em cada categoria. Quais foram seus resultados?

É uma referência absoluta em linha e coluna, porque você não quer que nenhuma mude.

Esta referência é à "Truta" porque você quer contar as instâncias da palavra "Truta".

Este intervalo se refere aos valores dos Tipos de barco.

```
=CONT.SES('Dados da Pesca'!$C$2:$C$393;'Limites de Pesca'!C$7;
'Dados da Pesca'!$D$2:$D$393;'Limites de Pesca'!$B8)
```

Isto se refere ao campo Tamanho do barco.

Aqui é "Grande".

Retenha a referência da linha aqui...

... e a referência da coluna aqui.

A fórmula copia e cola sem problema nos outros três espaços em branco.

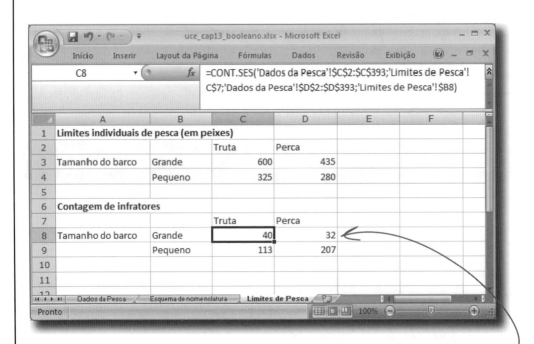

Se suas referências absolutas estiverem corretas, isto é o que você verá.

booleanos

Incrível! Agora eu preciso daquela lista de pessoas que violaram os limites de pesca. Não daria para você escrever uma fórmula Booleana ou algo assim para marcar cada barco como "Infrator" ou não?

Isso pode ser problemático.

Você **poderia** fazer isso com umas 50 fórmulas SE aninhadas para cada linha. Mas imagina como isso ficaria! Tem de haver uma maneira mais fácil.

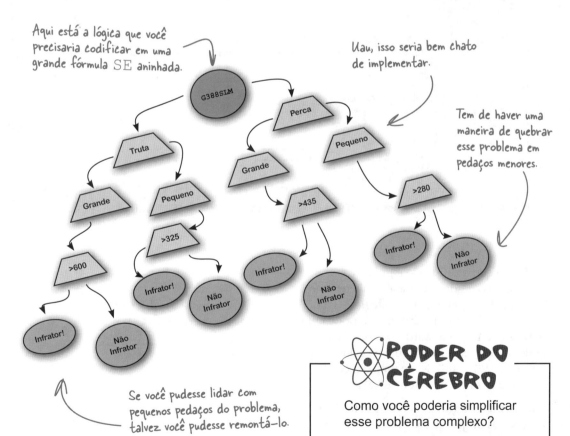

Aqui está a lógica que você precisaria codificar em uma grande fórmula SE aninhada.

Uau, isso seria bem chato de implementar.

Tem de haver uma maneira de quebrar esse problema em pedaços menores.

Se você pudesse lidar com pequenos pedaços do problema, talvez você pudesse remontá-lo.

PODER DO CÉREBRO

Como você poderia simplificar esse problema complexo?

condições *complexas*

Ao trabalhar com condições complexas, quebre sua fórmula em colunas

Você teria um trabalho mais fácil se apenas criasse um campo para cada item em que dissesse se ele está em violação de alguma das quatro categorias. Tome o barco 240-T na linha 10. Você poderia criar uma fórmula que retornasse verdadeiro se o barco for um "Truta Grande" e estiver acima do limite de pesca de 600.

E você poderia copiar a fórmula de forma que ela avaliasse cada outra combinação (Truta Pequeno, pesca > 325, e assim em diante), e então se o 240-T estivesse acima do limite, pelo menos umas das células conteria o valor verdadeiro.

Você quer uma fórmula aqui que retorne VERDADEIRO se o 240-T for um "Truta Grande" e estiver infringindo o limite.

Seria bom se você pudesse copiar e colar a mesma fórmula para todas estas outras células.

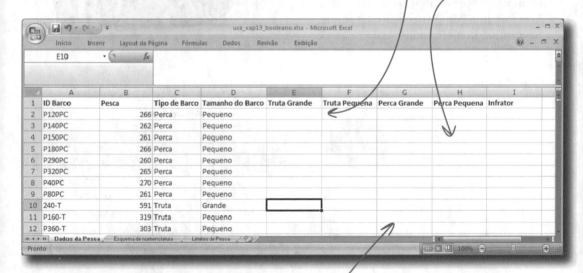

Você sabe que o 240-T não é um Perca Grande, mas desde que sua fórmula retorne VERDADEIRO apenas para a categoria Truta Grande se ele for um infrator, você pode ignorar os valores FALSO nas outras colunas. Então você poderia escrever uma fórmula na coluna I que retornasse VERDADEIRO se uma das células entre E e H contiver o valor VERDADEIRO.

Dessa maneira, um dos valores nas colunas entre E e H seria VERDADEIRO se o barco fosse um infrator.

Sim, é uma solução pouco elegante. Mas teste-a. Os ninjas do Excel estão sempre pensando em como resolver problemas complexos em múltiplos passos simples.

booleanos

Exercício

Crie uma fórmula que retorne VERDADEIRO se um barco coincidir com um dos rótulos de E1:H1 e estiver acima do seus respectivos limites de pesca.

1. Você vai ter de usar a função E nesse caso, ela pega uma série de expressões Booleanas e retorna VERDADEIRO apenas se todas as expressões individualmente retornarem VERDADEIRO. Dê uma olhada na tela de ajuda da função E se você precisar de mais informação.

2. Escreva uma fórmula E para cada uma dessas colunas. A primeira está parcialmente feita para você abaixo, mas você vai ter de colocar um sinal $ para criar uma referência absoluta. Além disso, a quantidade máxima de pesca vai mudar para cada uma das quatro células.

Insira estes títulos de coluna.

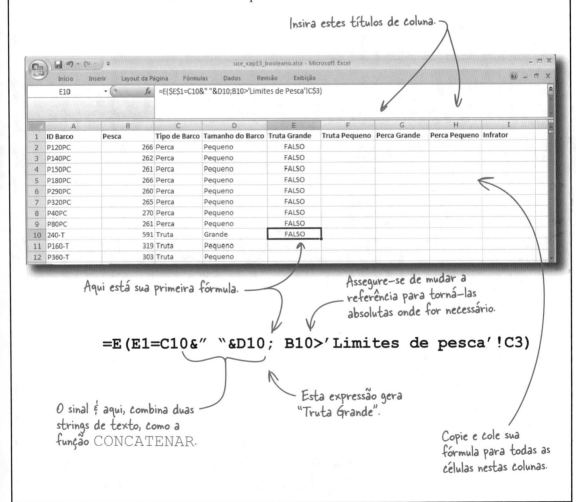

Aqui está sua primeira fórmula.

Assegure-se de mudar a referência para torná-las absolutas onde for necessário.

=E(E1=C10&" "&D10; B10>'Limites de pesca'!C3)

O sinal & aqui, combina duas strings de texto, como a função CONCATENAR.

Esta expressão gera "Truta Grande".

Copie e cole sua fórmula para todas as células nestas colunas.

você está aqui ▸ **351**

avalie os barcos

Exercício Solução

Você acabou de criar fórmulas para avaliar se cada barco é um infrator em alguma das categorias.

Para as outras três colunas, você apenas precisa mudar a referência para o limite de pesca.

=E(E$1=$C2&" "&$D2;$B2>'Limites de pesca'!$C$3)

Aqui é onde os sinais $ de referência absoluta entram para a fórmula em E2.

=E(F$1=$C2&" "&$D2;$B2>'Limites de pesca'!$C$4)

=E(G$1=$C2&" "&$D2;$B2>'Limites de pesca'!$D$3)

=E(H$1=$C2&" "&$D2;$B2>'Limites de pesca'!$D$4)

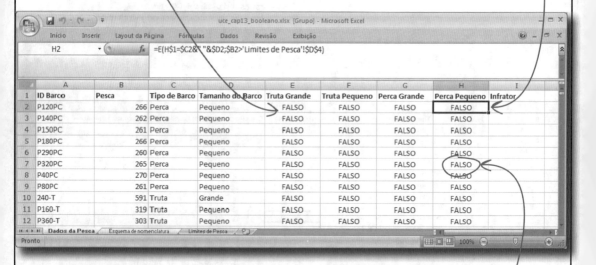

Há muitos valores FALSO, mas estamos procurando por agulhas num palheiro aqui, uma vez que não há muitos infratores.

Esta fórmula mostra que é FALSO que o 240-T é um barco "Perca Pequeno" e que esteja infringindo o limite de pesca do Perca Pequeno.

Agora você tem uma grade de valores Booleanos. Combine os valores para cada barco usando uma única fórmula que diga se o barco é um infrator.

booleanos

Exercício

Agora você está pronto para finalizar esta tarefa. Crie a fórmula que vai combinar os valores Booleanos das colunas E até a H para cada barco. Isso vai lhe dizer de uma vez por todas se o barco é um infrator. E então filtre a lista apenas para mostrar os infratores.

1. Usando os arquivos de Ajuda, procure nas funções lógicas uma que pegue um intervalo de Booleanos e retorne VERDADEIRO se um ou mais deles forem corretos.

Uma destas funções retorna VERDADEIRO se um ou mais dos seus argumentos for VERDADEIRO.

2. Implemente a função que você escolheu para cada barco. Por exemplo, para o barco 240-T, certifique-se de que a fórmula procure por valores nas células E10:H10 e retorne VERDADEIRO se um deles for VERDADEIRO.

3. Filtre os infratores. Faça seu filtro exibir apenas as linhas em que o valor da coluna I for VERDADEIRO.

isole os infratores

Exercício
Solução

Você acabou de criar fórmulas que retornam VERDADEIRO se o barco for um infrator. Há muitos barcos que são infratores?

① Usando os arquivos de Ajuda, procure nas funções lógicas uma que pegue um intervalo de Booleanos e retorne VERDADEIRO se um ou mais deles forem corretos.

A função OU é o que você quer usar.

Se você quiser ser bacana, você pode aninhar funções E, OU e SE umas dentro das outras.

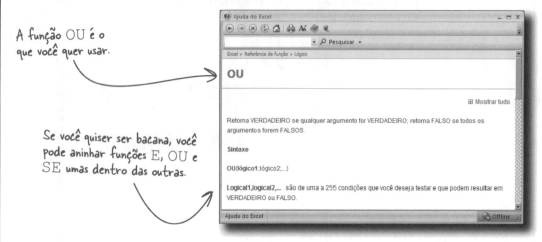

② Implemente a função que você escolheu para cada barco. Por exemplo, para o barco 240-T, certifique-se de que a fórmula procure por valores nas células E10:H10 e retorne VERDADEIRO se um deles for VERDADEIRO.

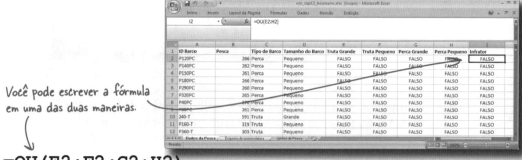

Você pode escrever a fórmula em uma das duas maneiras.

=OU(E2;F2;G2:H2)

=OU(E2:H2)

Esta fórmula retorna VERDADEIRO se um dos seus argumentos for VERDADEIRO.

booleanos

3 Filtre os infratores. Faça seu filtro exibir apenas as linhas em que o valor da coluna I for VERDADEIRO.

Aqui está a lista filtrada.

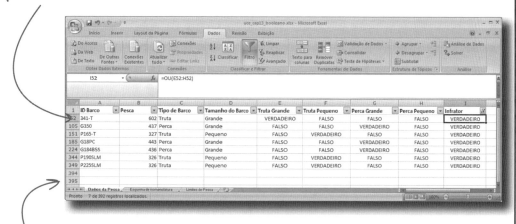

Não há muitos infratores, mas esses caras estão realmente pescando muito!

> É isso aí! Essa é exatamente a informação que eu precisava. Os peixes de Dadosville (sem mencionar o ambiente que depende deles) lhe agradecem...

animais felizes

Justiça para os peixes!

Usando suas análises, os infratores foram levados à justiça. Eles pagaram a multa e prometeram não pegar mais do que a parte deles novamente. Como resultado, a ecologia do Lago Dadosville está ótima, com uma população estável de peixes muito felizes.

Ele não pode realmente falar, mas ele mandou borbulhas...

... e são borbulhas de sincero agradecimento!

14 segmentação

Dividindo e fragmentando

Seja criativo com suas ferramentas.

Você desenvolveu um conhecimento formidável sobre o Excel nos 13 capítulos anteriores, e a uma altura dessas conhece (ou sabe como encontrar) a maioria das ferramentas que servem para seu problema de dados. Mas e se seu problema *não se encaixar nessas ferramentas*? E se você nem tiver os dados que precisa em um único lugar, ou seus dados estão divididos em categorias que não se adequam aos seus objetivos analíticos? Neste capítulo final, você vai usar **funções de busca** juntamente com algumas das ferramentas que já conhece para extrair novos **segmentos** dos seus dados e se tornar realmente criativo com as ferramentas do Excel.

os geopolitical grunts

Você está com um fiscal que precisa fiscalizar o dinheiro do orçamento

O Geopolitical Grunts é um grupo de nerds de política que aconselha empresas e governos sobre as mais importantes macrotendências do momento. Eles precisam da sua ajuda para fazer um trabalho pesado com tabelas dinâmicas.

O conjunto de dados descreve os gastos do governo federal dos EUA em nível nacional nos anos de 2007 até 2010.

Obrigado por participar! Eu tenho uns dados meio selvagens que eu não consigo domar. Eu sei que ele tem a informação que precisamos, eu só não sei como obtê-la.

Nerd da política de gastos governamentais.

segmentação

Aqui está o gráfico que eles querem

Não parece que isso vá ser um problema.

De: G.G.
Para: Use a Cabeça!
Assunto: Projeto de dados

Caro Use a Cabeça!

Adivinhe? Eu desenhei exatamente o que eu estou querendo. Se você puder fazer este gráfico abaixo, o trabalho está feito. Ele descreve quanto cada agência gastou em média por residência.

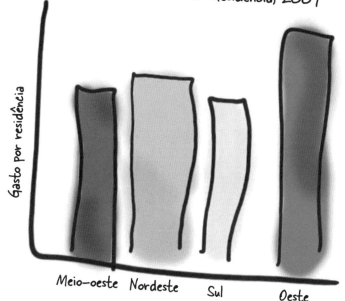

Sem dados? Isso é um problema.

O Problema é que não temos os dados para esse gráfico. Não temos gasto por residência, e não temos nossa geografia dividida por regiões.

Temos algo totalmente diferente. Nossos dados são grandes e feios. Esteja preparado para olhar para um bando de zeros.

Uau, ele quer o "impossível"

Bem, se vocês, de alguma forma, conseguirem transformar esses dados nos dados para criar o gráfico, seria ótimo. Será que vocês, gurus do Excel, não conseguem fazer o impossível acontecer?

– G.G.

investigue seus dados

Aqui está o gasto federal, dividido por cidade

Os caras da Geopolitical Grunts enviaram o banco de dados, que é um resumo cidade à cidade do gasto do governo federal dos EUA dos últimos anos. E como ele tem quase 50 mil linhas, você pode querer fechar outros programas antes de carregá-lo!

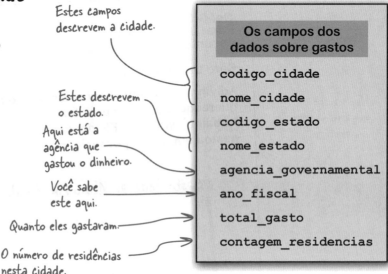

Estes campos descrevem a cidade.

Estes descrevem o estado.

Aqui está a agência que gastou o dinheiro.

Você sabe este aqui.

Quanto eles gastaram.

O número de residências nesta cidade.

Os campos dos dados sobre gastos

codigo_cidade
nome_cidade
codigo_estado
nome_estado
agencia_governamental
ano_fiscal
total_gasto
contagem_residencias

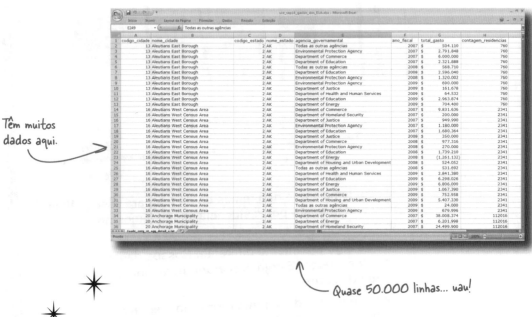

Têm muitos dados aqui.

Quase 50.000 linhas... uau!

Visite o site!

www.altabooks.com.br
(buscar pelo nome do livro)

360   Capítulo 14

segmentação

Aponte seu lápis

Olhe para o gráfico que ele quer. Você consegue criá-lo com os dados que possui? Por que sim, ou por que não?

Aqui estão seus dados.

	codigo_cidade	nome_cidade	codigo_estado	nome_estado	agencia_governamental	ano_fiscal	total_gasto	contagem_residencias
1								
2	13	Aleutians East Borough	2	AK	Todas as outras agências	2007	$ 504.110	760
3	13	Aleutians East Borough	2	AK	Environmental Protection Agency	2007	$ 2.791.848	760

Isso significa que a EPA gastou $2,8 milhões em Aleuthians East Borough em 2007.

Há 760 residências nesta cidade.

Olhe ambos os eixos desse gráfico e diga se você pode criar estes eixos a partir do banco de dados que possui.

Aqui está o gráfico que eles querem.

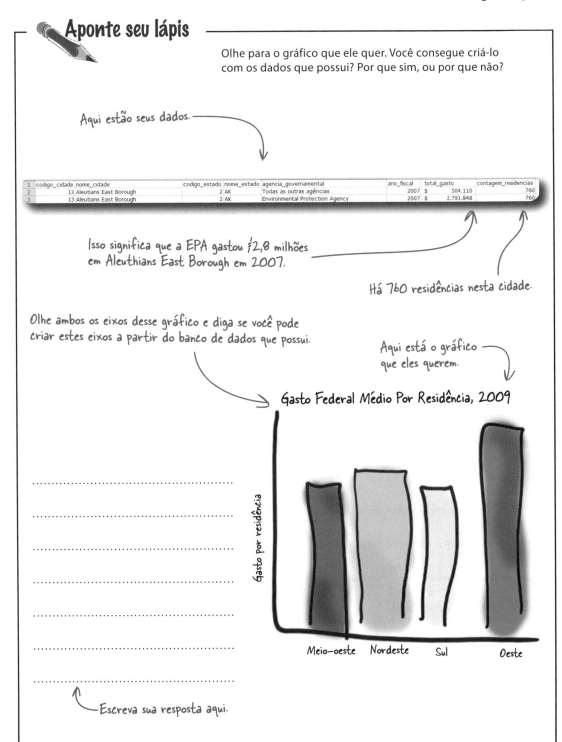

Gasto Federal Médio Por Residência, 2009

Gasto por residência

Meio-oeste   Nordeste   Sul   Oeste

Escreva sua resposta aqui.

você está aqui ▶ **361**

você consegue fazer o gráfico?

Aponte seu lápis
Solução

Você acabou de comparar os dados com o gráfico que lhe pediram para gerar. Como as duas coisas batem?

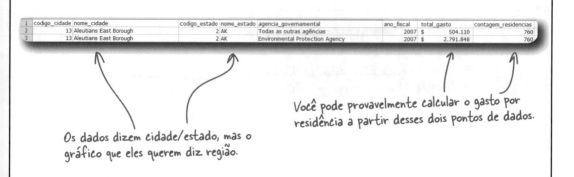

Os dados dizem cidade/estado, mas o gráfico que eles querem diz região.

Você pode provavelmente calcular o gasto por residência a partir desses dois pontos de dados.

Existem alguns problemas para fazer esse trabalho. Primeiro, os dados estão divididos em estados e cidades. O Alaska é "Oeste", mas esse fato não está no conjunto de dados em si. O gasto por residência não está nos dados também, mas poderíamos criá-lo com um simples cálculo.

Há um bocado de coisa acontecendo aqui.

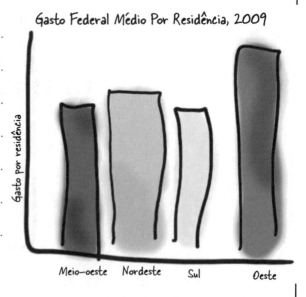

362 Capítulo 14

segmentação

Algumas vezes os dados que você tem não são suficientes

Dados podem ser próximos do que você precisa sem nunca serem exatamente aquilo que você precisa. Mas isso não significa que você não possa fazer sua análise. Você pode transformar os dados que tem nos dados que você precisa ter.

Região é a categoria que você quer.

Dados de saída
- Novas categorias
- Resumos categóricos usando números
- Resumos categóricos dos números
- Cálculos numéricos

Estados e cidades são categorias.

Dados de entrada
- Dados categóricos
- Dados numéricos

Transforme-os!

Gasto total e contagem de residências são números.

Você precisa calcular o gasto total dividido pela contagem de residências.

Exercício

Vá em frente e crie o campo que você precisa: o gasto por residência para cada agência em cada cidade.

1. Converta seus dados em uma tabela e lhe dê o nome: "DadosSobreGastos".

2. Crie uma coluna no final chamada por_residencia e a preencha com uma função que divida o campo `total_gasto` pelo campo `contagem_residencias`.

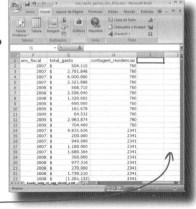

Ponha sua coluna por_residencia aqui.

você está aqui ▶ **363**

crie alguns campos novos

Exercício Solução

Você acabou de criar um dos campos que precisa para seu gráfico: o gasto por residência. Como foi?

Crie sua tabela usando a aba Inserir

1. Converta seus dados em uma tabela e lhe dê o nome: "DadosSobreGastos".

Se as linhas coloridas irritam você, limpe a formatação da tabela.

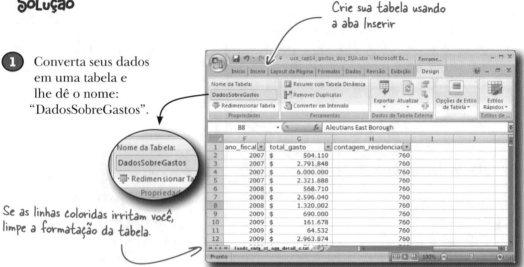

2. Crie uma coluna no final chamada `por_residencia` e a preencha com uma função que divida o campo `total_gasto` pelo campo `contagem_residencias`.

```
=DadosSobreGastos[[#Esta Linha], [total_gasto]] /
    DadosSobreGastos[[#Esta Linha], [contagem_residencias]]
```

Insira sua coluna aqui.

Isso calcula o gasto por residência.

Para conseguir isso, digite "=" e clique no total_gasto, depois digite "/" e clique no contagem_residencias.

Não se esqueça de formatar os dados com o formato Contábil.

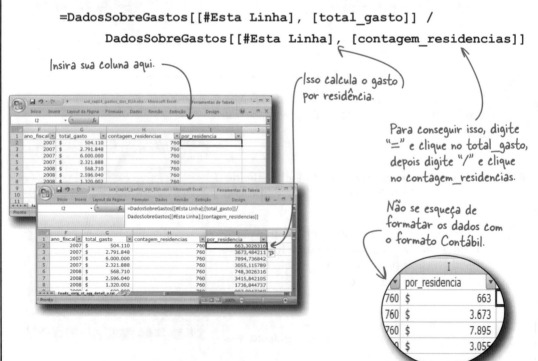

segmentação

Seus problemas com as regiões são maiores

Calcular o número `por_residencia` foi simples, porque você tinha todos os dados necessários na planilha.

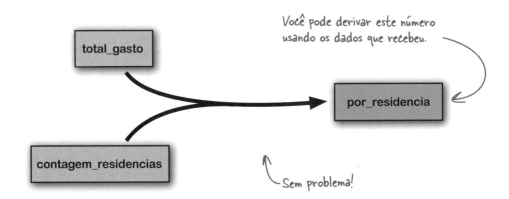

Contudo, você está numa situação diferente com a `região`, uma vez que não há nada implícito nos dados que você possa usar para calcular a `região`. Você precisa **incorporar mais dados** para determinar a região para cada linha.

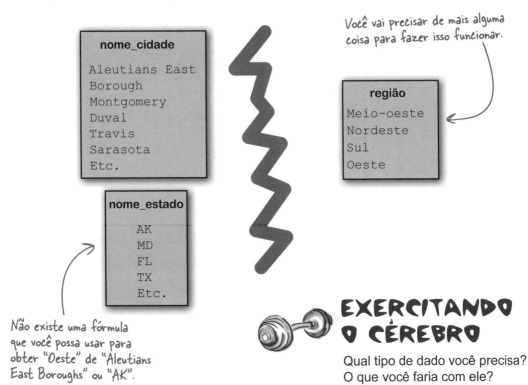

EXERCITANDO O CÉREBRO

Qual tipo de dado você precisa?
O que você faria com ele?

você está aqui ▶ **365**

uma tabela de busca

Aqui está uma chave de busca

Você pode dar uma pesquisada nos mecanismos de busca por alguns minutos e encontrar dados como este: uma chave que mostra como os nomes de estado se encaixam nas regiões.

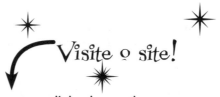

www.altabooks.com.br
(buscar pelo nome do livro)

	Estado	Região
1	**Estado**	**Região**
2	Alabama	Sul
3	Alaska	Oeste
4	Arizona	Oeste
5	Arkansas	Sul
6	California	Oeste
7	Colorado	Oeste
8	Connecticut	Nordeste
9	Delaware	Sul
10	District of Columbia	Sul
11	Florida	Sul
12	Georgia	Sul
13	Hawaii	Oeste
14	Idaho	Oeste
15	Illinois	Meio-oeste
16	Indiana	Meio-oeste
17	Iowa	Meio-oeste
18	Kansas	Meio-oeste
19	Kentucky	Sul
20	Louisiana	Sul
21	Maine	Nordeste
22	Maryland	Sul
23	Massachusetts	Nordeste
24	Michigan	Meio-oeste
25	Minnesota	Meio-oeste
26	Mississippi	Sul
27	Missouri	Meio-oeste
28	Montana	Oeste
29	Nebraska	Meio-oeste

Esta chave mostra como Estado e Região se combinam.

Usando estes dados, você pode levar os dados sobre região para sua planilha de gastos, o que vai possibilitar criar aquele gráfico que eles querem.

Se sua planilha não possuir os dados de que você precisa, talvez você possa usar outra fonte de dados para conseguir os dados.

366   *Capítulo 14*

segmentação

PROCV vai fazer uma referência cruzada entre as duas fontes de dados

Uma função particularmente útil no Excel é a PROCV. O V é de *vertical*, e o que essa função faz é procurar por um valor de referência em uma lista vertical e então retornar o valor de outra coluna que combine com a posição do valor na lista vertical.

PROCV busca pelo valor_de_busca na primeira coluna da tabela_de_valores.

Aqui está a referência a tabela contendo a chave de busca.

Este número especifica que coluna da tabela contém o valor que você quer retornar.

=PROCV(valor_de_busca; tabela_de_valores; num_indice_col, [intervalo_de_busca])

Este é o valor que você está procurando em um conjunto de dados de busca por chave.

Este argumento é opcional.

num_indice_col usa um valor numérico, não uma referência para especificar a coluna.

Veja no quadro Pontos de Bala para mais informação.

Tabela de Valores

Coluna 1	Coluna 2
AL	Sul
AK	Oeste
AZ	Oeste
AR	Sul
CA	Oeste

PONTOS DE BALA

- PROCV busca o valor_de_busca na primeira coluna da tabela_de_valores.

- num_indice_col pede um número, e não uma referência, para apontar para a coluna contendo o dado que você quer que seja retornado.

- [intervalo_de_busca] é um argumento Booleano.

- Se você definir o [intervalo_de_busca] como FALSO, o PROCV retorna um erro se não houver uma combinação exata, e a sua tabela_de_valores não tem que estar ordenada.

- Se você definir [intervalo-de-busca] como VERDADEIRO, o PROCV retorna um valor próximo do seu valor_de_busca se não houver uma combinação exata, mas a sua tabela_de_valores tem de estar ordenada.

nome_estado vai ser seu valor de busca.

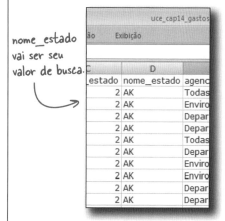

É uma função grande. Vamos testá-la...

você está aqui ▶ **367**

mais uma ferramenta de busca

> Pare! Esses dados não combinam! No novo arquivo, os nomes dos estados estão por extenso, e nos dados originais, os nomes dos estados estão abreviados.

Saco. Parece então que você vai ter de fazer referência cruzada da região com a abreviação do estado, e então usar a abreviação do estado para fazer uma referência cruzada com seus dados originais. Felizmente, o PROCV vai fazer a junção desses dados ser um trabalho rápido.

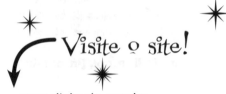

Visite o site!

www.altabooks.com.br
(buscar pelo nome do livro)

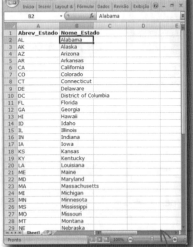

A planilha combina os nomes dos estados com suas abreviações.

Copie seus dados da planilha região_do_estado para a planilha abreviatura_do_estado dessa maneira...

Agora você tem ambos os conjuntos de dados em uma mesma planilha.

Vamos pôr os dados da região nesta coluna.

368 *Capítulo 14*

segmentação

Enigma da Piscina

Seu **trabalho** é pegar os elementos da fórmula de dentro da piscina e colocá-los nos espaços em branco da fórmula. Você **não** pode usar o mesmo elemento de fórmula mais de uma vez, e não precisa usá-los todos. Seu **objetivo** e fazer uma fórmula PROCV que ponha Região e Abrev_Estado na mesma tabela.

Escreva a fórmula que vai aqui.

Este é o valor que você está procurando.

=PROCV(___ ; ___ ; ___)

Esta referência contém os dados que você está procurando.

Este número especifica a coluna com os dados que você quer retornar.

Nota: cada coisa da piscina só pode ser usada uma vez!

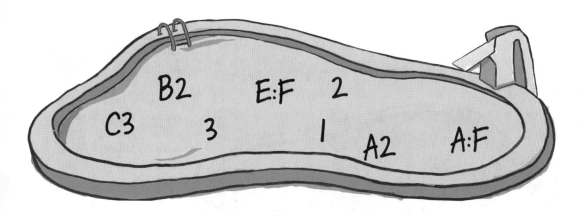

B2, C3, E:F, 2, 3, 1, A2, A:F

você está aqui ▶ 369

testando seu PROCV

Respostas do Enigma da Piscina

Você acabou de escrever sua primeira fórmula PROCV para criar uma tabela que relacione seu campo Região com seu campo Abrev_Estado.

Você quer que o PROCV retorne o valor correspondente a segunda coluna.

É isto o que você está procurando...

=PROCV(__B2__ , __E:F__ , __2__)

Na primeira linha, o valor que você está procurando é "Alabama".

Não temos de usar o argumento [intervalo_de_dados], uma vez que sabemos que os dados dos estados estão completos e em ordem.

Faça isto!

Se você ainda não fez, digite a fórmula na célula C2 e copie/cole para cada linha. Você vai usá-la no próximo exercício.

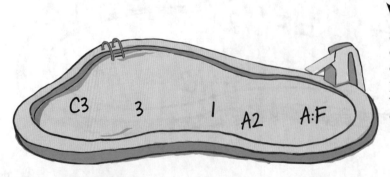

C3   3   1   A2   A:F

370   Capítulo 14

segmentação

Exercício Longo

Você está a um passo de ter todos os dados que precisa para criar o gráfico que os Geopolitical Grunts querem. Crie a fórmula PROCV que vai levar os dados sobre região para a sua planilha de gastos e então crie o gráfico dinâmica que seu cliente quer.

1 Copie a tabela de busca em que você vem trabalhando em `uce_cap14_abreviatura_do_estado.xlsx` para sua pasta de trabalho original. Clique com o botão direito na Sheet1 e diga ao Excel para mover a planilha para sua pasta de trabalho `uce_cap14_gastos_dos_EUA.xlsx`.

Ponha aqui sua fórmula para buscar o nome da região.

2 Insira uma coluna região nos seus dados originais e então escreva a fórmula PROCV que vai buscar o campo regiao baseado na abreviatura do estado naquela linha.

NOTA: você vai precisar colocar o quarto argumento da PROCV como FALSO.

Aqui está a planilha que você importou de `uce_cap14_abreviatura_do_estado.xlsx`

3 Crie o gráfico dinâmico que os Geopolitical Grunts querem. Clique "Gráfico Dinâmico" em vez de "Tabela Dinâmica" e o de Excel cria o gráfico. Você **vai** ter de mudar o título e a formatação para fazer o gráfic de forma correta.

Aqui está o gráfico que eles querem.

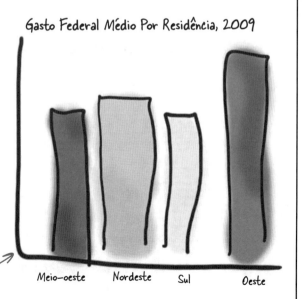

Gasto Federal Médio Por Residência, 2009

Meio-oeste   Nordeste   Sul   Oeste

seu primeiro gráfico dinâmico

Exercício Longo Solução

Você acabou de inserir outra coluna no seu conjunto de dados e então criou um gráfico dinâmico. Como ele ficou?

1 Copie a tabela de busca em que você vem trabalhando em `uce_cap14_abreviatura_do_estado.xlsx` para sua pasta de trabalho original. Clique com o botão direito na Sheet1 e diga ao Excel para mover a planilha para sua pasta de trabalho `uce_cap14_gastos_dos_EUA.xlsx`.

Aqui está como se parece a caixa de diálogo "Mover ou copiar".

Você chega nela clicando com o botão direito na aba da planilha na parte de baixo da tela.

2 Insira uma coluna região nos seus dados originais e então escreva a fórmula PROCV que vai buscar o campo região baseado na abreviatura do estado naquela linha.

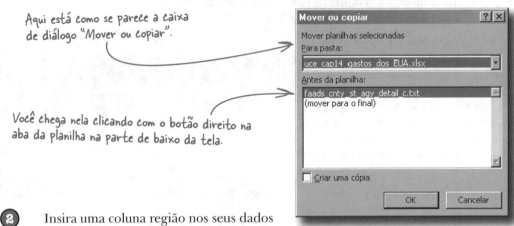

O segundo e o terceiro argumentos apontam para a tabela de busca que você criou.

```
=PROCV(DadosSobreGastos[[#Esta Linha];[nome_estado]];Sheet1!A:C;3;FALSO)
```

Aqui está sua fórmula.

Dê uma olhada na tela de ajuda para mais informações sobre este argumento.

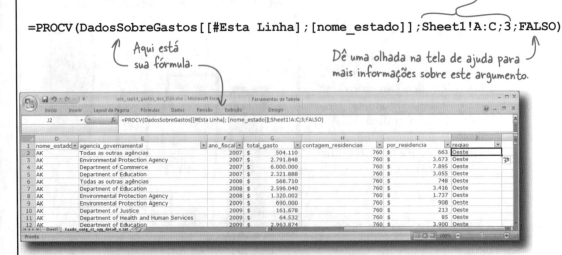

372 Capítulo 14

segmentação

③ Crie um gráfico dinâmico que os Geopolitical Grunts querem. Clique "Gráfico Dinâmico" em vez de "Tabela Dinâmica", e o Excel cria o gráfico. Você **vai** ter de mudar o título e a formatação para fazer o gráfico de forma correta.

Há muitas coisas que você precisa fazer para ficar com tudo limpo...

Filtrado pelo ano fiscal de 2009.

Estes são os campos que você criou.

Formate a média com o formato Contábil.

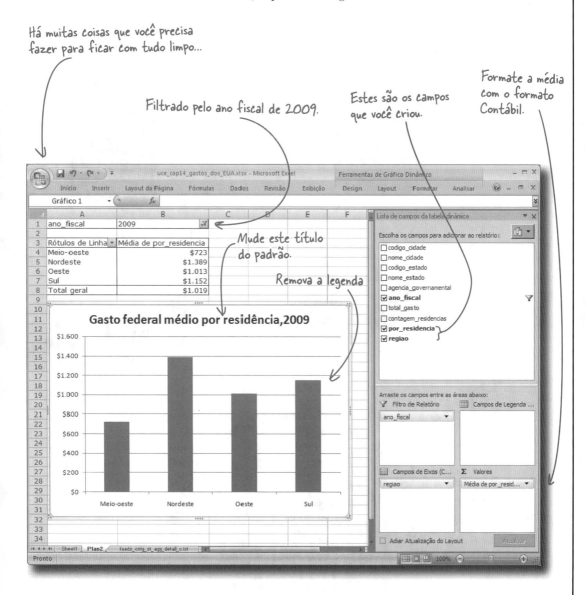

Mude este título do padrão.

Remova a legenda

você está aqui ▶ **373**

é tudo uma questão de segmentação

Crie segmentos para inserir os dados corretos na sua análise

Os dados que você recebeu para analisar dentro do Excel são apenas o começo. Se os dados não fizerem o que você precisa que eles façam para sua análise, todas as ferramentas do Excel estão a sua disposição para mudar os dados para a forma que você precisa.

Isto que é dividir e fragmentar dados (slice and dice, usando o termo em inglês).

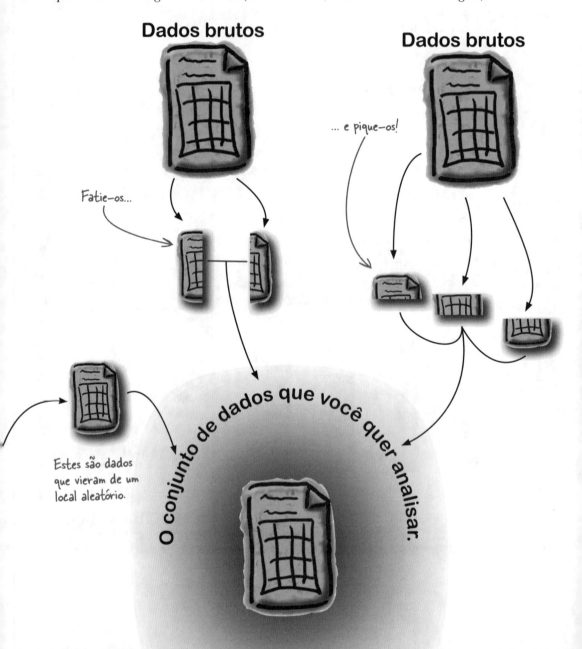

374   Capítulo 14

segmentação

não existem
Perguntas Idiotas

P: Eu sempre vou usar o PROCV para esse tipo de coisa?

R: Claro que não! O PROCV é poderoso, mas há outras funções de busca também. Há o PROCH, que faz buscas horizontais, assim como o ÍNDICE e CORRESP, que são populares, mas um pouco mais difíceis de entender.

P: Então há uma grande versatilidade nas funções do Excel com relação a encontrar as coisas.

R: Sim. Mas você nunca sabe quais fórmulas você vai poder usar para dividir e fragmentar os dados. Lembre-se, mais cedo, neste capítulo, você usou uma divisão simples para criar um novo campo que você plotou usando um gráfico dinâmico.

P: Agora que eu já tenho fórmulas de busca e divisão, o quê mais eu posso usar para segmentar pontos de dados?

R: Funções Booleanas são ótimas aqui. Digamos que você quisesse marcar todos os registros no seu banco de dados que fossem programas do Department of Defence, em Maryland. Seria fácil usar uma função E simples para criar um valor Booleano.

P: E eu poderia pegar esse valor Booleano e usá-lo com uma fórmula tipo CONT.SES para compará-los com outros valores no meu conjunto de dados.

R: Ou, melhor ainda, você poderia colocar o valor Booleano em algum lugar numa tabela dinâmica. Funções Booleanas são fantásticas para segmentação e funcionam muito bem com tabelas dinâmicas.

P: Sabe, é um conselho meio engraçado esse que você está me dando. Basicamente o que você está dizendo é que há um monte de diferentes técnicas e funções, que fazem, todas, a mesma coisa básica.

R: Certo! Continue...

P: E, ao mesmo tempo, você não está me dando regras rápidas e fáceis sobre como usar essas funções e técnicas para segmentação. Seu conselho é basicamente: "Olhe o problema, e puxe da cartola uma técnica do Excel para resolvê-lo. Use qualquer característica do Excel que se encaixe melhor".

R: É uma observação justa. Mas você já aprendeu o suficiente sobre as características do Excel que as coisas que você não sabe consistem ou em tópicos superavançados ou variações sutis sobre temas que você já viu. Neste ponto, seu objetivo deveria ser brincar com as funções e pensar criativamente sobre como fazê-las funcionarem para seu problema específico.

P: O discípulo se torna o mestre.

R: Isso já é um pouquinho de exagero, mas você já está no caminho. Assim como um livro sobre o Microsoft Word não vai lhe mostrar como escrever o Grande Romance Brasileiro, um livro sobre Excel não pode lhe ensinar a criar uma planilha genial.

P: O que pode me ensinar a fazer essas coisas selvagens no Excel?

R: Certamente você pode estar sempre atento às novas soluções que as pessoas criam para os problemas, mas a melhor maneira para ficar bom no Excel, uma vez tendo uma forte base de conhecimento, é apenas aprender quantas funções você conseguir e experimentar como fazê-las funcionarem juntas. Você inevitavelmente vai se surpreender com as maneiras criativas que pode usar o Excel.

P: E provavelmente não machucaria ser bom em matemática também.

R: Definitivamente. Um livro sólido sobre análise de dados em geral ou de análise na sua área de especialidade lhe mostraria mais sobre os pontos teóricos que vão fazer sua planilha mais esperta. Mas esse é um negócio totalmente diferente. Enquanto isso, vamos ver o que seu amigo na Geopolitical Grunts tem a dizer sobre seu gráfico dinâmico.

você está aqui ▶ **375**

outro pedido do cliente

Os Geopolitical Grunts gostariam de um pouco mais de nuance

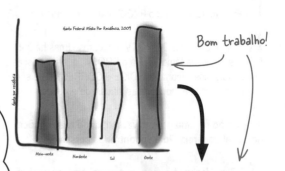

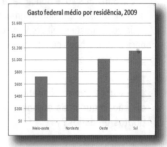

Oh, uau, essa visualização está fantástica. Sabe, você me fez pensar. Seria bem interessante identificar os projetos de nível departamental para tudo. Você conseguiria filtrar os dados para que eles apenas incluíssem as transações em que a palavra "Department" aparecesse no campo agencia_governamental?

E enquanto você estiver fazendo isso será que dá para me mostrar todas as datas em vez de apenas 2009? Tipo agrupando as barras e mostrando as médias regionais por ano?

Ah, clientes... O que fazer? Você mostra um pouco de habilidade, e uma vez que eles saibam do que você é capaz, nunca lhe deixam em paz!

segmentação

Seu cliente gostaria de um pouco mais de detalhe no gráfico dele. Parece que você vai ter de criar um novo segmento...

Exercício

① Incluir datas no seu gráfico dinâmico é a parte mais fácil. Arraste o campo de data para fora da caixa Filtro e para dentro da caixa que vai fazer o gráfico mostrar muitas barras representando região *e* ano, não apenas região.

② Suas linhas dos dados brutos precisam de uma marca para mostrar se cada transação é de uma organização de nível departamental ou não. Crie um campo de dados Booleano que contenha VERDADEIRO se a palavra "Department" estiver no campo **agencia_governamental**. Se precisar de ajuda, dê uma olhada na dica abaixo.

③ Vá para a tabela dinâmica. Uma vez que você inseriu dados na sua tabela, você vai ter de pressionar o botão na Faixa de Opções para recarregar sua tabela dinâmica. E então incluir seu novo campo como o filtro, mostrando apenas pontos de dados em que seja VERDADEIRO que a transação é de uma organização de nível departamental.

> **Dica...**
>
> PROCURAR() retorna erro se o trecho de texto não for encontrado. ÉERRO() retorna VERDADEIRO se o argumento for um erro. NÃO() retorna VERDADEIRO se seu argumento for FALSO. Ponha essas fórmulas juntas para criar uma grande fórmula aninhada que retorne VERDADEIRO se "Department" estiver contido no texto da célula.

mais segmentação

Exercício Solução

Você acabou de criar um novo segmento que descreve as transações que se originam de organizações de nível departamental. Como foi?

① Incluir datas no seu gráfico dinâmico é a parte mais fácil. Arraste o campo de data para fora da caixa Filtro e para dentro da caixa que vai fazer o gráfico mostrar muitas barras representando região *e* ano, não apenas região.

② Suas linhas dos dados brutos precisam de uma marca para mostrar se cada transação é de uma organização de nível departamental ou não. Crie um campo de dados Booleano que contenha VERDADEIRO se a palavra "Department" estiver no campo **agencia_governamental**.

Insira o ano neste eixo.

Imagine que a célula não tenha "Department" nela...

Esta fórmula vai retornar um erro...

Aqui está sua fórmula.

=NÃO(ÉERRO(PROCURAR("Department";DadosSobreGastos[[#Esta Linha];[agencia_governamental]])))

... isto vai retornar FALSO...

... e isto vai transformá-lo em VERDADEIRO, uma vez que a célula não contém "Department".

378   Capítulo 14

segmentação

3 Vá para a tabela dinâmica. Uma vez que você inseriu dados na sua tabela, vai ter de pressionar o botão na Faixa de Opções para recarregar sua tabela dinâmica. E então incluir seu novo campo como o filtro, mostrando apenas pontos de dados em que seja VERDADEIRO que a transação é de uma organização de nível departamental.

Clique no botão Atualizar para que você possa incluir o novo campo.

Aqui está seu novo gráfico.

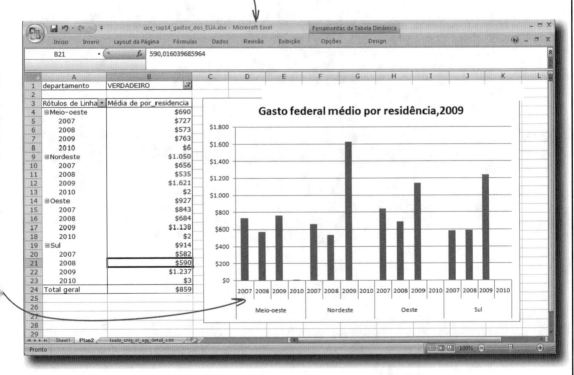

você está aqui ▶ **379**

mostre-me o dinheiro

Você possibilitou aos Geopolitical Grunts seguir a trilha do dinheiro...

O que é uma coisa boa, porque há muito dinheiro. Tanto que fica difícil seguir a trilha. Tanto que poderia enterrá-lo!

siga em frente a seja excelente

Deixando a cidade...

Foi ótimo ter tido você aqui em Dadosville!

Estamos tão tristes que você esteja de saída, mas não há nada como pegar o que você aprendeu e colocar em uso. Você está apenas começando na sua jornada no Excel, e lhe pusemos no banco do motorista. Estamos morrendo de curiosidade de saber como as coisas estão indo, **então mande um recado** no site da Editora Alta Books em **www.altabooks.com.br** e nos deixe saber como a análise de dados está funcionando para VOCÊ!

apêndice i: sobras

As Top Dez Coisas (que nós não cobrimos)

Você percorreu um longo caminho.

Contudo, o Excel é um programa complicado, e ainda há muito mais o que aprender. Neste apêndice, você vai passar pelos 10 itens que não tivemos tempo de cobrir neste livro, mas que deveriam estar no topo da sua lista para serem estudados.

você precisa de mais estatísticas

Nº 1: Análise de Dados

Uma coisa é ser capaz de fazer e acontecer dentro do Excel, outra completamente diferente é ser um bom **Analista de Dados**. Análise de dados é um campo amplo (e quente) que engloba não só conhecimento de Excel e outros programas, mas também de tópicos de mais alto nível como estatística e psicologia.

Craques em análise de dados são pensadores onívoros e vorazes quando o assunto é dados, e se você estiver interessado em dar uma olhada em análise de dados, podemos sugerir...

Este livro é mais sobre princípios analíticos do que sobre software.

Nº 2: Formatar Pincel

Pincel é uma daquelas ferramentas dentro do Excel que você vai usar a toda hora. Essa característica fornece uma maneira super-rápida de copiar atributos de formatação de uma célula para outra. Apenas selecione a célula que tem a formatação que você quer copiar para outra célula, clique no botão Formatar Pincel, e clique na célula ou intervalo onde você quer aplicar aquela formatação.

Teste esta ferramenta

Se você quiser aplicar a formatação que carregou no pincel em uma quantidade de lugares na sua planilha (em vez de apenas em um), dê um duplo clique no botão quando a célula da qual você quer a formatação estiver selecionada.

Você também pode alcançar o mesmo resultado usando o Colar Especial > Formatação.

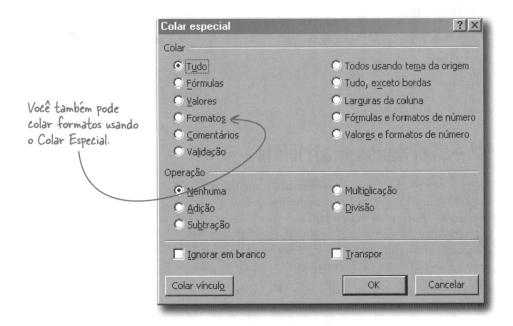

Você também pode colar formatos usando o Colar Especial.

ferramentas de análise e fórmulas matriciais

Nº 3: O Suplemento de Análise de Dados

O suplemento de Análise de Dados é um conjunto de ferramentas de análise que vem por padrão com o Excel, mas não está ativado por padrão. Se você precisar usar o Excel para operações estatísticas sérias como teste de hipótese, vai querer dar uma olhada nessa característica. Dê uma olhada nos arquivos de Ajuda para informações sobre como ativar isso.

O pacote de Análise de Dados tem um monte de funções estatísticas bacanas.

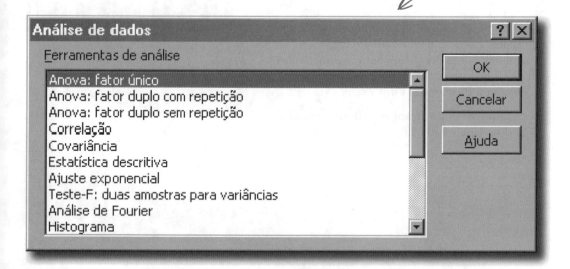

Nº 4: Fórmulas matriciais

Alguma vez precisou que uma fórmula retornasse mais de um resultado? Essa questão lhe deixa pensando? **Fórmulas matriciais** são uma característica conceitualmente difícil, mas programaticamente poderosa do Excel que leva as funções ao limite da performance.

Elas valem a pena serem vistas se você estiver interessado em levar sua maestria nas funções a uma nova dimensão… literalmente!

todo o resto

Nº 5: Formas e SmartArt

O Excel 2007 introduziu um monte de ferramentas de formatação visual, e esse livro apenas arranhou a superfície dessas ferramentas. Se você curte pensar visualmente, tente brincar um pouco com as características SmartArt e Formas. Elas são um achado como opções rápidas e fáceis, e ainda assim elegantes, para gráficos de fluxo e outras visualizações.

Você pode desenhar uma grande diversidade de diagramas interessantes usando Formas e SmartArt.

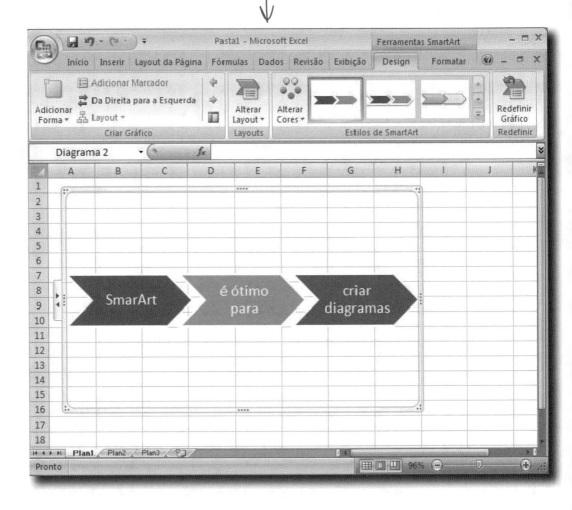

você está aqui ▶ **387**

melhor performance

Nº 6: Controlando o recálculo e melhorando o desempenho

Se sua planilha ficar grande e cheia de fórmulas, especialmente fórmulas matriciais, você pode experimentar uma diminuição na velocidade na medida em que todas suas fórmulas são recalculadas quando você atualiza os dados. Se você suspeitar que está experimentando algo assim, vá até o menu Opções e dê uma mexida nas configurações que controlam o recálculo do Excel e outros comportamentos relacionados a desempenho.

Dê uma olhada nesta janela para as opções de ajuste de desempenho.

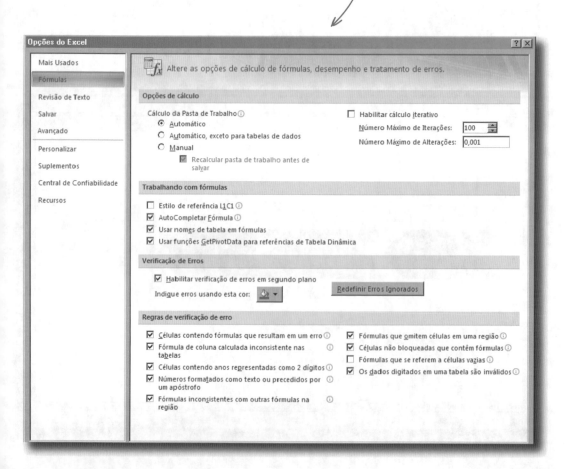

todo o resto

Nº 7: Conectando com a Web

Todos nós gastamos tempo navegando na Web, então por que não fazer o Excel e a Web trabalharem juntos? O Excel tem uma quantidade de facilidades para trazer dados web para suas planilhas e exportar suas pastas de trabalho para uso na Web.

Nº 8: Trabalhar com fontes de dados externas

Você pode puxar dados para o Excel de uma variedade de bancos de dados como Microsoft Access e de uma variedade de outras fontes externas além da internet. Interfacear bancos de dados com as tabelas dinâmicas do Excel usando tecnologia OLAP (Online Analytical Processing) é a maneira particularmente poderosa e bacana de analisar dados.

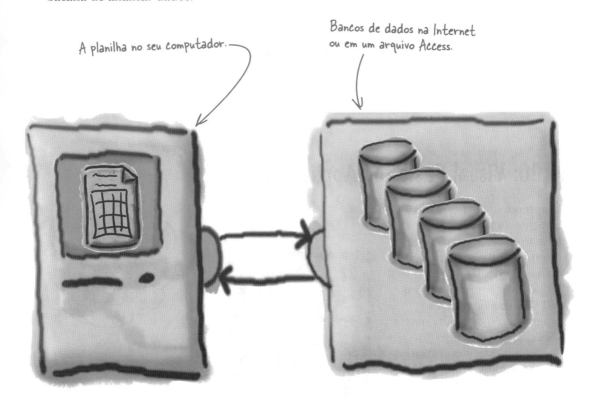

você está aqui ▶ 389

colaboração e vba

Nº 9: Colaboração

As características de colaboração do Excel como o Controlar Alterações faz com que trabalhar com outras pessoas na mesma planilha seja muito mais fácil. Para dar uma olhada nas características de colaboração vá até a aba Revisão.

Olhe as opções de colaboração aqui.

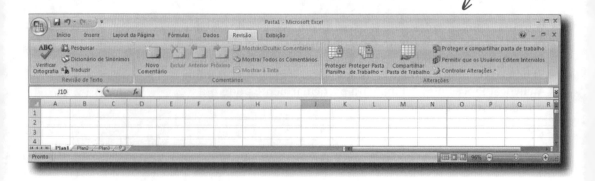

Nº 10: Visual Basic for Applications

Já aprendeu a maioria das características do Excel, mesmo coisas supertécnicas como fórmulas matriciais, e ainda está querendo mais? O Visual Basic for Applications (VBA) é uma linguagem de programação completa que você pode usar dentro do Excel para criar suas próprias funções e muito, muito mais.

Sua planilha sonhando em ter seu próprio código VBA.

apêndice ii:
instalando o solver do excel

O Solver

Eu quero otimizar agora! Não quero ter de instalar nenhum suplemento...

Algumas das melhores características do Excel não estão instaladas por padrão.

É isso aí, para poder rodar a otimização do Capítulo 10, você vai precisar ativar o **Solver**, um suplemento que vem incluído no Excel por padrão, mas não é ativado sem a sua iniciativa.

Instale o Solver no Excel

Instalar o Solver no Excel não é problema se você seguir estes simples passos.

Este é o botão Microsoft Office.

① Clique no botão Microsoft Office e selecione **Opções do Excel**.

Aqui estão as opções do Excel.

② Selecione a aba Suplemento e clique **Ir**… próximo ao "Gerenciar Suplementos do Excel".

A aba Suplementos.

Clique neste botão.

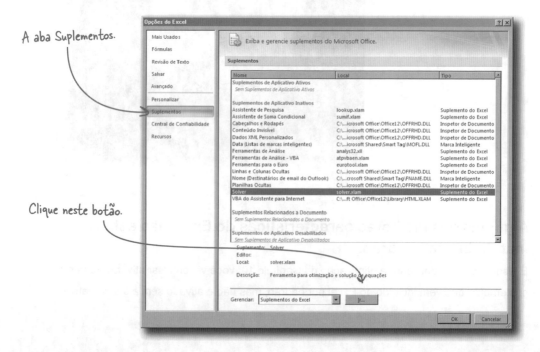

392   apêndice ii

instalando o solver do excel

③ Certifique-se de que a caixa Solver está marcada, e pressione **OK**.

Certifique-se de que esta caixa esteja marcada.

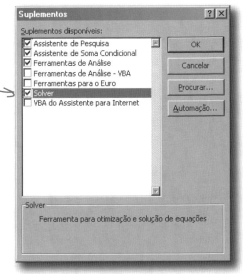

④ Dê uma olhada na aba Dados para se assegurar de que o botão do Solver está ali para você usar.

Certifique-se de que o Solver pode ser visto na aba Dados.

É isso aí!

Com esses passos completados, você está pronto para rodar otimizações!

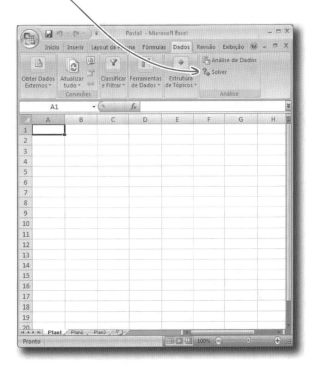

você está aqui ▸ **393**

Índice

Símbolos

$ (cifrão) 73

* asterisco 293

/ (barra) representa divisão 8

[ ] colchetes 82

#DIV/0! 121

(&) e comercial 352

& (e comercial) 351

#N/D! 136

#NOME? 133

() parênteses 62

   argumentos das funções 15

   fórmulas para agrupar os dados 312

   números 16

#REF! 134

= (sinal de igual) 5

   expressões Booleanas 335

   funções lógicas 335

+ (sinal de mais) 5

#VALOR! 133

A

aba Início da Faixa de Opções 36

agrupamentos usando fórmulas xxi

agrupando resultados por classificação 98

agrupar e sumarizar meus dados 321

ajuda para as funções 173

alinhamento de valores dentro das suas células 36

análise de cenários xix

   problemas de otimização muito mais complexos 267

   todos os cenários 257

análise de dados 113

Análise de Dados 384

anúncio 265

   anúncios de TV e revista 265

   custos com propaganda 253

   ferramenta de otimização 265

   novos clientes 253

   otimização do Solver 269

   ponto de equilíbrio 263

ARRUMAR 288

Atingir Meta 262

auditando fórmulas 197

B

banco de dados de clientes 308

banco de dados de consumidores 280

   contagem de letras "s" 291

   extraindo números de telefone 288

   formatação dos dados 282

   limpar seus dados sobre nomes 294

   Texto para Colunas usa um delimitador para dividir seus dados 282

bancos de dados com as tabelas dinâmicas 389

bordas ao redor das suas células 36

o índice

C

calcula a taxa de juros 212

calculam valores de empréstimos 212

calcula o valor futuro 212

calcular o Valor Presente 202

calcular o Valor Presente Líquido 202

cálculos 205

cálculos de tempo 162

caracteres 289

célula 5

células 122

   formatação para 371

   triângulos verdes 121

Cenários 258

Centro de Convenções 170

Colaboração 390

Colar Especial 385

colchetes 82

colunas 350

   dados organizados 95

   dados textuais 286

   referenciar células 66

comparar o aluguel com a compra 204

compra da casa 223

   brinque com as suposições 220

   calcular quanto dinheiro você pode pegar 199

   Modelo da hipoteca 207

   modelo do aluguel 206

   Valor Presente Líquido 202

Controlando o recálculo 388

Controlar Alterações 390

CONT.SE 191

CONT.SES 346

copiar e colar 350

   formatação de uma célula 385

   fórmulas 20

   modificações 234

   referências se deslocam 21

cor 99

   formatar as células 36

corrida 142

corridas de 10Km 143

Custo de oportunidade 215

D

DATA 182

DATADIF 172

data e hora 181

   Classificar 143

   converter em alguma outra coisa os números em forma de data 182

   diferença entre 148

   encontrar a nova função de 177

   formatação de 152

   operações para tentar calcular 150

DATA.VALOR 182

delimitador 282

demonstração de resultados 30

   balanço patrimonial 51

   dados da demonstração de resultados 31

   design 41

   formatação 38

   layout 55

Desfazer 34

o índice

Design e Layout 232

  estilos de células 47

  para gráficos 387

  Princípio de design: mantenha simples 40

  princípios de alinhamento 53

  proximidade 53

  Temas para 47

despesas com comida 18

  dividindo as contas 17

DESVPAD 139

diagramas 387

DIREITA xx

dispersão 238

divisão 8

dois-pontos 15

download dos dados xxxiii

E

ÉCÉL.VAZIA 127

ÉERRO 136

efetividade de um medicamento 118

  converter seu texto em números 128

empréstimos 212

  calcula a quantidade de juros pagos 216

  calcula a taxa de juros 212

  calcula o número de períodos 212

  calcula o valor futuro 212

  calcular o Valor Presente 202

  calcular o Valor Presente Líquido 202

  cálculo do pagamento 211

  fórmula da valorização 217

  fórmula do Custo de oportunidade 217

É.NÃO.TEXTO 128

encontrar o menor custo 64

ÉREF 128

erros 125

  #DIV/0 135

  funções para 126

  #N/D 136

  #NOME 133

  #REF 134

  tipos de dados para 122

  #VALOR 134

estilos de células 47

ÉTEXTO 128

Excel 117

  cobrir neste livro xxiv

exemplos 334

  anúncios

  balanço patrimonial 50

  banco de dados de clientes 308

  compra da casa 223

  contas de restaurante 19

  declaração de resultados 47

  download dos dados xxxiii

  gastos governamentais 358

  levantamento de fundos 115

  Manufatura de Computadores 60

  pescadores 332

  programa de treinamento 142

  relatório de investimentos 228

  Semanário Automotivo 310

  vagas de estacionamento 170

expressões lógica 339

  contar elementos 346

você está aqui ▶ **397**

o índice

funções para 335

resultado VERDADEIRO ou FALSO 334

F

Faixa de Opções 36

fazer o download dos dados
nos formatos xxxiii

filtragem de dados 322

aplicar os filtros 110

Aplique outro filtro 109

tabelas dinâmicas 309

Formas 387

formatação 232, 387

alinhamento de valores dentro das
suas células 36

botões de menu 36

casas decimais 243

como percentagem 61

Datas e tempos 165

Estilos de Células 46

excessiva 40

fontes 41

Formas 387

formatação de uma célula para outra 385

para moedas 36

SmartArt 387

texto ficar em negrito 42

texto ficar em negrito e em itálico 42

formatos .xls. xxxiii

formatos .xlsx xxxiii

fórmula de subtração 19

fórmulas 12

auditando xvii

complexas, quebre sua fórmula em
colunas 350

copia e cola 21

definição 76

erros 59

funções 80

modelando 202

operação matemática 8

performance de recálculo 388

referências de célula 15

worksheet 66

Fórmulas matriciais 386

função 15, 354

ARRUMAR 287

CONCATENAR 287

CONT.SE 190

CONT.SES 190

Data 191

DATADIF 172

DATA.VALOR 172

DESVPAD 172

DIREITA 287

E 351

ÉCÉL.VAZIA 128

ÉERRO 136

É.NÃO.TEXTO 127

ÉREF 128

ESQUERDA 289

ÉTEXTO 131

INFODADOSTABELADINÂMICA 321

MÁXIMO 312

MÉDIA 312

o índice

MÍNIMO 64

nper 212

NÚM.CARACT 294

OU 354

PGTO 211

PGTOJURACUM 216

PRI.MAIÚSCULA 306

PROCH 375

PROCV 375

SE 340

SEERRO 136

SOMA 172

SUBSTITUIR 306

taxa 212

TEXTO 128

TIPO 128

TIPO.ERRO 136

VALOR 128

VF 212

VP 200

VPL 202

função CONCATENAR 351

função E 351

função ESQUERDA 289

funções 212

  argumentos 15

  categorias 186

  de erros 136

  expressões lógica 339

  procurando 186

  tabelas dinâmicas 309

funções estatísticas 386

desvio padrão 172

elementos que você quer contar 191

funções para 279

médias 130

valor máximo 270

Valor MÍNIMO 172

G

gastos do governo 358

  agrupando por ano 376

  determinar a região 365

  gasto por residência para cada agência em cada cidade 363

  gráfico dinâmico 372

  identificar os projetos de nível departamental 376

gráfico de 238

gráfico de dispersão 238

gráficos 387

  adequação de 229

  barra 240

  criando 179

  Design e Layout 232

  de tabelas dinâmicas 316

  limitações 49

  linha 241

  lista dos 193

  mudar seu tipo 239

  pizza 236

  Selecionar Dados 232

  transformar os dados 243

gráficos de 242

gráficos de pizza 231

você está aqui ▸ **399**

o índice

Gráficos de pizza 236

gráficos de séries temporais 242

H
hipoteca 187

i
INFODADOSTABELADINÂMICA 321

intervalos 67

Intervalos de células 76

automaticamente gerados 82

especificando em fórmulas 14

nomeados 76

selecione os dados com o mouse 67

intervalos nomeados 75

automaticamente gerados 82

L
Lago Dadosville 332

layout 29

levantamento de fundos 115

filtrar os dados 108

nomes dos grandes contribuidores 91

zoom nos dados 102

lucratividade 64

M
maior ou igual a (>=) 335

maior que (>) 335

Manufatura de Computadores 60

custo com desconto 72

projeções de lucratividade 84

Maratona de Massachusetts 142

MÁXIMO 312

MÉDIA 312

menor ou igual a (<=) 335

menor que (<) 335

MÍNIMO 64

Modelos 206

analisando as suposições 221

cenários diferentes 219

otimização do 265

multiplica a quantidade de juros 216

Multiplicação 8

N
nper 212

NÚM.CARACT 294

números 180, 293

armazenados como texto, e o Excel não quer mudar esses valores para número 131

converter em alguma outra coisa os números em forma de data 182

datas armazenadas como 146

negativo 24

triângulos verdes são realmente o aviso "Números armazenados como texto" 122

O
OLAP (Online Analytical Processing 389

operações 313

operação matemática 187

operações matemáticas 187

Datas e tempos 165

SOMA 171

totais 191

operador de subtração 19

o índice

otimização 268

OU 354

P

parênteses 340

   argumentos de função 15

percentagem 61

pescadores 332

   contando barcos acima dos limites 350

   contar o número de barcos em cada categoria 348

PGTO 211

PGTOJURACUM 216

planilhas 235

   arquivos de 285

   erros 59

   fazer um bom zoom 103

   formatação 106

   fórmulas 113

   worksheet 63

PRI.MAIÚSCULA 306

Princípio de design: mantenha simples 40

princípios de alinhamento e proximidade 53

PROCH 375

PROCV 372

programa de treinamento 142

R

recursos xxvii

referência a um monte de células 15

referência cruzada entre as duas fontes de dados 367

referências xxxii

células 23

CONCATENAR 351

   intervalos de células 67

   Intervalos nomeados 76

   referências absolutas 73

   referências estruturadas 82

   referências relativas 73

   Toda a informação parece estar em uma coluna 281

   worksheet 63

referências absolutas 245

Referências estruturadas 83

referências relativas 73

relatório de investimentos 228

   Design e Layout para retrabalhar seu gráfico 232

revista 255

S

SE 320, 334

segmentação de dados 357

   tabela de busca 371

selecione os dados com o mouse 67

Semanário Automotivo 310

   Avaliação por marca e número do modelo 329

   confiabilidade e Marca 312

   média de Km/L agrupada por marca e tipo 317

   O Km/L médio agrupado por confiabilidade 312

símbolos monetários 34

sinais de igual e maio 335

sinal de igual 5

você está aqui ▶ **401**

o *índice*

expressões lógicas 335

sinal de maior 335

sinal de mais 5

sinal de menor 335

sinal de menor ou igual 335

sinal de menos 43

sinal de Real 33

SmartArt 387

solver 391

  instalando 391

  salvando resultados como um cenário 276

  tabelas dinâmicas 321

Soma 318

strings 337

SUBSTITUIR 306

subtração 19

T

Tabelas 99

  agrupar e sumarizar meus dados 321

  referência estruturada 82

tabelas dinâmicas 309

  criar 317

  dentro de um banco de dados 321

  filtrar dados 322

  otimizar com o Solver 321

  usos da 321

tamanho da planilha 48

taxa 212

Temas 47

Texto 46, 282

  CONCATENAR 288

  converter dados em forma de texto

em números 286

copia e cola 290

divididos em colunas 281

especificar o número de caracteres a serem pegos 297

extrair os caracteres 289

quantidade igual ao tamanho dos dados originais menos o comprimento do número de telefone 295

Remove espaços 288

tornando MAIÚSCULA as palavras 306

triângulo verde 122

TEXTO 127

texto em itálico 42

texto em negrito 42

Texto para Colunas 282

TIPO 128

tipo de dado Booleano 131

TIPO.ERRO 136

tipos de dados 117, 124, 126

  converter seu texto em números 128

  Datas e tempos 165

  diálogo de aviso 98

  erros de 125

  mudar 131

  Números armazenados como 122

  tipo de dado Booleano 131

  uma coluna 99

  Use seu 113

  verifique-os após uma ordenação para 95

ToolPak de Análise de Dados xxiv

triângulo em células 122

triângulo verdes nas células 122

V

vagas de estacionamento 170

VALOR 172

valor Booleano em algum lugar numa tabela 375

valores 183

valores monetários 34

VF 212

Visual Basic for Applications (VBA) 390

vp 212

VPL 202

W

worksheet 66

Z

zoom nos dados 102

Rua Álvaro Seixas, 165
Engenho Novo - Rio de Janeiro
Tels.: (21) 2201-2089 / 8898
E-mail: rotaplanrio@gmail.com